U0562077

T型商业模式系列

企业赢利系统

**建立商业模式中心型组织，
实现基业长青**

李庆丰◎著

北京时代华文书局

图书在版编目（CIP）数据

企业赢利系统 / 李庆丰著 . — 北京 : 北京时代华文书局 , 2020.10
ISBN 978-7-5699-3472-4

Ⅰ . ①企… Ⅱ . ①李… Ⅲ . ①企业经营管理 Ⅳ . ① F272.3

中国版本图书馆 CIP 数据核字 (2020) 第 189940 号

企 业 赢 利 系 统

QIYE YINGLI XITONG

著　　者 | 李庆丰

出 版 人 | 陈　涛
策划编辑 | 周　磊　高　磊
责任编辑 | 周　磊
责任校对 | 周连杰
装帧设计 | 天行健设计　迟　稳
责任印制 | 訾　敬

出版发行 | 北京时代华文书局 http://www.bjsdsj.com.cn
北京市东城区安定门外大街 138 号皇城国际大厦 A 座 8 楼
邮编：100011　电话：010 - 64267955　64267677
印　　刷 | 凯德印刷（天津）有限公司 022-29644128
（如发现印装质量问题，请与印刷厂联系调换）
开　　本 | 710mm×1000mm 1/16　　印　　张 | 21.5　　字　　数 | 318 千字
版　　次 | 2021 年 2 月第 1 版　　印　　次 | 2021 年 2 月第 1 次印刷
书　　号 | ISBN 978-7-5699-3472-4
定　　价 | 88.00 元

致 谢

新勇教育基金会

众合创投

序　言

把碎片化知识放到“系统”里

重点提示

※ 笔者要成为“中国德鲁克”，是否在狂言妄语？

※ 企业赢利系统等相关创新，具有国际领先水平吗？

※ 传统战略理论的“三宗罪”是什么？

一位朋友问我：“你是做风险投资的，一而再，再而三地写书和出书，目标是什么？”

其实，写这些书，与工作密切相关，有一句话，“汝果欲学诗，功夫在诗外。”风险投资行业的从业人员中，打高尔夫球的人也非常多。高尔夫球不仅能强身健体，而且与投资工作密切相关。尽管是业余选手，高尔夫球爱好者都有一个目标追求。例如：以老虎伍兹为榜样，先实现一个“小目标”，三年打出72杆。同样，我写书也有个“小目标”，只是应该以德鲁克为榜样，成为“中国的德鲁克”。大家浏览本书后，可以在后记中看到：如何学习与实践，才能成为“中国的德鲁克”？——很多人都可以试一下。

德鲁克说：“我创建了管理这门学科，管理学科是把管理当作一门真正的综合艺术。”企业界及理论界认同德鲁克的开创性贡献。他是“目标管理、客户导向的营销、企业文化、知识工作者、业绩考核”等管理理念或理论的开创者。德鲁克开辟了一大片疆域，后人得以在此基础上共同建造管理学的理论大厦。

德鲁克曾预言：“21世纪，中国将与世界分享管理奥秘。”我的两本书《T型商业模式》《商业模式与战略共舞》相继出版了，这本《企业赢利系统》是我写的第三本书。老子在《道德经》中说：“道生一，一生二，二生三，三生万物。”如果遵循此道，那么这本书应该包含企业的“万物”。企业是一个稍复杂一些的生命类系统，逐级分解后，构成模块呈几何级数增加。有了系统这个“容器”，这本《企业赢利系统》能够容纳企业“万物”，让一切井然有序。

企业赢利系统、T型商业模式等算不算为管理学拓展出来的又一片新疆域呢？至少我的个人期望，它们应该是对现在的商业模式、公司战略、企业管理、团队建设、企业文化、系统思考等相关理论或教科书内容的一次重要升级。另一方面，这些属于新疆域的创新，要能够解决企业家、创业者、广大经理人、商学院师生等面临的困境与实际问题。

在互联网时代，智能手机已经成为我们自身的一个重要构成部分。人们沿着时间之矢，永远在线，随时被干扰，信息变多，阅读变浅。应该说，现代人的大脑中充满碎片化知识，囿于局部思考，只看到短期利益，心态普遍浮躁，以至于投机钻营、走偏门捷径。这不仅对于经营管理企业，而且对于职场人的日常工作与生活都是非常有害的。因此，非常有必要把老虎关进笼子里，把碎片知识装进系统中。

为什么麻省理工教授彼得·圣吉将所著书籍称为《第五项修炼》？因为第五项修炼是“系统思考”——比前面的四项修炼更重要一些。系统思考也是前面四项修炼的重要成果。从20世纪90年代开始，企业界、管理学界就风靡研读《第五项修炼》及创建学习型组织，希望能够将系统思考修炼成功。但是，近30年来，一直没有人阐述“企业赢利系统”。

缺乏系统，经营管理者如何系统思考？没有系统，关于企业经营管理的各种碎片化知识就流行起来。

从这个意义上说，《企业赢利系统》是填补空白产品，是否国际领先呢？我们要有文化自信！在管理学相关课程的课堂上及文章里，我国的学者不能老是说“外国的月亮圆”或吹毛求疵地显摆自己，借此似乎精致又稳妥，还能烘托自己的身价。另外，做时间的朋友，实践是检验真理的重要标准，一个理论是否正确需要经过长时间的实践检验才能判断。

我从事的风险投资工作，主营业务是买进企业股权，将一个创业项目培养为行业领先者，期望企业在资本市场首次公开募股（IPO）以获得较好的回报。在“大众创业、万众创新”的时代，创业项目车载斗量，如何避免被营销、被忽悠或浑水中摸鱼？如何从整体上把握一个项目？每个资深风险投资人士都有自己的方法论。例如：可以从经营管理团队（以下简称“经管团队”）、商业模式、企业战略三个方面，判断一个创业项目是否靠谱。另外，实施投资后，我们还要协助创业项目做一些投后的管理。创业公司出问题的概率非常高，我们还要去挽救，想方设法让创业项目可以持续。

投进去的是真金白银，创业投资有巨大风险。我们必须在实践中探索，在风险中“航行”，向他人学习，从成功与失败的经验中概括规律。所以，《企业赢利系统》这本书来自工作实践，同时也在工作实践中验证。可以说，这本书是抛砖引玉，为企业家、创业者、广大经理人、商学院师生等人士，提供一本能够对企业整体进行系统思考、对困境和机遇问题进行结构化分析的重要参考书、必备工具书。

本书第1章至第8章重点阐述企业赢利系统。本书第9章属于“彩蛋”，将职业者看成是一个人经营的公司，主要阐述职业赢利系统。罗辑思维的跨年演讲说“个人成就=核心人生算法×大量重复动作的平方”，其中人生算法是什么？我们人人追求复利成长，本金在哪里？否则，这些说法都是“无源之水，无本之木”。本书给出了一个公式：职业赢利系统=（个体动力×商业模式×职业规划）×自我管理。这就是人生算法，这就是我们复利成长的本金。

经典电影《教父》中，有这样一句台词：花半秒钟看透本质的人，和花一辈子都看不清本质的人，注定拥有截然不同的命运。笔者写的这些书，经常有一些企业团购，将它们作为企业内部学习及领导者对外沟通交往的礼品用书。为此，本书增加了职业赢利系统相关内容。因此，本书的读者范围可以拓展到企业全体员工、政府机关及事业单位人士、广大高校的教师与学生等。毕竟，各级成员的学习与成长，才是组织进化与发展的基本保障。本书责任编辑周磊老师说，只要把职业赢利系统这一章的内容理解透了，用以帮助职场人的成长与实践，那么购买与阅读本书就是非常划算的一件事了。

从“顶层设计”上，本书用三个公式来阐述企业赢利系统的第一层次的内容。它们分别是：

经营体系=经管团队×商业模式×企业战略

管理体系=组织能力×业务流程×运营管理

杠杆要素=企业文化+资源平台+技术厚度+创新变革

在上面公式中，以经营体系、管理体系代替“经营”“管理”这两个长期说不清、道不明的概念，并给它们赋予可以指导实践、具体又“硬核”的内容，如图0-1-1所示。将以上三个公式的构成要素逐级向下展开，像商业模式、企业战略等可以展开到第四或第五层次，每一层次都有自己的公式、示意图及模型。从这个意义上说，《企业赢利系统》包含了企业经营管理各模块核心内容的方方面面。

诺贝尔物理学奖获得者李政道说：“能正确地提出问题，就迈出了创新的第一步。”我们的企业实践，我们的管理创新，正在面临哪些问题呢？

例如：拿企业战略来说，稍一总结，便可发现传统战略理论有“三宗罪”：①战略学派众多，创新发散杂乱，拼凑现象严重。由于心有

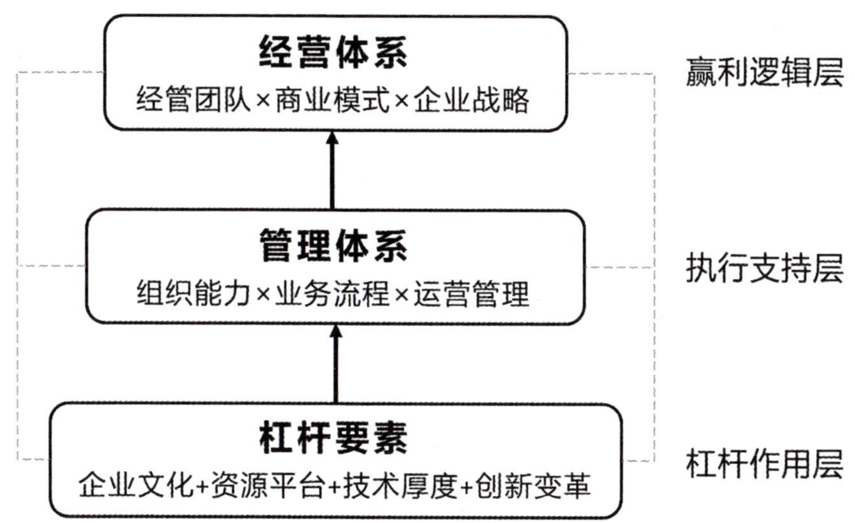

图 0-1-1 企业赢利系统的简要结构示意图

余而力不足，导致这些理论难以指导企业制订一个正确的战略。②超过99%的企业，战略重点在竞争战略，而企业战略教科书80%以上的篇幅都在谈宏观环境分析、多元化战略与一体化战略、收购兼并战略、国际化战略等少数集团公司才会用到的总体战略。③95%以上公司高管有MBA或EMBA文凭或学习过战略，但95%以上企业缺乏有效的战略规划。

在本书第4章企业战略部分，重点阐述了新竞争战略理论，以十多个图示化分析模型、结构化原理场景，针对以上传统战略理论的“三宗罪”，给出了系统化、实践化的改进与升级方案。

除此之外，在企业实践、理论创新中，我们面临的困境与实际问题还有：

一个优秀的团队构成是什么？如何团队修炼？如何对付企业中的官僚主义、“部门墙”？本书第2章给出了比较有效的分析模型、理论指导及解决方案。

商业模式不是盈利模式，不是一座理论孤岛，不是营销套路或投机伎俩，不是像B2B、B2C一样的绕口令。那么，商业模式究竟是什么？

本书第3章系统阐述了T型商业模式的相关原理及六大原创模型。并且，我们应该以商业模式为中心构建企业赢利系统，优秀公司都应该是商业模式中心型组织。

众多App里的文章在谈管理，媒体网站在谈管理，汗牛充栋的书刊资料在谈管理，商学院的教授、学生在谈管理……懂管理的人越来越多，但是，能搞管理的人却增加不多，为什么？本书第5章给出了一个公式：管理体系=组织能力×业务流程×运营管理。把握好这个公式，我们期望一些管理实践者尽快成长为所在公司的管理专家。

为什么说企业文化就是老板文化？为什么说“做大做强”为企业带来的副作用越来越大？为什么喜欢搞资源整合的公司最后将“一副好牌打得稀烂”？为什么说有技术厚度、不断创新变革的企业才能是一个长寿企业？为阐述、分析与回答这些问题，本书第6章给出了水晶球企业文化模型、赢利场模型、技术厚度与企业寿命关联模型、创新变革评价模型等诸多有实践价值的内容。

研究系统论、系统动力的专家学者很多，但是适用于企业团队进行系统思考的相关内容少之又少。本书第7章给出了反熵增模型、系统思考模型、涌现模型，阐述了增强与调节反馈、远离平衡态、巨涨落、非线性增长等相关理论在企业场景中的实践应用。

为什么私董会在中国水土不服，沦为了投机者“整合资源”及老板们“混圈子”之地？本书第8章提出了“私董会3.0方法论”，通过集合企业内外专家的智慧，为企业赢利系统成长与发展保驾护航。

…………

一本书应该是优质内容与美好阅读体验的统一。本书还拥有58个精品案例、60个图示化分析模型或结构化原理、诸多公式及故事典故启发……它们共同构成有益于大家阅读理解、实践应用的美好表现形式。

用魔幻一点的风格表达：我们平时读了那么多“绝对干货”“深度好文”，对于指导实践来说，它们只能算是个“0”。我们花费30万～60

万元获得一个MBA或EMBA学历，勤奋地整合了不少资源，这也只能算是个“0”。只有掌握了企业赢利系统，把碎片化或教科书的知识放到系统里，把公式、模型、原理应用到实践中，我们才能真正拥有前面的“1”。

从20世纪90年代开始，中国知名大学开始从国外引进管理学教科书及教学体系。作为其主要理论源头，西方国家的管理学教育主要是“案例教学+管理知识”的堆砌。并且，西方国家的管理学教育一直延续着20世纪流传至今的基本知识与理论框架体系，长期没有重大创新与突破之处，难免与实践需求产生严重脱离。

有创新精神的中外学者都不愿意走“跟班式研究”之路。引用钱学森先生的描述，所谓“跟班式研究”就是“别人说过的才说，别人没说过的就不敢说”。我们应当反其道而行之！从上文对本书的内容推介也可见端倪，笔者写的这本《企业赢利系统》，属于“新国货”知识产品，试图为管理学的继续创新与发展开辟第二条道路。所谓文化自信，就是在自己的工作及研究领域进行创新，我们要敢为天下先！当然，这更是一次抛砖引玉……

据实而言，这本书是关于企业赢利系统的1.0版本，必然存在挂一漏万、疏忽不足之处，恳请大家画龙点睛、批评指正！笔者邮箱：fude139@163.com。

建设企业赢利系统需要系统思考。系统思考非常符合互联网的共享、共建精神。分享什么，你将会回馈什么。只有周边的人都在修炼系统思考，我们才能处在一个系统思考的转化场及能量场中。大家初步阅读本书后，如果感觉性价比很高、受益良多，就可以买一些或推荐给公司的各级管理者、朋友圈的学习群、企业家同学会等。时刻让我们处在一个企业赢利系统的学习小组中，通过团体学习修炼系统思考，这是一个快速成长的秘密。

李庆丰

—目 录—

— 第1章 企业赢利系统：突破困境及成长发展的“导航仪”

内容提要

当今，知识碎片化越来越严重。它不仅让我们只顾着捡芝麻而丢掉了西瓜，而且当碎片化知识充满大脑时，还会引发思维障碍、忧郁焦虑等一系列不良反应。

本章开始阐述的企业赢利系统，以商业模式为中心，以系统思考的综合方法，将管理、经营、战略、团队、文化、创新等诸多在“还原论”思维下，不断拆分的各种碎片化理论及知识，进行了系统化、图示化、模型化、公式化的阐述，可以更方便地用来指导企业实践。

重点案例

拼多多商业模式的独特定位、传音手机“独霸”非洲市场的秘诀、日本“女婿养子”选拔企业接班人模式、华为企业赢利系统示意图、海尔管理与经营的关系、春兰空调衰落的原因、星巴克的“第三空间”。

思维模型

麦肯锡7S模型、系统构成三要件、德鲁克事业理论、私董会1.0实例、T型商业模式的构成及原理、商业模式第一问、私董会3.0的主要特色。

第2章 经营管理团队：不只是“财散人聚，财聚人散”

内容提要

企业的高层、中层及基层应该上下同欲、同舟共济，好像三个“同心圆”叠加在一起。但是，老板身边的“权臣”“宠臣”等，为了对抗“权力不平衡”，常常会形成自己的“山头”，进而滋生官僚主义，形成“部门墙”。

魔高一尺，道高一丈。德鲁克说完美团队应该有“对外者、思考者、行动者”三种角色，他们分别充当了企业的心灵、大脑及身体。为了打造卓越团队，本章提出的理论创新有：团队修炼“铁人三项”、企业家精神“追光灯模型”、基于企业赢利系统的“顶层设计”等。

重点案例

英特尔创始团队为何是硅谷科技公司的榜样？携程创业“四人组”如何互补搭配？乔布斯回归苹果怎样快速扭亏？电影《寄生虫》中“权臣”与“宠臣”的争斗、麦当劳“巨无霸”汉堡创新案例、韦尔奇打击官僚主义、日本索尼的“部门墙”。

思维模型

优秀CEO或完美团队模型、留人的薪酬/心情/前途三部曲、团队动力来源、笛卡尔的还原论、组织承诺与四个共同体、权力圆的“黑洞”、如何做到“向上管理”？

第3章　T型商业模式：让企业生命周期螺旋上升

内容提要

商业模式如何为企业带来不断递增的赢利？T型商业模式的三个飞轮效应可以说明这一点。一个企业从优秀到卓越，起码要让第一、第二飞轮效应发挥作用；要实现基业长青，那么就需要第一、第二、第三飞轮效应相互协同起来。

商业模式不是盈利模式，不是一座理论孤岛，不是救命绝招，不是营销套路，不是比本身更难懂的定义，不是B2B、B2C一样的绕口令。那么，商业模式究竟是什么？T型商业模式的诸多赢利模型如何使用？

重点案例

解析小米手机商业模式、ofo小黄车失败的原因、吉列的“刀架+刀片”模式、百事可乐如何突围？名创优品为何能快速崛起？维多利亚的秘密衰落的原因、为何达利欧的《原则》“套路深”？戴森如何将“行业重做一遍”？爱马仕的核心竞争力。

思维模型

三端定位模型、飞轮增长模型、SPO核心竞争力模型……结构跟随战略、“免费+收费”中的赢利机制、T型商业模式的储能/借能/赋能、核心竞争力三个标准、商业模式创新方法。

第4章　企业战略：让混沌无疆的战略知识在企业落地

内容提要

传统战略理论有“三宗罪”：①战略学派众多，创新发散杂乱，难以指导企业战略聚焦。②超过99%的企业，战略重点在竞争战略，而企业战略教科书80%以上的篇幅都在谈少数集团公司才会用到的总体战略。③95%以上企业的高管有MBA或EMBA文凭，或学习过战略，但95%以上企业缺乏有效的战略规划。

新竞争战略理论有“三改进”：①将各种战略学派收敛到战略规划。

②将80%以上的战略创新、活动聚焦到竞争战略——产品好、赢利多，才是“好战略”。③将战略落实到企业经营场景，贯彻采用DPO战略过程模型。

重点案例

腾讯与奇虎360的“3Q大战”、苏德战争中的战略节奏、咖啡项目五力竞争分析、人类首次登陆南极点、哈默酒桶厂的调查分析、海航集团兴衰之路、喜茶差异化五维度分析。

思维模型

五力竞争模型与五力合作模型、战略过程DPO模型、调查分析模型、战略落地六步框架及模型、企业战略的三层次/三构成/三场景、新竞争者战略五个特色。

第5章 管理体系：组织能力×业务流程×运营管理

内容提要

因为管理出效益，所以大家都在谈管理。众多App里的文章在谈管理，媒体网站在谈管理，汗牛充栋的书刊资料在谈管理，商学院的教授和学生在谈管理……懂管理的人越来越多，而能搞管理的人却增加不多，为什么？

管理碎片知识直接指导实践，带来的失败风险比较大！“管理”通过管理体系才能发挥系统性作用。所以，我们要认真理解这样一个公式：管理体系=组织能力×业务流程×运营管理。

重点案例

为什么说“海底捞你学不会”？福特T型车的管理体系、“操盘手”里森如何搞垮巴林银行？希波战争“以少胜多”案例、“把信送给加西亚”的误导、大禹治水的管理启示、霍尼韦尔HOS运营系统实例、风险投资业务流程图实例。

思维模型

OPO管理体系模型、你的公司应该采用矩阵制组织结构吗？运营管理的六大作业模型、组织能力理论、组织设计理论、业务流程六要素、戴明PDCA循环、建设管理体系六个建议。

第6章　杠杆要素：企业文化+资源平台+技术厚度+创新变革

内容提要

为什么说企业文化就是老板文化？本章的水晶球企业文化模型将给出具体的答案。企业中有一个像电磁场一样的赢利场，它能让资源平台发生演变与跃迁……一个持续提升技术厚度、不断创新变革的企业，经管团队才能真正享有熊彼特提出的“企业家三乐”。

杠杆是能够省力、以小撬大的有效工具。企业文化、资源平台、技术厚度、创新变革，它们是如何发挥杠杆作用的？

重点案例

童文红如何从前台升职为阿里巴巴合伙人？帕蒂如何从巨富千金蜕变为银行劫匪？阿里巴巴为何搞价值观考核？石头汤资源整合的故事、台积电挑战芯片工艺的极限、冷军油画的技术厚度、摩托罗拉的铱星系统为什么失败？乐高玩具回归核心。

思维模型

水晶球企业文化模型、企业赢利场模型、技术厚度与企业寿命关联模型、创新变革评价模型、鹅肝效应、智力资本构成理论、技术厚度提升理论、科特变革八步法。

第7章　系统思考：如何让2+2=苹果？

内容提要

过去，乘上中国经济发展的“电梯”，很多企业成功了。现在，客户强势及竞争者强大，经营企业像在平衡木上表演。新一代企业家、创业者应该学会系统思考，紧盯关键变量，右手增强回路、左手调节回路，踩准因果链，持续反熵增，与企业全员一起，在实践中创新与涌现。

凯文·凯利在《失控》中说，在系统涌现的逻辑里，有可能2+2=苹果。像华为、阿里、苹果那样，我们的企业如何涌现，才能成为行业领导者？

重点案例

亚马逊如何反熵增？乐视集团的“生态化反”为何不成？荷兰阿斯麦如何从小公司蜕变为全球光刻机垄断者？熊猫直播经营管理“双杀”倒闭、华为的耗散结构及非线性成长。

思维模型

反熵增模型、系统思考模型、企业家豪情与约束模型、涌现模型、远离平衡态、巨涨落、非线性增长、保守主义、滞后效应、奥卡姆剃刀原理。

— 第8章　私董会3.0：三个臭皮匠，如何顶个诸葛亮？

内容提要

私董会3.0背后的逻辑是：谁最懂企业、最有智慧，谁的建议就最值得关注，它应该是董事会、战略会、虚拟专家组三者取长补短的升级版。私董会能否成功，80%以上取决于会议之前的认真准备。

大家在会议上“吹吹牛”是不能把“卫星”吹上天的，而是必须通过结构化工具与模型，分析遇到的高难度、复杂性、不确定性问题，再通过不断迭代收敛、找到解决方案和实施路径。

重点案例

爱尔眼科可选择权投资策略、三星公司如何开会？上海拓璞私董会实例及如何处理“两难选择”项目？

思维模型

系统思考助力模型、私董会四项准备模型、私董会主持模型、私董会四项落地模型、SECI知识管理模型；“5W2H”（七问分析法）会议设计、罗伯特议事规则、六顶思考帽、虚拟专家组、可选择权（实物期权）、《黑天鹅》《第五项修炼》。

— 第9章 职业赢利系统：破解个体发展的迷思

内容提要

有个流行的说法：个体取得成就需要一个“人生算法”，还需要复利成长。什么是人生算法？我们人人追求复利成长，本金在哪里？本章给出一个人生算法的公式：职业赢利系统=（个体动力×商业模式×职业规划）×自我管理。同时，它也是个体复利成长的本金。

各路专家争相揭示“成为高手的秘密”。如何成为所在职业领域的一名高手？根据“一万小时天才理论”，速成及走捷径的方法大多数不可信。本章给出一个脚踏实地的方法论：系统、模型、联系及连贯行动……

重点案例

王心仪与《感谢贫穷》、李子柒的成长故事、乔·吉拉德“世界最伟大销售员”之路、17岁克林顿的愿景、姜淑梅80岁成为作家、李宁的二个成功职业、巴菲特的能力圈、日本国宝级匠人新津春子、小槐花的流程优化、吴军成为“多领域专家”的秘密。

思维模型

复利成长Z模型、情商/智商/意商模型、职业赢利系统模型、自我修炼的“铁人三项”“贫困陷阱”与诺贝尔经济学奖、成为高手的秘密、当好学徒与“画布策略”、职业者的T型能力结构、柳比歇夫“时间统计法”。

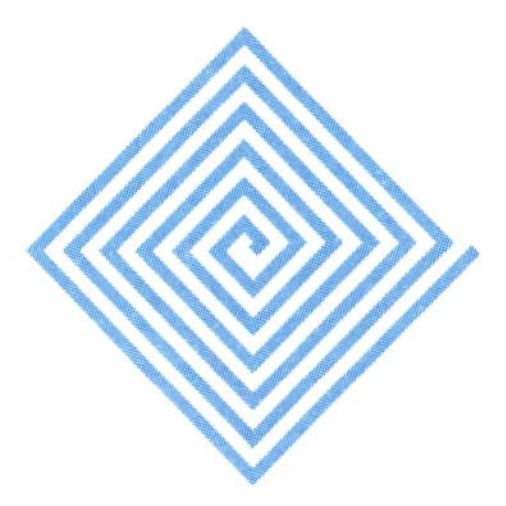

第1章

企业赢利系统：

突破困境及成长发展的“导航仪”

本章导读

谈及经营与管理的区别、内容及功能，我们不能一直是“雷声大、雨点小”，犹抱琵琶半遮面，欲说还休，这确实不利于指导实践。在企业赢利系统中，以经营体系、管理体系代替上述“经营”“管理”这两个有点“孤家寡人”风格的名词。从此，经营与管理两者泾渭分明、各司其职，还能“相互成就、友好协作”。现在流行公式思维，企业赢利系统由以下三个公式构成：

①经营体系=经管团队×商业模式×企业战略

②管理体系=组织能力×业务流程×运营管理

③杠杆要素=企业文化+资源平台+技术厚度+创新变革

上述公式中，“×”与“+”的区别是什么？本章最后一节有具体解释。

当今，知识碎片化越来越严重。它不仅让我们只顾着捡芝麻而时常丢掉了西瓜，而且当碎片化知识充满大脑时，还会引发思维障碍、忧郁焦虑等一系列不良反应。

本章开始阐述的企业赢利系统，以商业模式为中心，以系统思考的综合方法，将管理、经营、战略、文化、创新等诸多在“还原论”思维下，不断拆分的各种碎片化理论及知识，进行了系统化、图示化、模型化、公式化的阐述，可以更方便地用来指导企业实践。

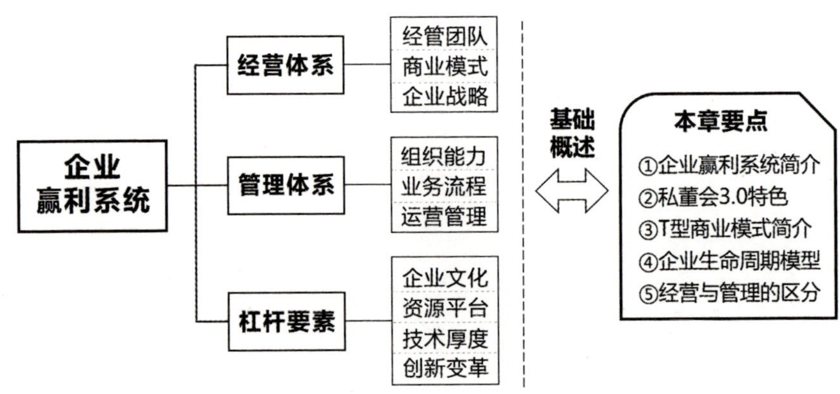

第1章要点内容与企业赢利系统的关系示意图

1.1　先有一个赢利系统，企业团队才能进行“五项修炼”

重点提示

※ 为什么说“五项修炼”很难在企业落地?

※ 牟其中那个时代的企业家有什么鲜明的经营特色?

※ 企业的团体学习存在哪些问题?

很多人听说过比利牛斯山地图的故事。

在一次军事行动中，匈牙利的一个侦察小组遭遇了暴风雪，在阿尔卑斯山的崇山峻岭中迷路了。连续两天的饥寒交迫、跋涉劳累，已经消磨了大家生存的信心。挨到第三天早晨时，突然有个士兵从口袋里摸出了一张地图。这张地图让侦察小组的所有人冷静下来。他们重新开始判断自己所处的方位，积极行动起来，途中有惊无险，最终安全返回了营地。到了驻地后，他们才惊讶地发现：这张地图其实并不是阿尔卑斯山的地图，而是比利牛斯山的地图!

这个故事给我们的启示是什么？当我们迷路的时候，其实任何“地图”都是管用的，前提是大家群策群力，尽快行动起来，积极地去寻找出路。在行动中，我们可以随时调整行为，不停迭代，从而走上一条创造性实现目标的道路。

企业愿景可以看成是企业所追求的终极目标。彼得·圣吉所著书籍《第五项修炼》中认为，要实现企业愿景，不断达成阶段性战略目标，关键在于团队如何修炼。一个企业团队，大家来自五湖四海，资历高低悬殊，知识背景不同，需要一起长期磨合与修炼，才能真正形成团队能力。《第五项修炼》给出了团队修炼的一揽子解决方案，包括：①自我超越；②改善心智模式；③建立共同愿景；④团体学习；⑤系统思考等五项修炼内容，如图1-1-1左图所示。

彼得·圣吉尤其重视“系统思考”，所以将书名叫作《第五项修炼》。前面四项修炼分别为：自我超越、改善心智模式、建立共同愿景、团体学习，这些修炼最重要的目的就是让团队成员能够进阶到第五项修炼——系统思考。但是，想要“系统思考”，须先有一个企业系统，否则巧妇难为无米之炊！遗憾的是，由于企业系统长期缺位，导致上述“五项修炼”很难在企业落地，一直没有发挥出它应有的潜能。

麦肯锡咨询公司的专家曾经提出一个7S企业系统模型，包括结构（Structure）、制度（System）、风格（Style）、员工（Staff）、技能（Skill）、战略（Strategy）、共同价值观（Shared values），共7个要素。在7S企业系统模型中，共同价值观是核心要素，其他6个要素围绕在它的周边，如图1-1-1右图所示。由于这7个要素的英文单词的首字母都是“S”，所以称为7S企业系统模型。

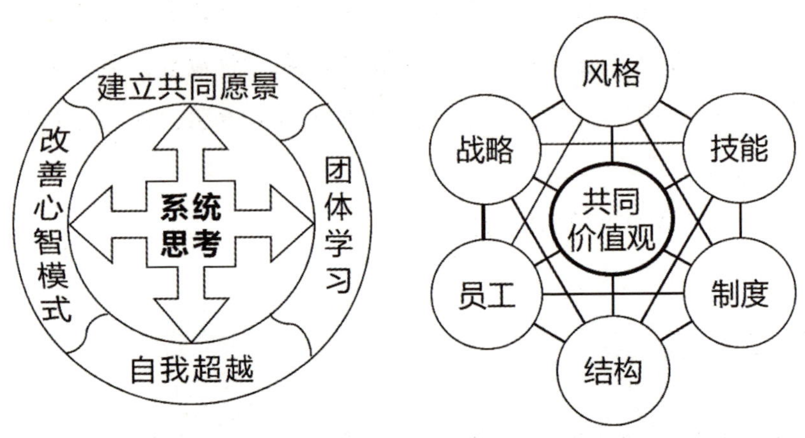

图 1-1-1　彼得·圣吉的五项修炼（左图）与麦肯锡 7S 企业系统模型（右图）

麦肯锡7S企业系统模型的产生背景是20世纪70年代，日本的汽车、电子电器等优质低价的产品登陆美国，严重打击了美国同类企业产品的竞争力。麦肯锡的两个顾问积极为美国企业寻找解决方案，最终提出了7S企业系统模型。

现在来看，7S企业系统模型适用性不强，已经很少有人使用，原因如下：①它来自对当时美国43家杰出公司的成功要素分析。时过境迁，且选取的企业样本有局限，7S企业系统模型可能以偏概全了。②凑起来7个以S为首字母的要素不容易，但有点牵强附会了。③麦肯锡顾问应该重点研究当时日本企业成功的原因，因为他们选取的这43家美国公司可能后来会被日本企业打败。④7S企业系统模型里面不包括商业模式，因为那时还没有商业模式这个概念。

既然没有适用的企业系统模型，而我们又要系统思考，那就得自己动手创建一个。

从源头理论来说，系统包括三个构成要件：组成要素、连接方式、功能或目标。三者缺一不可，各司其职，使系统稳定运行。由此，企业系统的组成要素有哪些呢？笔者长期从事风险投资工作，我们评价一个企业，都是从经管团队、商业模式、企业战略三个方面展开的。所谓实践出真知，经管团队、商业模式、企业战略三者就是企业系统的基本组成要素。它们三者之间的连接方式是怎样的？简要表述一下：经管团队驱动商业模式，沿着企业战略的规划路径进化与发展，持续实现各阶段战略目标，最终达成企业愿景。打个比喻说，它们三者就像一个“人—车—路”系统：经管团队好比是司机，商业模式好比是车辆，企业战略好比是规划好的行驶路线。这个系统的功能或目标是什么？目标是持续实现各阶段战略目标，最终达成企业愿景；功能是不断创造顾客，让企业可持续赢利。从系统功能出发，今后我们将这个系统称为“企业赢利系统”，也称为“庆丰赢利系统”——这里参照了国际惯例，以笔者的名字命名。

企业赢利系统来自工作实践，也在工作实践中验证。后来笔者发现，它与德鲁克的事业理论也有不谋而合之处。德鲁克的事业理论有以下经典三问：

①我们的事业是什么？

②我们的事业将是什么？

③我们的事业应该是什么？

在以上三问中，“我们”主要是指企业的经管团队；“事业”转换为现在的说法就是商业模式；“将是什么”及“应该是什么”，分别是指战略环境变化趋势及企业的战略规划是什么。

企业赢利系统三个基本要素：经管团队、商业模式、企业战略，重点阐述了企业经营体系的基本逻辑，所以也称它们为经营体系三要素或经营三要素。为实现这个经营逻辑，还需要管理体系及一些发挥杠杆助力作用的辅助要素，例如：企业文化、资源平台、技术厚度、创新变革等——可以形象地称它们为“杠杆要素”。视具体情况而定，对于不同行业、不同阶段的企业，需要重点关注的杠杆要素有所不同。

阐述至此，一个完全版的企业赢利系统就呈现在我们眼前了，它包括以下三个层面：

（1）经营体系三要素：经管团队、商业模式、企业战略。为了图示化表达系统的动态性，将其中的企业战略要素拆分成外部环境、战略路径、目标和愿景三个部分，如图1-1-2所示。

（2）管理体系。简单理解的话，管理体系可以将经营体系的赢利逻辑及时、准确、高效地转变为现实成果。与经营体系三要素逐一对应，管理体系由组织能力、业务流程、运营管理三个部分组成。由于企业赢利系统重点阐述经营体系三要素的相关内容，所以管理体系的三个构成部分并没有在图1-1-2中展开显示。

（3）杠杆要素。它主要包括企业文化、资源平台、技术厚度、创新变革等。这些杠杆要素是协助经管团队驱动商业模式的有力工具或抓手，与管理体系一起，它们都放在经管团队与商业模式之间，如图1-1-2所示。

以上经营体系三要素、管理体系、杠杆要素中，或许出现了一些新名词或新概念，本书后续的相关章节将有进一步的解释及阐述。

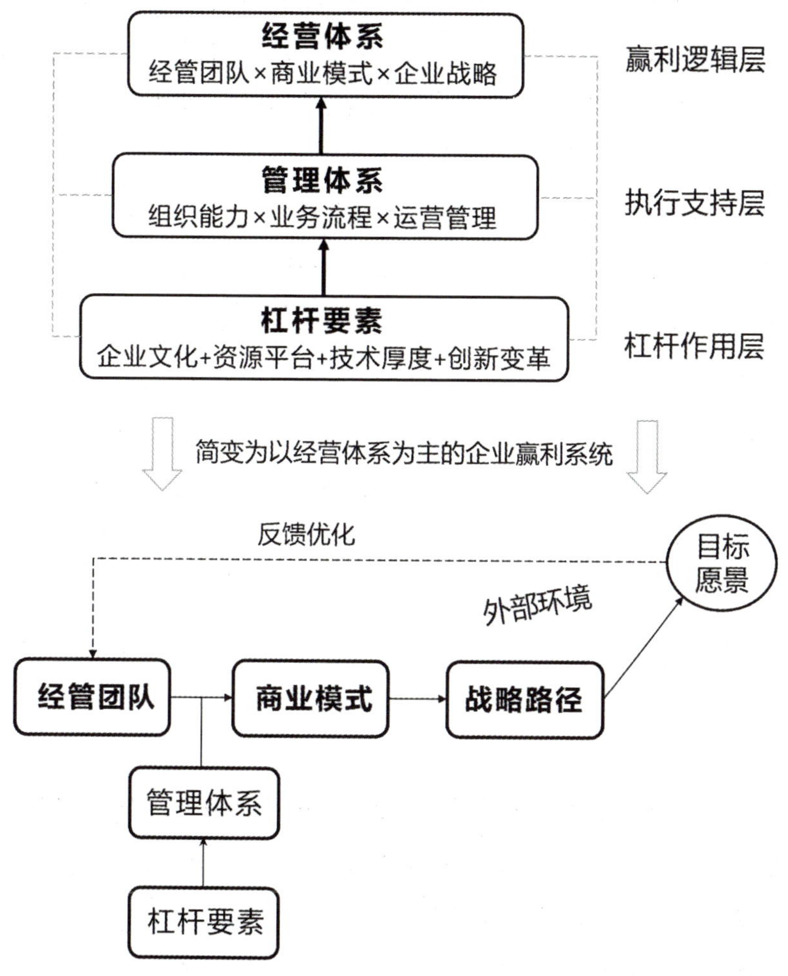

图 1-1-2 企业赢利系统示意图
图表来源：李庆丰，“企业赢利系统”理论

我们构建出以上企业赢利系统模型后，另一个附加的好处是，将经营与管理这对“你中有我，我中也有你”的“双胞胎兄弟”比较清晰地分开了。

中国改革开放之初，由于处在短缺经济阶段，所以经营性机会特别多。从企业赢利系统的经营三要素分析，就经管团队来说，那时的企业家有胆魄是第一位的。例如，牟其中下海经商，通过运作三件大事“飞机易货、卫星发射、开发满洲里”，很快成为中国首富。但是，“成也萧何，败也萧何”，那一代企业家大部分很快陨落。就商业模式来说，那时主要是产品模仿或填补需求空白。就战略路径来说，那时就是不断扩大产能、多占地盘及盲目多元化。

现在是丰裕经济时代，企业要可持续发展，非常有必要构建自己的赢利系统。就拿企业转型及“二代接班”来说，如果新一代企业领导者，既不懂经营也不懂管理，那么在竞争如此激烈的外部环境下，他们就只能成为“败家子”了。如果新的领导者擅长捕抓经营机会，而不太懂管理，那么企业偶尔可以投机获利，但是不能可持续赢利，也形不成核心竞争力。如果新的领导者比较擅长管理，而不懂经营，那么企业就只能赚些代工或传统产业延续的“辛苦”钱，一直在做不大的“低端”徘徊。如图1-1-2所示，如果新一代企业领导者，既懂经营体系构建，又擅长管理体系建设，并且对企业文化、资源平台、创新变革等杠杆要素有所掌握，那么就能建立起一个企业赢利系统，培育核心竞争力，推动事业平台可持续赢利与发展。

从20世纪90年代开始，中国知名大学开始从国外引进管理类教科书及教学体系，从此商科教育逐渐大行其道。国外的MBA教育大抵也是如此，主要为“案例教学+管理知识”的堆砌。并且，MBA等管理学教育一直延续着20世纪遗流至今的基本知识与理论框架体系，长期没有重大创新与突破之处，难免与实践需求产生严重脱离。所以，明茨伯格身为知名管理学教授，对MBA等管理学教育颇有微词。他曾说“坐在教室里学不到领导一个企业的方法”，还夸张地建议受过MBA教育的人都应在自己的前额刻上一行字“本人不能胜任管理工作”。阿里巴巴创始人马云说：“我看到很多人去学MBA，但回来时都变蠢了。学校教的是知识，而创业需要智慧。”

明茨伯格历来有些“独树一帜”，但马云作为英语专业出身的著名

企业家、慈善家，他的上述评论可以督促商学院不断自我改进与优化。 MBA教育的引进、推广与创新，与中国经济高速发展结合起来，对于提升企业经营与管理水平功不可没。一些知名商学院，正在不断改良MBA教育，例如：引进企业导师，创新教学内容，到知名企业游学，搞角色扮演、创业大赛、仿真企业剧场等。现在企业领导者普遍接受过MBA或EMBA教育，但是，课堂上的知识理论如何指导企业经营与管理实践？大部分人显现了一脸茫然。曾有一位企业高管问笔者，平时看看短视频、转发一下微信文章、参加知识平台、读个总裁班、定期同学或校友聚会、参加各种演讲等，算不算团体学习？勉强算吧。但是，如果这样的“团体学习”过分了，那就是“不管自己的良田，专帮别人种禾苗”。

德鲁克曾预言：“21世纪，中国将与世界分享管理奥秘。”当理论界、企业界等社会各界都在兼收博采、万众创新的时候，笔者提出了企业赢利系统。它来自工作实践，同时也在工作实践中验证。可以说这是抛砖引玉，也可以说这是一得之见。本书第1章至第7章将具体阐述经营体系（经管团队、商业模式、企业战略）、管理体系（组织能力、业务流程、运营管理）、杠杆要素（企业文化、资源平台、技术厚度、创新变革）、系统协同（因果链、增强与调节回路、耗散结构、负熵、非线性成长、创新涌现）等企业赢利系统的具体内容。

面对企业困境及成长发展难题，董事会与战略会似乎无能为力了，所以又一个舶来品“私董会”，悄然流行起来。说句实在话，让企业赢利系统融入企业实践中，也非常需要私董会的协助。下一节就谈这方面的内容。

1.2 私董会3.0：打造成一个“优质产品”交付过程

重点提示

※ 为什么说私董会1.0特别容易组织和举行?

※ 私董会3.0主要解决企业哪些方面的问题?

※ 企业赢利系统对于创建学习型组织有什么现实意义?

“私董会”是私人董事会的简称。它是一种新兴的企业经管团队学习交流与问题研讨模式，通过汇集多样化的企业家、经管团队成员、专家顾问等群体智慧，解决企业经营管理中比较高端、复杂而又现实的难题。世界知名调查机构美国邓白氏公司的调查显示：这种服务模式可以有效提升企业的竞争力，拥有私董会的企业平均成长速度是其他企业的2.5倍。据不完全统计，欧美发达国家有50多万总裁都拥有自己的私董会。

大致在2013年，私董会开始被中国企业界所接受。近几年来，形形色色的私董会，借助于媒体的宣传，企业家圈子的助推，就像一阵风，流行了一阵子。这仅仅让私董会看起来高大上，如果缺乏内容核心，就类似于那个买椟还珠的故事：

春秋时代，楚国一位商人希望将一颗精美的珍珠卖个好价钱。他特地用名贵的木料制作珠宝盒，在盒子的外面精雕细刻了华美的图案，并用上等香料把盒子熏得香气扑鼻。一个郑国人闻香识宝物，看见这个装宝珠的盒子既精致又美观，遂爱不释手，问明了价钱后，就买了下来。令人惊讶的是，他打开珠宝盒，把里面的珍珠拿出来，退还给了珠宝商……

用这个成语故事来反思：**时至今日，私董会亟待升级一下。我们倡导批判性思维，关键在于能够给出建设性改进方案。**

最流行也是比较容易组织的私董会，我们称之为私董会1.0。它就是将若干创业者、企业家聚合在一起进行“头脑风暴”。一个典型的私董会1.0场景是这样的：

> 在吾大董（化名）私董会工作坊的组织下，十来位民营企业家从各地赶来，汇聚在黄山风景区的一个度假村里。他们分处不同的行业，企业年销售额从几千万到几亿人民币不等。这些老板可不是来度假的，他们应邀来参加A企业的私董会活动。
>
> A企业的张老板近期遇到一件棘手的事。话说三年前，张老板参加了一次关于股权激励的企业顶层设计培训。B培训专家说：“你们这些老板整天劳心劳力，起得比鸡早，睡得比狗晚，干得比牛多！为什么事业一直做不大？你们看马云，只有不到8%的阿里巴巴的股权，企业一上市他就成了中国首富，财散人聚，财聚人散，懂不懂？”
>
> 张老板有点开窍了，又付了一笔咨询费，在B培训专家主导下对自己的企业进行了一番“顶层设计”。其中最重要的一项是股权激励设计：张老板将自己的股权拿出60%分给三个高管，不偏不倚，正好每人20%。张老板是一个想得开的人，发下去60%后，自己还有40%股权，比马云在阿里巴巴的股权还多。再说了，只要能把“饼”做大，企业一上市，自己身价就是几十亿，并且没有现在这么累。
>
> 股权分下去后，开始阶段这三位高管工作很卖力，也比较负责任，让张老板看到了希望。后来就越来越不对劲了，实施股权激励三年了，张老板的忧虑与日俱增。获得股权的这三位高管，他们分别负责销售、制造与研发，都是企业的“顶梁柱”。现在，他们对张老板不怎么尊敬了，从“打工的”变成了平起平

坐的兄弟后，竟然有一次把张老板扩大经营、异地建厂的提议给直接否决了。张老板隐约感到，这三位高管都在极力扶持自己的“班底”，企业“部门墙”问题很严重，决策和运营效率越来越低了……

听完张老板对自己困境的叙述，吾大董工作坊的C教练开始引导大家发言。来参加私董会的人都是老板，有几个老板生意还比较大。一开始大家说话还比较客气，后来就演变成了一场对张老板的“批斗会”，言辞越来越激烈，集中的观点是“张老板太不应该轻易让出这么多股权”。张老板还是有承受能力的，今天这么多朋友、大佬坦诚直言，委屈的泪水只能往肚里咽。

C教练有很强的控场能力。感觉诸位老板的情绪发泄得差不多了，他就及时喊停，让大家茶歇半小时。私董会的下半场就是“神仙会”——C教练让大家积极给出建议，如何化解张老板面临的困境。话题一展开，诸位老板的建议五花八门，有些也真让人脑洞大开！有人建议张老板去学习“帝王驭人之术”，搞一个“杯酒释兵权”；有人建议张老板参加他曾参加过的一个领导力培训；有人建议再引进几个合伙人，把股权进一步稀释，类似于阿里巴巴的“十八罗汉”结构；还有人建议用点权谋，让这三位高管主动就范，交出股权……

顺便说一句，这位私董会C教练就是原来建议张老板搞顶层设计、股权激励的B培训专家。解铃还须系铃人，他眼见私董会红火起来，就将原来的培训机构改头换面，成立了这个吾大董私董会工作坊。

根据以上实际案例，我们看到私董会1.0的优点是比较容易组织起来。除了私董会工作坊拥有的企业家资源之外，哪位老板还没有几个朋友？实在不行就参加个EMBA或领导力培训班，混几个“圈子”后，有吃有喝地邀请几个人参加自己的私董会还是比较容易的。私董会1.0的缺点也明显，它就是一个“头脑风暴”，参会老板们给出的建议五花八门，有的建议能取得立竿见影的效果，而有的建议可能让企业误入歧途。

将私董会1.0正式升级一下，就是私董会2.0，可以认为它是“私董会1.0+专业咨询”的组合。私董会2.0的主要特色如下：首先，它有一个强大而专业的组织机构，构成人员包括总裁教练、领导力教练、企业家教练、秘书人员、研发中心顾问人员等。其次，通过事先精心挑选，企业家教练都是相关领域小有成就的企业经营者，且有一定水平的教练技能；最后，经过私董会2.0后，通常会延伸到一项或几项针对企业问题的专业管理咨询服务。

私董会3.0是笔者在风险投资及投后管理的工作实践中总结出来的一种私董会形式，已经协助诸多被投资企业扭亏为盈，突破经营困境，培育出核心竞争力，找到一条可持续赢利发展之路。它应该属于世界首创，当然也是国际领先。私董会3.0并不是私董会2.0的升级版，而是一种区分方式。由于分别满足不同层面企业解决问题的需求，应该说私董会1.0、私董会2.0及私董会3.0将会长期并存，各自都需要不断改良与进化。

私董会3.0的前提假设、组织准备有哪些与众不同之处？笔者认为：

（1）私董会通常讨论比较高端、复杂、不确定性而又现实的经营困境难题。没有调查研究，就没有发言权！如果参会者对企业情况不了解，又没有参与预先的会前沟通与准备，那么召开这样的私董会，就可能变成形式主义的会议。

（2）私董会3.0的核心宗旨是“答案在现场，现场有神灵；三个臭皮匠，顶个诸葛亮；自己最懂自己，解决重大问题必须依靠团队、依靠自己”。所以它的参会人员主要由本企业的经管团队成员构成，包括企业领导人、若干外部董事和相关企业高管等，视具体问题有时也会邀请相关领域的专家、顾问参与讨论。

（3）把私董会3.0看成一个“优质产品”交付的过程。为系统地说明这一点，本书第8章将会具体阐述以下内容：私董会之前应该有至少

1个月的准备时间，重点要做“访谈与预备会”“掌握所用工具”“37问题归集整理”“分析汇总报告”四项准备。私董会之中要进行“5W2H”（七问分析法）会议设计。私董会主持人更像一个导演，具有优秀的业务流程、系统思维能力，重点工作是推动“描述问题→结构化分析→方案选择”这三大“因果链”步骤。私董会之后还要抓好“可选择权”“项目制”“对接三会”“变革系统”等四项工作，促进与保障所优选方案的落地执行及成果形成。

从实践来看，规范治理的企业每年至少需要一次战略会及董事会，大致2～3年或更长时间才需要一次私董会，所以私董会更加重要，但是举办频次是比较低的。就像中考、高考、考研等重大考试，人的一生经历不了几次，但是考试前有志者要做足够充分的准备。同样，私董会对于企业的重要性堪比人生的中考、高考、考研，并不是搞一次隔靴搔痒式的“头脑风暴”就能应付过去的，也不可能依赖外部朋友圈的老板、企业家或管理咨询人员代替自己对重大问题进行高瞻远瞩的思考和决策部署。

笔者发现很多企业，招待一个意向客户是非常认真准备的，组织一个公司年会也是认真准备及彩排的，但是它们追赶流行搞私董会，却一点也不愿意付出努力和认真准备。有专家说，一些企业开会或培训，就像“鸭子到水里游了一圈，上岸后扑腾扑腾翅膀，什么都没有留下”。就像前文描述，私董会3.0的前提假设、召集组织都有些与众不同，它应该像“苹果公司推出新款手机”那样，打造成为一个优质产品交付的过程。本书第8章专门对私董会会前、私董会会中、私董会会后“这样一个优质产品交付过程”进行可操作性的讲解和阐述。

结合前文那个买椟还珠的故事，即便笔者提出有些“高大上”的私董会3.0，也依旧是一种会议研讨形式。形式为实质服务，不能过分注重形式而忽略了实质。对于私董会3.0，它研讨的实质内容是企业赢利系统，重点在商业模式创新与变革层面，并与外部环境突变、竞争对手

“硬球”对抗、第二曲线转型、行业范式转移、重大技术突破、严重经营失误等重大事项或紧要问题密切相关。商业模式是企业赢利系统的一个重要构成要素。牵一发而动全身，商业模式的创新与变革必然会引起经管团队、企业战略、管理体系、企业文化、资源平台等其他系统要素随之而来的匹配优化和变革。

当下流行这样两句话：过去靠运气赚的钱，现在凭实力都赔完了；今天流的酸楚泪，都是过去进脑子里的水。浮躁+投机是有代价的。如果外面表现光鲜的企业家实际的经营管理立于垒卵之上，怎能有一个稳定且可持续发展的事业？电影《教父》中有这样一句台词：花半秒钟看透本质的人，和花一辈子都看不清本质的人，注定拥有截然不同的命运。

第8章最后一节的标题是“学习型组织：永不落幕的私董会”。业界专家提出已经有“创建学习型组织”三十年了。由于缺乏系统性的对象客体，大家不得不面对汗牛充栋、浩瀚无垠的碎片化知识学习，所以该理念至今还是一句口号，不能落到实处。本书重点阐述的企业赢利系统，让“创建学习型组织”的经管团队成员有了系统思考、学习与实践的对象客体。万事俱备，东风已至。从此，“学习型组织”将在企业落地生根，成为永不落幕的私董会！

1.3 商业模式中心型组织：以客户为中心，以奋斗者为本

重点提示

※ 为什么说公司战略、团队修炼等，都需要重新构建理论体系？

※ T型商业模式的三种图示化形式各有什么实际意义？

※ “商业模式第一问”对你的公司有什么启发价值？

私董会1.0及私董会2.0的主要议题，要么是领导力，要么是企业战略。而私董会3.0有所不同，它重点关注企业赢利系统，绝大部分议题集中在商业模式创新与变革。

1.3.1 T型商业模式有何与众不同之处？

商业模式是赢利系统的中心，我们的企业都可以叫作商业模式中心型组织。

为说明这一点，我们需要回溯一下商业发展的历史。不可否认，以物易物是一种商业模式。之前互联网投资热潮时，曾有不少投资机构在这方面下注。以物易物这类商业模式，在7 000年前中国古代仰韶文化时期就有了。年代近一些的，像3 000多年前古希腊的《荷马史诗》，曾记载当时的物物交换：1个女奴换4头公牛，1个铜制的三脚架换12头公牛。实质重于形式，原始社会时商业模式就存在，有商品交易就有商业模式。20世纪后半叶才出现的公司战略及团队修炼理论，都应该围绕商业模式重新构建理论体系。只有补上这一课，这些学科才能重新焕发出生命力。

风险投资人看一个创业项目，首先判断商业模式能否成立及未来的进化路径。当然，也有“投资就是投人”的说法，但其前提假设是：靠谱的人，也会构建一个可行的商业模式。即使创业路上有些闪失，靠谱

的人也能逐渐找到正确的商业模式。

或许由于约定俗成的原因，谈及商业模式，就出现了很多种不同的说法。

一种说法是B2B、B2C之类，还有成语接龙式的延长或变异，像B2B2C、C2M2B等。这种说法可以看成是商业模式的“行话”，主要为了交流和表达方便。否则，商业模式哪有这么简单？几个字母简单组合一下，全世界就有这么几种商业模式，完全没有研究的必要了。

另一种说法是将商业模式与赢利模式（或盈利模式）混同起来。这种说法可以看成是对过去成功商业模式案例中的赢利方法进行的概括与总结。例如：从远古社会单一的以物易物，到20世纪90年代总结出的22种赢利模式——包括配电盘模式、钩饵模式、金字塔模式等，再后来增加到55种赢利模式。现在至少有上百种，未来可以有成千上万种赢利模式。

科技在发展，世界在变化，但是商业的本质不变。所以，那些层出不穷、不断变幻的赢利模式并不是商业模式，它们顶多是商业模式的一个构成要素。变化的现象建立在不变的本质基础上。根据系统构成原理，真正的商业模式理论一定有一些不变的要素、有一个固定结构、有一些必不可少的连接关系。

在前人研究的基础上，笔者首次提出了T型商业模式理论，在已经出版的书籍《T型商业模式》中有详细的阐述。T型商业模式共有13个要素，分成三个部分，分别是创造模式、营销模式、资本模式，如图1-3-1所示。这三部分连接在一起，形状似一个“T”，所以叫作T型商业模式。

至于T型商业模式的基本原理，就像《T型商业模式》书籍宣传片所说明的：依靠创造模式，把产品定位与锤炼，进而打造一个好产品。学会营销模式，再也不盲目促销了，而是聚焦产品差异化，通过优选的营销组合克服竞争，为企业带来持续赢利！掌控资本模式，为发展进化赋能，培育企业核心竞争力。三者联动起来，发挥飞轮效应，让你的企业尽快成长为一匹“独角兽”。

一看到图1-3-1，我们会感到它的构成要素较多，组成有点复杂。就像庖丁解牛，我们首先要找到一个入手点。对于T型商业模式这个构成图来说，入手点是中间的大方框——产品组合、价值主张、赢利机制三者皆在其中。产品组合、价值主张、赢利机制是“三位一体”的一个整体。其中，产品组合是这个整体的实体形式——表示商业模式中的主要产品构成，例如：吉列公司的“刀架+刀片”、奇虎360公司的“免费杀毒+收费产品”；价值主张是这个整体的虚体形式——指产品组合给目标客户带来的价值及实用意义，例如：对于目标客户来说，吉列“刀架+刀片”这个产品组合带来了顺滑、舒适及有点性感的剃须体验，意味着不再像传统的整体剃须刀那样刮破皮肤、定期磨刀等；赢利机制也是这个整体的另一种虚体形式——指产品组合如何给企业带来赢利或回报，例如：刀架卖得便宜甚至可以赠送，主要扮演刀片“销售员”的角色，但是刀片的科技含量很高，属于易耗品，需要经常更换，符合高科技/高毛利润、规模经济及可延伸范围经济赢利机制。

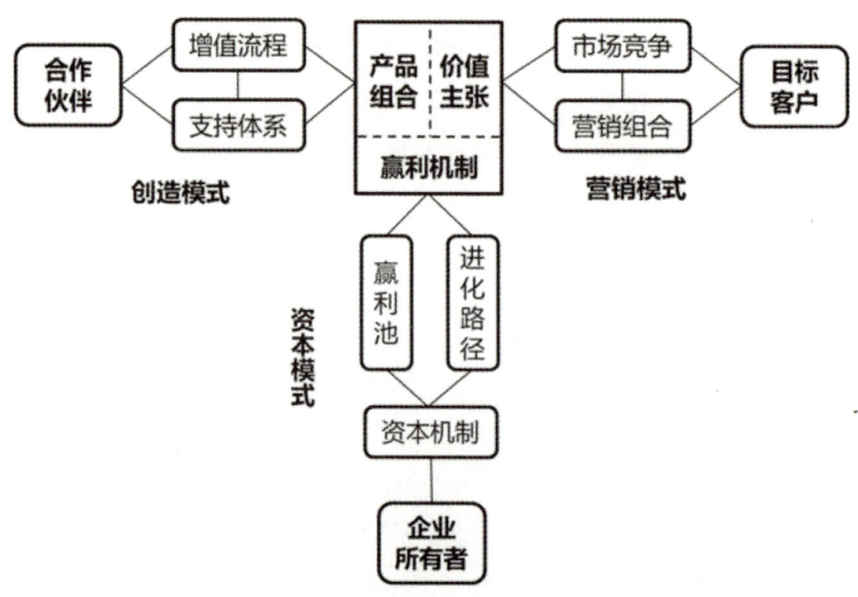

图 1-3-1　T 型商业模式全要素图
图表来源：李庆丰，《T 型商业模式》

从图1-3-1中间大方框的“产品组合”往左看，即“T”的左端，包括增值流程、支持体系、合作伙伴。这四个要素共同构成创造模式，用公式表达为：产品组合=增值流程+支持体系+合作伙伴；用文字表述为：增值流程、支持体系、合作伙伴三者互补，共同创造出目标客户所需要的产品组合。

从图1-3-1中间大方框的“价值主张”往右看，即“T”的右端，包括市场竞争、营销组合、目标客户。这四个要素共同构成营销模式，用公式表达为：目标客户=价值主张+营销组合-市场竞争；用文字表述为：根据产品组合中含有的价值主张，通过营销组合克服市场竞争，最终不断将产品组合销售给目标客户。

从图1-3-1中间大方框的“赢利机制”往下看，即“T”的竖端，包括赢利池、进化路径、资本机制、企业所有者。这五个要素共同构成资本模式，用公式表达为：赢利池=赢利机制+进化路径+资本机制+企业所有者；用文字表述为：赢利池需要赢利机制、进化路径、资本机制、企业所有者等要素协同贡献。

总体来看图1-3-1，是这样一个公式：T型商业模式=创造模式+营销模式+资本模式。

当然，上述的公式及本书后续的很多公式，都是为了表达方便——应用公式思维让大家一目了然。它们至多表示系统或子系统的构成元素之间的逻辑关系，因此，与数学中的计算公式有所不同。

以上四个公式中出现了一些新的名词概念及原理逻辑，详细的内容可以参考《T型商业模式》一书，并且本书第3章也有进一步的解释与说明。

从图1-3-1中，相关专家或学者也能看出如下门道：像“T型商业模式≈产品思维+资本模式”或“T型商业模式≈企业价值链+利益相关方+资本模式”等（由此可以推导出：产品思维≈创造模式+营销模式≈企业价值链+利益相关方）。当然，这里的资本是指广义的资本，即企业可用的各种资源或能力，包括智力资本、货币资本、物质资本等。

上面谈及的企业价值链，就是指波特价值链，通常包括研发→采购→制造→物流→销售→售后及人事、财务、技术、行政等基本或辅助作业活动。由于与时俱进的原因，在T型商业模式中，用“增值流程”近似指代波特价值链。

利益相关方是指与企业发生交易的目标客户、合作伙伴（主要指供应商）、市场竞争者、企业所有者（更多是股权类交易）等商业参与主体。除了市场竞争者外，利益相关方都处在图1-3-1的“T型”三端。

1.3.2 管理学的“四化”问题及出路在何方？

20世纪90年代就基本走向成熟的管理学体系，从西方引进到中国后也是如此，至今呈现出以下“四化”状态：

（1）更加“灌木丛”化。战略、管理、制造、研发、采购、物流、销售、人事、财务、信息技术等各学科的学者，都在说自己的学科最重要，各学科理论之间缺乏有机联系。管理人员学以致用后，很可能导致企业中各部门以自己为中心，形成“部门墙”和官僚主义。

（2）过度理论化。由于一条“赛道”上研究的人太多，还有闭门造车之嫌，所以各种管理类教科书越来越内容庞杂，趋于知识集成或理论堆砌。例如：仅市场营销学理论书籍就有成千上万种，像科特勒的《营销管理（第11版）》属于营销学经典教材，一本书就厚达800页、104.2万字。诸多理论教材、研究论文等距离企业实践太远，冗余枯燥，所以企业界人士主要看管理类畅销书或人物传记。

（3）加速碎片化。为了发论文、职业升迁、商业目的等，一些人对管理学犄角旮旯的研究太多、毛细末梢的研究太多、可有可无的研究太多。

（4）研究跟班化。所谓“跟班式研究”就是“别人说过的才说，别人没说过的就不敢说”，主要表现在对经典或热点理论做无关紧要的修补、吹毛求疵的评价，或进行改头换面、添油加醋式的所谓学术加工，然后一些学者就将其作为自己的重要研究成果。长期的跟班式研究，让一代又一代学者形成了路径依赖，同时失去了创新的动力，甚至会阻碍有实践价值的创新。

鉴于上述“四化”问题，管理学主流发展道路已经过分拥堵、不堪重负，而货真价实的创新与研究进展缓慢。自20世纪90年代以来，科技创新日新月异，正在进入工业4.0时代，而管理学的发展依然处在“农耕”阶段——几十年来未有较大创新与改变，例如企业战略方面，依旧是五力竞争模型、SWOT分析、波士顿矩阵等几架20世纪的“马车”，带领成千上万的学者、师生及战略工作者匍匐前行。

所谓批判式思维，不仅要指出问题所在，更要给出解决方案。从实践需求出发，我们是否可以为管理学的继续发展开辟第二条道路呢？每个管理学爱好者、研究者、实践者，都可以想一想、试一试。从工作实践出发，笔者提出了T型商业模式、企业赢利系统、新竞争战略等理论创新，可以说这是班门弄斧，更应该是抛砖引玉……笔者的这些理论创新，并未优先在国外期刊发表论文，促成一些学者之间的相互引用，而是坚持先在国内出版通俗易懂的书籍，经过一线企业家或创业者的实践检验，在应用过程中接受批判，并及时进行更新迭代。从这方面讲，笔者出版的这些书籍可以说是管理学“新国货”知识产品。

后续各章将会具体阐述，T型商业模式是企业赢利系统的中心，我们的企业都可以看成是商业模式中心型组织。新竞争战略以T型商业模式为“基座”，两者协同起来，在企业经营场景中落地，指导企业日常运营管理，以促进企业跨越生命周期，实现可持续赢利。这是新竞争战略与传统竞争战略（例如，波特的竞争战略）的主要不同之处。

1.3.3 T型商业模式第一问是什么？

T型商业模式的要素结构通常用三种图示化方式表达。除了图1-3-1所示的全要素图，T型商业模式的概要图及定位图也比较常用，如图1-3-2所示。

忽略具体构成要素，将创造模式、营销模式、资本模式构成一个T

型图，就是T型商业模式的概要图，如图1-3-2左图所示。概要图主要用来表达商业模式的整体特征、动态进化等。

对全要素图进行“瘦身”，去掉中间要素，只保留与产品相关的三个核心要素（产品组合、价值主张及赢利机制）、与交易主体相关的三个周边要素（合作伙伴、目标客户及企业所有者），由此得到T型商业模式的定位图，如图1-3-2右图所示。在企业赢利系统中，经常用到T型商业模式的概要图及定位图，本书第3章将通过多个案例对此进一步阐述与说明。

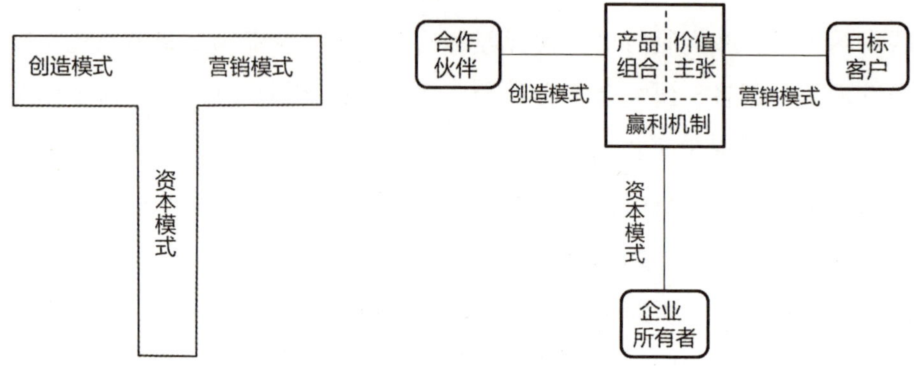

图 1-3-2　T 型商业模式的概要图（左）与定位图（右）
图表来源：李庆丰，《商业模式与战略共舞》

系统中包含着子系统，商业模式就是企业赢利系统的一个子系统。从系统的观点看，商业模式的核心议题是什么？华为创始人任正非说：“以客户为中心，以奋斗者为本！”没错，目标客户是商业模式的核心议题。奋斗者是商业模式的建设者、优化者和推动者，只有“以奋斗者为本”，才能保证持续“以客户为中心”。

谈起商业模式时，排在第一优先级的核心问题是：企业的目标客户在哪里，如何满足目标客户的需求？这个核心问题又称为“商业模式第一问”。**当开启一个创业项目时，当开发一个新产品时，当开辟“第二曲线”业务时，当企业因盲目多元化而失去方向时，通常“商业模式第一**

问”可以帮助我们“拨开云雾，以见天日”！因此，“商业模式第一问”真正是企业赢利系统的指南针。如何解答“商业模式第一问”？就要用到T型商业模式定位理论，这方面的内容可以参考笔者的另一本书《商业模式与战略共舞》，本书后面的章节也有简要阐述。为了加深对“商业模式第一问”的认识，列举以下三个案例：

当阿里巴巴、京东已经是电商行业的“巨无霸”时，2015年才开始孵化的拼多多，只用不到3年就在美国纳斯达克上市了。腾讯有钱、有人、有品牌、有流量，曾经投入几十亿搞电商，最终收获的是惨痛的失败和教训，无奈只能战略投资拼多多，从而间接地参与电商业务。从“商业模式第一问”出发，拼多多的目标客户在哪里？主要是三线及以下城市或乡镇原来逛集贸市场那些人，估计有5亿人口。更关键的是，拼多多如何满足目标客户的需求？简要的回答：通过“社交游戏式拼购”。社交意味着朋友圈的信任；游戏意味着有购物乐趣、欲罢不能；拼购意味着便宜又方便。类比一下的话，拼多多的商业模式是“微信朋友圈+迪士尼+Costco”的结合体。

与苹果、三星、华为、小米、OPPO等比较起来，传音手机属于“矮矬穷”。它如何能在国际巨头、国内新势力瓜分并垄断的手机市场上找到自己的“应许之地”？转动了一下地球仪，传音手机的创始人竺兆江就把目标客户锁定在了热情奔放的非洲人民。在非洲卖手机的国际企业也不少，传音手机有什么独门绝技，来俘获黑皮肤妹子和帅哥们犹豫不决的心？例如：传音手机研发出了适用黑肤色用户的美肌模式——可以让黑肤色姑娘瞬间变成拥有巧克力肤色的沙滩女郎，还开发出诸如四卡四待、火箭充电、劲舞喇叭、高亮手电筒等诸多非常适合非洲应用场景的“神功能”。这些特色功能都戳到了非洲消费者的痛点和痒点，所以传音手机能够长期在非洲市场一家独大。

大家都知道，制一杯咖啡简单，但是咖啡生意难做好。瑞幸咖啡补贴了10亿元人民币，以“火箭速度”开店，一直被质疑，高管团队时刻如履薄冰。星巴克开咖啡馆，不打价格战，它的商业模式有什么独到之处？目标客户以“白领小资”为主。这个群体喜欢泡咖啡馆，消费高频，比较在意环境与格调。星巴克长期一贯地致力于打造“第三空间”，以满足目标客户的核心需求。要说明白如何打造“第三空间”，星巴克这个案例就太长了，不适合在本节展开，大家可以参阅相关资料或《T型商业模式》一书。《T型商业模式》中列举了88个商业案例，来协助阐述T型商业模式理论的方方面面。以上列举的拼多多、传音手机、星巴克等，都在这88个商业案例之中。

1.4 系统赋能：从零创业，“小蝌蚪”如何成为“巨无霸”？

重点提示

※ 日本“女婿养子”选拔企业接班人模式在中国可行吗?

※ “学我者生，似我者死”对于建设企业赢利系统有什么启发?

※ 如何以“看得见的手”把握“看不见的手”？

有这样一个穷小子逆袭的故事：松田出生在贫户人家，但是聪明、勤奋又肯干，大学毕业后被招聘到一家集团企业打工。五年后，依靠自己踏踏实实的努力，松田从基层升职到了企业中层岗位，并逐步得到集团大老板的肯定和赏识。后来，大老板有意安排松田与自己的女儿在一起工作，以促进相互之间的信任和了解。再后来，松田与大老板的女儿结婚了，紧接着又生了两个孩子，松田也逐步升职为集团常务副总裁。尔后又过了五年，大老板退休了，松田便成了集团的“一把手”。

这样的故事在日本不算少。在日本的家族企业，如果创始人认为自己的儿子没有能力接管企业，或者儿子不愿意接管，那么他会在公司年轻人中物色一个能力最强的小伙子，先把一个女儿嫁给他，婚满一年后，再通过仪式把女婿正式收养为自己的儿子，让其改姓，成为创始人的“养子”。再后，就由这个“女婿养子”成为家族的掌门人，并正式掌管企业。例如：松下正治是创始人松下幸之助的“女婿养子”，后来成为松下公司第二任董事长。丰田利三郎原名叫“小山利三郎”，是丰田创始人丰田佐吉的“女婿养子”，后来也成了丰田的掌门人。三井集团的历代掌门人中，也有多位是三井家族的“女婿养子”。在日本，“女婿养子”模式已经成了择优录取选拔继承人的文化风俗，保障三井集团、丰田汽车及松下集团等一批日本企业长盛不衰，并长期成为日本经济的支柱。

日本是发达国家，而中国还是发展中国家。像马云、任正非、刘强东、王健林等都是白手起家，近似于“穷小子”打天下，分别让阿里巴巴、华为、京东、万达，从起初的“小蝌蚪”进化成了当今的“巨无霸”。阿基米德说：“给我一个支点，我能撬起整个地球。”这句话不算吹牛，但只是一个理论推算。曾听不少创业者说，只要融资到位，就能再造一个阿里巴巴或华为。易到用车比滴滴出行创立时间还早4年，在创业阶段就获得近2亿美元的融资。后来乐视集团又注资7亿美元给易到用车，获得70%股权。最终结果是，易到用车欠了平台司机和用车顾客很多钱，债务缠身很难继续经营下去了。

无论是中国的白手起家创业者，还是日本的“女婿养子”，他们能够取得成功，一定是打造了一个企业赢利系统或逐渐掌控了企业赢利系统。当然，这里的赢利不仅是指盈利赚钱那么单一，还包括累积智力资本、培育核心竞争力等多样化赢利内容。

华为、阿里巴巴这么成功，我们“学习+模仿”不就行了？市面上关于华为如何取得成功、任正非谈经营管理的书籍尤其多。大概每个企业都在学华为，几乎每个创业者或企业家都知晓一些“华为方法论”。但是，至今只有一个华为，没见到多少依靠模仿华为而自身成功了。甚至，如果片面地学一些任正非讲话或简单模仿一下“狼性文化”“以奋斗者为本”“灰度理论”等，很可能就会应验知名画家齐白石说的那句话：“学我者生，似我者死。”

笔者认识的一位企业家顾问是个“华为迷”，任正非的铁杆粉丝。只要市面上有华为的出版物，他都会购买并收藏；任正非的所有讲话、访谈及从各种渠道获得的华为研究资料等，他都会及时整理成文案并装订成册。他是为数不多的痴迷地学习华为、研究华为的人。恰好《T型商业模式》第6章第5节（第268～第272页）用大约七千字概括地阐述了华为的企业赢利系统。他看到这些内容后，认为很有启发，一下子把关于华为的各种碎片化资料串联起来了，形成了一个有要素、有层次、有连接关系的赢利系统。本书专门谈企业赢利系统，不妨将《T型商业模式》中的关于华为企业赢利系统的一张图表复制过来，如图1-4-1所示。所谓一图胜千言，对照图表再去阅读相关内容，领悟企业赢利系统。

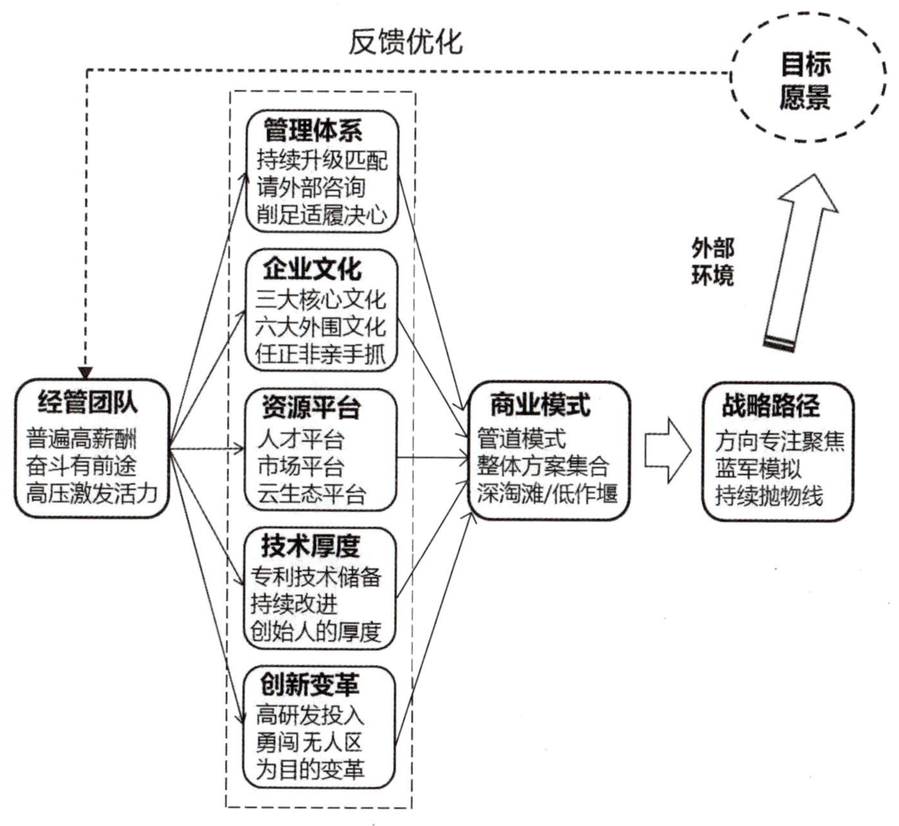

图 1-4-1 华为企业赢利系统示意图

图表来源：李庆丰，《T 型商业模式》

系统思考有空间维度和时间维度之说。企业赢利系统属于在空间维度上关于企业经营管理等相关内容的一个系统思考框架结构。在时间维度上的系统思考，便是沿着时间轴线阐述企业赢利系统，从简单到复杂，从“小蝌蚪”到“巨无霸”，探讨企业的进化与发展规律。例如：当企业刚创立时，产品是否定位准确，企业能否存活下来是首要问题，即商业模式可行性验证是重点，能融到资（资源平台）也很重要，通常不会等同考虑企业赢利系统的所有要素。而到了扩张期，除了对商业模式进行复制、扩展、延伸外，更要重视经管团队、战略路径、管理体系、企业文化、资源平台等多要素的协同与联动。

借鉴企业生命周期理论，有利于我们在时间维度上对企业的各个发展阶段进行系统思考。在美国学者爱迪思所提出的企业生命周期理论基础上，笔者已出版的《商业模式与战略共舞》将企业的生命周期划分为创立期、成长期、扩张期、转型期四个阶段。现代企业都是商业模式中心型组织。针对不同的发展阶段，商业模式发挥的作用有显著不同。例如：在创立期，商业模式的重点是产品定位；在成长期，商业模式的重点是以飞轮效应促进客户增长；在扩张期，商业模式的重点是培育核心竞争力；在转型期，商业模式的重点是成功地跃迁到“第二曲线”。覆盖企业生命周期四个阶段，书中给出了关于如何发挥商业模式赢利作用的六大原创模型，如图1-4-2所示。这些模型既可以作为企业制订战略的基本依据，也有利于对企业赢利系统其他要素进行系统思考和驾驭。结合具体案例，本书第3章、第4章将阐述这六大原创模型的相关原理和功能作用。

在企业赢利系统中，商业模式是战略的“基座”，战略是携商业模式而“战”！企业应该根据生命周期各个阶段的商业模式相关模型及特点而制订战略。商业模式不是一些可以简单模仿的套路，也不是那些层出不穷的盈利模式，更不能“横空出世”孤立地研究商业模式。商业模式比战略的历史更悠久一些，只是一直以来，商业模式被半遮半掩包含在战略理论之中了。将商业模式从战略中分离后，战略理论也就不再混沌无疆、无所不包了。商业模式与战略既要区分，又要共舞，要搞明白它们之间玄妙的关系，请参阅《商业模式与战略共舞》。一些学者将商业模式看成了一座“孤岛”，就商业模式论商业模式，这已经将自己或企业实践者带进了歧途。

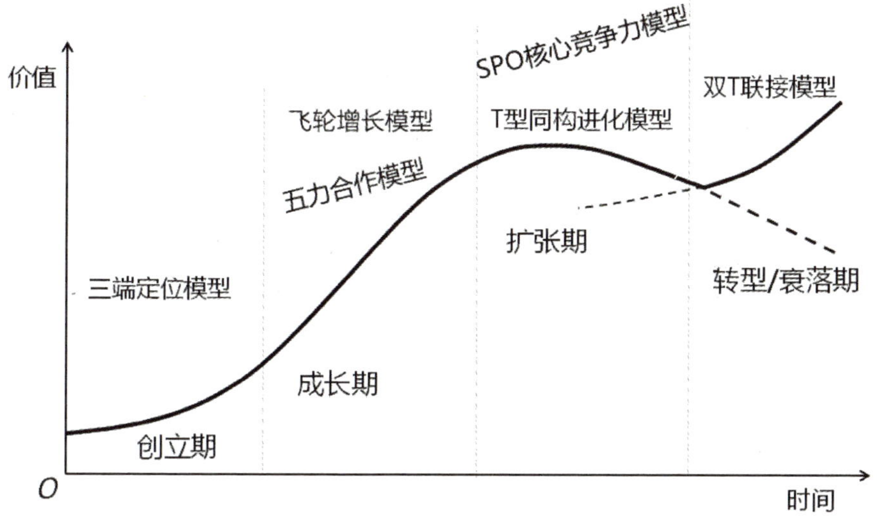

图 1-4-2　基于企业生命周期的 T 型商业模式六大原创模型示意图
图表来源：李庆丰，“企业赢利系统”理论

现代企业都是商业模式中心型组织，商业模式是企业赢利系统的中心要素。《T型商业模式》《商业模式与战略共舞》这两本书侧重于商业模式，而本书《企业赢利系统》侧重于对每个构成模块——经管团队、商业模式、企业战略、管理体系（组织能力、业务流程、运营管理）、企业文化、资源平台、技术厚度、创新变革等分别展开讨论。这当然不会平均用力，涉及篇幅相对多一些的是企业战略模块，我们聚焦于“新竞争战略”的探讨。企业家特别重视战略，但是接踵而至的古今中外众多战略学者把战略搞得无所不包，内容庞杂而混沌。新竞争战略要为战略减重并瘦身，要逐步形成创业者、企业家看得懂、用得上的战略。

对于经管团队、商业模式、管理体系这三个模块，企业实践中都不可或缺，每个企业都用得上，所以也是本书重点阐述的模块。至于企业文化、资源平台、技术厚度、创新变革这四个模块，有的企业比较看重，有的企业涉及不多，所以本书安排专门章节对它们进行提纲挈领的阐述，并给出优选的理论模型与内容框架，便于大家建立整体性、系统性认识。

赋能一度是个热门概念，超越了“授权”的范畴。在中国，政府可以为企业赋能，平台企业可以为合作伙伴赋能，共生体企业可以相互赋能。希望别人为企业赋能，自己要先有企业赢利系统，才能把获得的“赋能”输送到合理的位置上。否则，赋能搞错了位置，不仅浪费，错失发展良机，还有可能让企业局部肿胀，因为赋能而导致不健康。

我们讲系统赋能，重点是自己给自己赋能。鬼谷子曰：“故静固志意，神归其舍，则威覆盛矣！威覆盛，则内实坚；内实坚，则莫当。”如上文所述，从空间维度上和生命周期阶段上构建及升级企业赢利系统，就是自己为自己赋能。除此之外，我们还可以从整体上考虑如何为企业赢利系统赋能。例如：

（1）使命能够涌现出伟大的企业生命。使命不是臆想出来贴在墙上的口号。何为使命？混沌大学创始人李善友说，“把你做的事当作一条真正的生命。”企业是一个通过不断进化与扩展商业模式而生长繁衍的生命系统，其内在的生长动力需要使命引领。卓越的企业家都是倾其一生为企业的生命赋能，两者已经交融在一起。那些经不住诱惑，稍见机会就习惯性地投机钻营的企业，很难有企业使命。美国总统肯尼迪在美国宇航局太空中心参观时，曾礼貌地询问一个门卫在做什么，结果这个拿着扫帚的门卫回答说：“总统先生，我在帮助将人类送上月球。”只有将企业家的使命扩散为全体员工的使命，企业的生命才能更伟大。

（2）以“看得见的手”把握“看不见的手”。企业赢利系统是经管团队、商业模式、企业战略、管理体系、企业文化等要素的上一级系统，而社会及市场又是企业赢利系统的上一级系统。亚当·斯密在《国富论》中说，社会与市场中有一只“看不见的手”。现在，这只“看不见的手”又叠加上一些“VUCA”特点：不稳定性（Volatility）、不确定性（Uncertainty）、复杂性（Complexity）和模糊性（Ambiguity）。本书阐述的企业赢利系统如同“看得见的手”。通过构建、优化和驾驭企业赢利系统这只企业可以掌控的“看得见的手”，去把握社会与市场中的那只“看不见的手”，并且逐渐消解“VUCA”外部环境下企业面临的问题及困境。

本书共有9章内容，围绕企业赢利系统，从整体阐述开始，到各构成部分详解，再到系统怎样协同、私董会3.0的协助、个体崛起所需要的赢利系统。建设与优化企业赢利系统的过程，就是企业赋能成长与进化发展的过程。查理·芒格说，得到一件东西的最好方式，就是让自己配得上它！

1.5 管理 > 经营，企业陷入困境，突围的路在何方？

重点提示

※ 谈及经营与管理的区别，理论界为何犹抱琵琶半遮面，欲说还休？

※ 为什么说海尔集团有管理 > 经营的倾向？

※ 对照企业赢利系统，你的公司需要哪些改进？

提起中国宋朝的改革家王安石，有这样一则民间流传的趣事：话说王安石在进京赶考的路上，偶遇一个大户人家，以征求对联的方式为女儿招亲。对联的上联是："走马灯，灯走马，灯熄马停步"。如果谁能对出下联，就可以娶到才貌出众的侯门千金。王安石当时对不出来，也可能一门心思想着赶考的事，他就没有多想。到了考场上，他看到一道题，有上联，要对出下联。这副对联的上联是："飞虎旗，旗飞虎，旗卷虎藏身"。

想必大家也猜到了结果，一个路途中暂且对不出下联的上联，就成了王安石考场上夺魁的下联。于是，他金榜题名，然后赶紧原路返回，来到那个大户人家门口，完成了对联，最终娶到了侯门千金。金榜题名与洞房花烛，机遇垂青于王安石，挡都挡不住，这两件人生大事就这么轻易办成了。

经营与管理就像是一副对联。改革开放前期阶段，一些民营企业家抓住了机会，通过替代模仿就做对了经营，然后在规模化需求、低成本制造中又搞对了管理，好像传说中的王安石那样，赶上了好机遇，踩对了步点，牛气冲天了。**运气通常是阶段性的偶遇，而实力需要长期积累。并且，经营与管理这副"对联"，大部分情况下比较难对上。**

20世纪90年代初期，春兰空调是当时家喻户晓的“中国空调大王”。1994年，春兰空调成功A股上市，当年营业收入53亿元人民币，净利润6亿元人民币。同年，格力的营业收入才6亿元人民币。而上市融资后，春兰股份开始涉猎摩托车、汽车、酒店、新能源等几十个不相关的领域。“60后”往前的人，可能会依稀记得春兰虎、春兰豹摩托车“闪耀”登场，春兰卡车昙花一现……经营多元化，而管理跟不上。2003年，春兰股份的利润开始大幅下滑，2005年之后连续3年亏损，被“ST”，于2008年5月被暂停上市。

海尔集团的管理一直是跟得上经营的，近几年甚至出现了管理 > 经营的现象。海尔管理一直很好并持续优秀是有原因的：

首先，首席执行官张瑞敏不仅是知名企业家，更是一位卓有建树的管理学家。他有很多管理创新并坚持付诸实践，不断总结而形成海尔管理模式，像“OEC管理模式”“斜坡球体定律”“激活休克鱼理论”“市场链理论”“人单合一双赢模式”等。

其次，海尔具有德国企业严谨又苛刻的管理基因。海尔总部所在地青岛市的一些遗留建筑及城市文化中，蕴含着德国工匠精神的遗风。另外，海尔发展初期，曾与德国企业利勃海尔合资生产冰箱。其间，海尔不仅引进了德国企业先进的工艺技术及生产线，而且学习了德国人对产品的严谨态度及对管理的苛刻追求。

但是，随着行业进入成熟期，如果让经营业绩持续增长，那么企业必定要面对严酷的竞争与生存环境。据《全球财说》报道，曾经“独霸天下”的青岛海尔已经开始掉队了。2018年以来，由于受北美地区等海外业务拖累，海尔的营业收入增速、净利润增速双双连续创新低；国际化带来的“成绩单”，又让海尔始终处在公司市值的低谷。2019年中国十大家电企业排行显示，美的第一，格力第二，而青岛海尔已落至第三。海尔智家（海尔的上市主体）的净利润只是美的、格力的三分之一。

陈春花教授说：在一个公司中，经营是选择对的事情做；管理是要把事情做对。管理始终为经营服务，但要搞懂两点：第一，管理要做什么，由经营决定，不是由管理决定；第二，管理水平不能超过经营水平。如果一家企业的管理水平超过了经营水平，这家企业一定会走向亏损。

现在，海尔是否管理 > 经营了呢？或者说，海尔的经营是否已经出现问题了呢？

理论界对经营与管理的区分，一直犹抱琵琶半遮面，欲说还休，这确实不利于指导实践。因此，我们需要更加清晰地划分出经营与管理的边界。需要说明的是，在企业赢利系统中，需要以经营体系、管理体系代替上述“经营”“管理”这两个有点“孤家寡人”风格的名词。

企业赢利系统的经营三要素：经管团队、商业模式、企业战略，构成了企业的经营体系。它们之间的关系可以用一个公式表达：经营体系=经管团队×商业模式×企业战略，转换为文字表述为：经管团队驱动商业模式，沿着企业战略的规划路径进化与发展，持续实现各阶段战略目标，最终达成企业愿景。

（1）商业模式。经营体系给出了一个企业赢利、成长、进化的逻辑。本节前面的两节曾经讲到，现代企业都是商业模式中心型组织。商业模式是企业赢利系统的中心要素，也是经营体系的核心内容。T型商业模式的基本原理以及基于企业生命周期的六大原创模型，都是在阐述企业赢利、成长、进化的逻辑，所以属于经营理论的重要构成部分。

2000年之前，商业模式概念还没有被广泛提及，波特的价值链理论代表着经营理论的核心内容。虚拟经营、OEM（代工生产）、多元化、专一化、混业经营、全产业链等都是价值链理论时代的经营模式或理论。现在可以说，它们各自也是一种商业模式。在T型商业模式理论中，价值链近似创造模式中的增值流程。理论上说，T型商业模式中的产品组合可以有成千上万种，像“刀架+刀片”、产品金字塔、“免费+收费”、BOT（建设—经营—转让）、EMC（合同能源管理）、EPC（工程总承包）等，每一种组合都代表一种赢利模式、一种经营模式。波特的三大竞争战略——总成本领先战略、差异化战略、集中化战略属于经营理论，现在归为商业模式的产品或产品组合定位。由于管理类学科的一些名词概念，长期存在表达模糊、近似混同的历史传统，所以一直以来商业模式、赢利模式、经营模式都不严格区分，常常混同使用和表达。

（2）经管团队。经管团队负责设计、创新、优化及驱动商业模式，对企业赢利、成长、进化承担重要责任，所以也将经管团队划归为经营体系三要素之一。这样划分有其合理性，企业家及其他核心经管团队成员，首先是一个经营者，其次才是一个管理者。

（3）企业战略。企业战略（包括目标和愿景、外部环境、战略路径三方面）的重点是竞争战略。竞争战略就是如何持续做出一个好产品的战略。对于企业来说，所谓战略，就是基于商业模式，结合外部环境，做出的一个行动指导方案，也叫作战略规划。商业模式是战略的“基座”，战略是携商业模式而“战”，两者难舍难分，甚至浑然一体，商业模式与战略共舞！因此，企业战略也属于经营范畴，是企业赢利系统的经营体系三要素之一。

如图1-5-1所示，本书第2、3、4章分别阐述经管团队、商业模式、企业战略等经营体系三要素相关内容；第5章具体阐述管理体系的相关内容。

（4）管理体系。“管理始终为经营服务”，即管理体系为经营体系服务，这不能仅是一句口号。通过构建管理体系，其目的是将企业经营体系的赢利、成长、进化等相关逻辑“多快好省”转变为日常运营及现实成果。管理体系的三个构成部分“组织能力、业务流程、运营管理”与经营体系三要素“经管团队、商业模式、企业战略”之间具有相互对应关系，详见章5.1节。

讲到管理，通常阐述计划、组织、领导、控制四大管理职能，也常用到PDCA（计划、执行、检查、处理）管理改善循环。知识来自实践，管理学的知识被教条化后往往远离了企业实践。管理不能脱离应用场景。现代企业场景中，所谓的“管理”需要升级为管理体系，才能与经营体系相对应。管理体系的构成可以用一个公式表达：管理体系=组织能力×业务流程×运营管理，转换为文字表述为：企业以组织能力执行业务流程，推动日常运营管理，周而复始地达成现实成果。在上述经营体系或管理体系公式中，之所以用“×”连接三个部分，是因为三者必不可少，缺一不可。三者达到均衡时，乘积最大。

回到上面的问题，现在的海尔是否管理>经营了呢？

海尔搞革命性的“人单合一”模式，形式上沿袭钱德勒的“结构跟随战略”思想，本质上试图“让管理变为经营”——让基层员工也成为企业所有者或小微“经管团队”。像永辉超市等服务行业，“管理变经营”有一定探索空间。稻盛和夫的“阿米巴经营”，让管理变经营，更像一种模拟式经营。而海尔作为家电行业规模化制造企业，彻底地“让管理变为经营”，有可能“画虎不成反类犬”。从企业赢利系统角度分析，海尔应该更重视经管团队的设计与优化，构建梯度人才团队，让他们焕发活力并迸发出巨大的经营能量。

从商业模式要素看，海尔集团繁杂多元的产品线又沿袭了东方文化中“多多益善”的经营特色。经营讲究归核化，实践也会证明，“多多益善”并不利于培育企业核心竞争力。相关家电行业观察家对此分析指出：“海尔过去很长一段时间都是有想法、没做法，概念提出得都很快，也很多，但是到具体落地实践方面，就变得非常缓慢。”例如，海尔提出“构建全球领先的物联网生态品牌”，这多少有点“霸王硬上弓”式的追风赶潮。

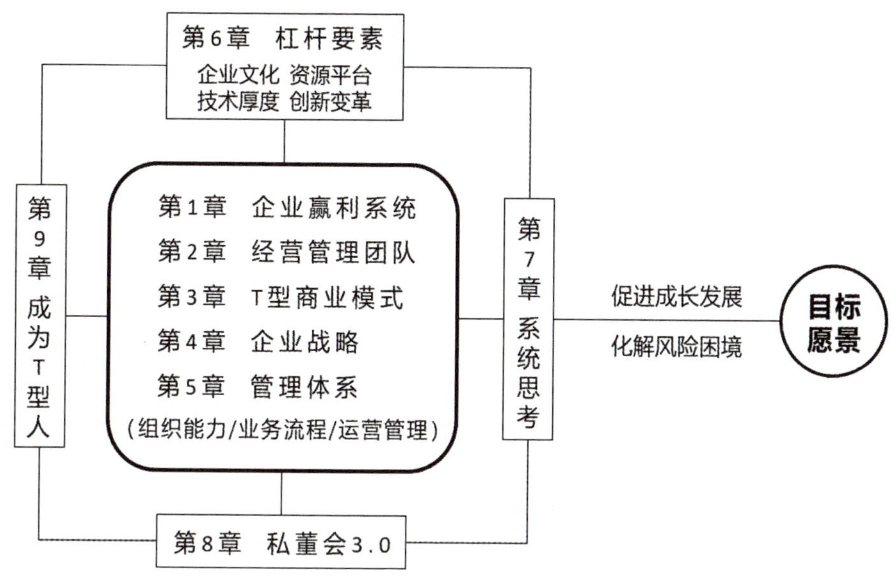

图 1-5-1 《企业赢利系统》内容概览
图表来源：李庆丰，“企业赢利系统”理论

从企业战略要素看，海尔的境外扩张与收购源于管理自信，与联想集团的勤于收购有某些相似之处。海尔集团的海外业务对于整体的营业收入贡献已经超过40%，但是从赢利角度看，“行业低迷”导致海外市场持续性疲软，国际化战略已经显露出内涵不足。并且，海尔的境外收购与扩张耗资巨大，长期性地大幅增加了财务费用、管理费用和营销费用，侵蚀了企业赢利和后续发展动力。

如果管理 > 经营，企业可能陷入困境，突围的路在何方呢？除了加强上述经营体系三要素“经管团队、商业模式、企业战略”之外，还要考虑企业赢利系统的以下杠杆要素及相关内容。

（5）杠杆要素。本书第6章重点讨论企业文化、资源平台、技术厚度、创新变革等杠杆要素。它们之间的关系也可以用公式表达：杠杆要素=企业文化+资源平台+技术厚度+创新变革。在此公式中，用“+”连接各个部分，表示它们之间是叠加关系，视企业具体情况，可以增减这些要素。

这些杠杆要素可以让经营体系、管理体系以及两者协作起来更省力、更高效、成本更低或竞争力更强、更持久。

如图1-5-1所示，第7、8、9章分别阐述系统思考、私董会3.0、成为“T型人”等与企业赢利系统密切相关的整体性、综合性内容。

（6）系统思考。企业赢利系统是一个具有生命周期阶段特征的耗散结构系统，适用以系统学、系统动力学等理论进行系统思考。

（7）私董会3.0。第8章主要讨论私董会3.0。通过私董会3.0这种重大及关键问题研讨形式的学习型组织，促进经管团队成员与外部专家顾问一起深度思考，涌现群体交互智慧，找到化解重大风险和困境的优化方案，保障并促进企业赢利系统健康成长与进化发展。

（8）成为“T型人”。每个有愿景、有追求的职场人士、创业者或自由职业者——笔者在“T型商业模式”系列书籍中称之为“T型人”，都可以看成是由一个人组成的公司。企业赢利系统同样适用于“T型人”。欲成为一个优秀的“T型人”，我们应该有自己独特的商业模式、“贵人相助”团队、发展战略及自我管理体系等要素。“T型人”通常与其所在企业形成共同愿景，企业的进化与发展就是个人的成长与进步，他们都是企业赢利系统的鼎力建设者！

常有人说：中国所有的生意，都值得重做一遍。如何重做一遍，有没有系统化的方法论呢？本书后续各个章节中，蕴藏着精彩的回答，如图1-5-1所示。

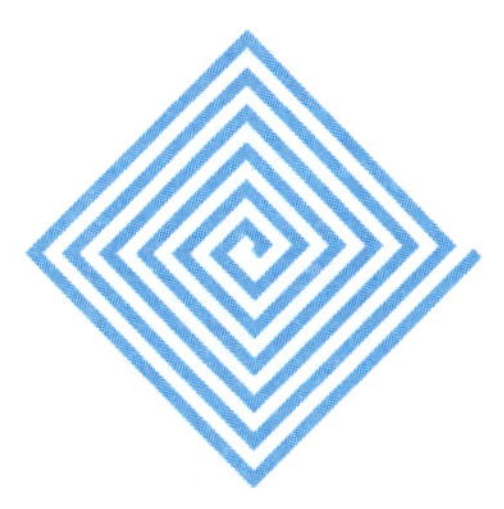

第 2 章

经营管理团队：
不只是“财散人聚，财聚人散”

本章导读

德鲁克说，完美团队应该有“对外者、思考者、行动者”三种角色。在英特尔创始团队的核心三人组里，诺伊斯是对外的人，摩尔是思考的人，而格鲁夫是那个行动的人，他们分别充当了企业的心灵、大脑及身体。

企业的高层、中层及基层应该上下同欲、同舟共济，好像三个“同心圆”叠加在一起。但是，老板身边的“权臣”“宠臣”等，为了对抗“权力不平衡”，常常会形成自己的“山头”，进而滋生官僚主义，形成“部门墙”。

魔高一尺，道高一丈。本章阐述了团队修炼“铁人三项”、企业家精神“追光灯模型”、企业与员工共同的“组织承诺”、实战中培养人才的“向上管理”、基于企业赢利系统的顶层设计等内容。

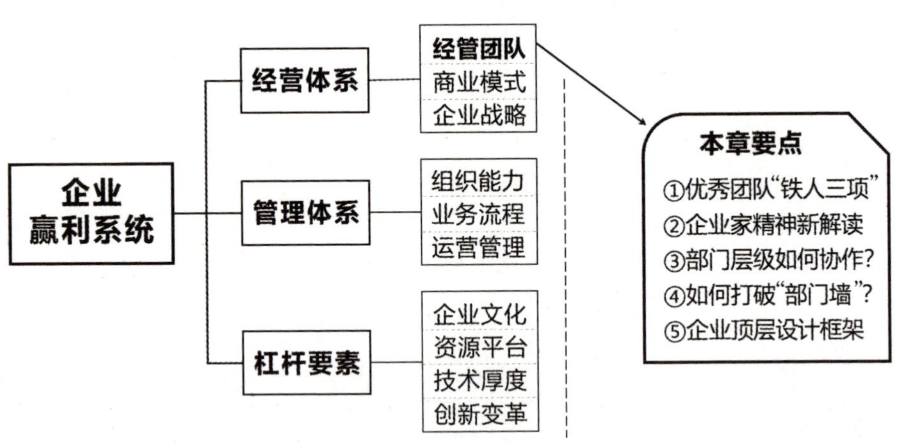

第 2 章要点内容与企业赢利系统的关系示意图

2.1 优秀团队的“铁人三项”：动力机制、团队合作与能力建设

重点提示

※ 为什么优秀团队要有“对外者、思考者、行动者”三种角色?

※《第五项修炼》内容上有哪些不足之处?

※ 为什么说“薪酬、心情、前途”是留住人才的三大动力要素?

在企业赢利系统中，第一层次是经营体系三要素：经管团队、商业模式和企业战略。本章重点讨论经管团队。只有优秀的经管团队才能产生强大的驱动力，那么何为优秀的经管团队?

有人说，《西游记》中的唐僧师徒四人就是“钻石级”的优秀经管团队，其理由是：唐僧整天唠唠叨叨的，也没有什么能力，但是信念坚定，对实现目标很执着；孙悟空脾气火暴、经常犯错，但是他能力强，必然会恃才傲物；猪八戒懒散贪吃，见了美女走不动，但是他积极乐观，人缘好；沙僧稍微有点“当一天和尚撞一天钟”，但是他做事踏实，值得信赖。并且，这些编故事的人喜欢将是是非非的“帽子”都扣到马云头上——马云亲口说的，唐僧师徒四人是完美团队组合，是最好、最完美的团队!

演讲者要烘托轻松幽默的气氛，可以随意说一下“唐僧师徒是最优秀的团队”。如果正式探讨何为优秀的经管团队，我们可以先看一则关于英特尔的故事：

1985年，由于存储器的市场机会被日本厂商的低成本战略摧毁了，英特尔的市场份额从90%猛跌至20%以下，陷入前所未有的经营困境。为了寻找突围方案，英特尔的管理层先从提出问题开

始。当时的英特尔CEO摩尔问了总裁格鲁夫一个问题："如果咱俩被扫地出门，董事会选新的CEO过来，你觉得他会做什么决定？"格鲁夫沉思良久，最后回答说，新来的这家伙肯定会让英特尔远离存储器市场。沉默一会儿后，格鲁夫再问摩尔："既然如此，我们为什么不自己来做这件事呢？"

当时，在所有人心目当中，英特尔就等于存储器。这个团队果敢的做法是，立即关闭了存储器生产，开始孤注一掷投入半导体芯片研制。幸运的是，两年后英特尔全面重生。到1992年，英特尔已经是全世界最大的半导体公司。

德鲁克在《管理的实践》中说，完美的CEO应该是一个对外的人、一个思考的人和一个行动的人，集合这三种人于一身。中国古话说：三个臭皮匠，顶个诸葛亮。在英特尔创始团队的核心三人组里，诺伊斯是对外的人，摩尔是思考的人，而格鲁夫是那个行动的人。有德鲁克的理论依据，还有英特尔的成功实践，现代公司的核心团队都是或多或少地按照这种方式组建了。

携程公司的四个早期创始人：季琦、梁建章、沈南鹏、范敏，接连打造了携程、如家两个成功的企业，确实是一个创造奇迹的团队。在这个"钻石团队"中，季琦是不折不扣的创业者、行动者，梁建章是团队中的"思想家"，沈南鹏与范敏在当时更多是发挥对外作用；沈南鹏擅长资本运作、并购上市；范敏为公司带来了很多业务资源与旅游合作关系。

在阿里巴巴核心团队中，马云是一个对外者，蔡崇信是个思考者，而卫哲、张勇等历任CEO是行动者。当然，有些"强人型"企业家能集"对外者、思考者、行动者"等三种角色于一身，例如："钢铁侠"马斯克、格力电器董事长董明珠、恒大地产创始人许家印等。另外，"强人型"企业家的背后往往还有一个"领导—骨干—参谋"的相关人才搭配，以支撑团队领导者"对外者、思考者、行动者"三位一体的完美角色。

企业是一个不断生长与进化的生命体，如同创造它的人类一样，也需要心灵、大脑及身体三大关键组件。经管团队中的“对外者、思考者、行动者”三种角色分别充当了企业的心灵、大脑及身体。在商业交易活动中，“心灵”看到了什么机遇，“大脑”就会往那个方向思考，接着“身体”就全力行动起来，将机遇变成现实。

最主要的是，经管团队要驱动商业模式，两者必须相互匹配。大致划分一下的话，“行动者”对应T型商业模式的创造模式，这部分是价值链的运营重点，所以执行力要强；“对外者”对应T型商业模式的营销模式，这部分注重企业形象，要诚实守信；“思考者”对应T型商业模式的资本模式，这部分是公司发展与进化的智慧宝库，相当于企业的大脑。经管团队与T型商业模式匹配示意图如图2-1-1所示。

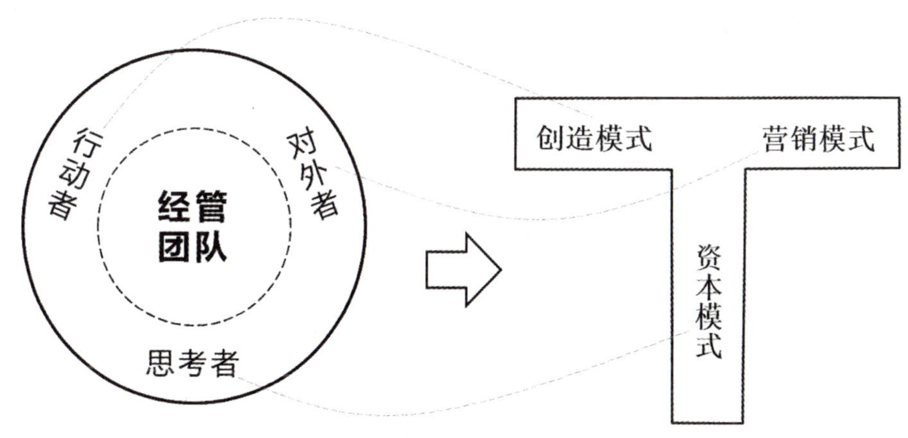

图 2-1-1　经管团队与 T 型商业模式匹配示意图
图表来源：李庆丰，“企业赢利系统”理论

过去，中国发展机会特别多，所以有些团伙型企业也能将企业搞得风生水起。有人打趣说：一群早期的下海创业者一起乘电梯，要趁势登上那个“高楼”。有的人在电梯里作揖鞠躬，有的人在电梯里拳打脚踢，有的人在电梯里看书读报，还有的人在里面憋气练功。最后，大家都登上了那个堆满财富的“高楼”，都成了企业家。实际上，他们赶上了中国经济快速发展的好机遇，所以顺势就成功了，而他们的个人能力并没有很好地被激发出来。

现在不同了，我们的企业不仅需要一个有“行动者、对外者、思考者”的“钻石团队”，而且为了与T型商业模式的创造模式、营销模式、资本模式很好地匹配，这个团队还需要不断地进行自我修炼。

说起团队修炼，当然要参考彼得·圣吉的《第五项修炼》。这个理论有一个三阶段顺序，先从个人修炼“自我超越、改善心智模式”开始，然后是团队修炼“建立共同愿景、团体学习”，最后达成团队成员的“系统思考”能力。因为一直没有企业系统，没有“对象客体”可供系统思考，修炼者到第三个阶段“系统思考”就修炼不下去了，所以慢慢地鲜有人再关注这个理论了。

现在情况不一样了，站在前人的肩膀上，笔者提出了企业赢利系统，可供企业团队进行“系统思考”。另外，《第五项修炼》的内容还是有点“高大上”，大部分经管团队需要补充的是更接地气的基础性修炼。以终为始就是从希望获得的结果倒退一下，为什么开始？为了驱动商业模式，进而实现针对企业赢利系统的系统思考，经管团队的基础性修炼主要包括这三项内容：动力机制、团队合作与能力建设，简称为“铁人三项”，如图2-1-2所示。

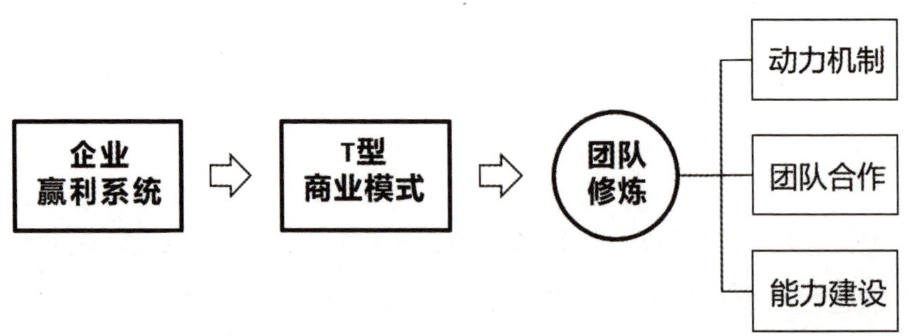

图 2-1-2 团队修炼“铁人三项”示意图
图表来源：李庆丰，“企业赢利系统”理论

“铁人三项”的第一项修炼是动力机制，其功能就是让团队成员都有积极工作、勇于创新的动力，即“以奋斗者为本”，不让老实人吃亏。当然，这项修炼主要考查团队带头人的心胸和能力。笔者搞风险投资，经常对创业团队的带头人说，留住人才要凭借“薪酬、心情、前途”这三项动力要素。这三项都满足，团队骨干的干劲就足，一般不太会离职；其中两项满足，需要经常做思想工作；其中两项或三项都不满足，能干的人早晚会走。

“薪酬、心情、前途”分别与企业赢利系统的“商业模式、企业文化、企业战略”密切相关，所以搞好动力机制修炼，其实就是努力建设一个优秀的企业赢利系统。大公司商业模式成熟，可以给出有吸引力的薪酬，而小公司通常会“画一个饼”，对大家谈企业战略，也会给股权或股权激励，让薪酬与前途挂钩。获得好“心情”，需要团队成员之间进行良好沟通，培育优秀的企业文化。这一点来说，智商高的公司通常不及情商高的公司。

举个例子说，经营线下超市竞争太激烈了，家乐福等外资都在不断撤店及被收购。而永辉超市却不断在扩张与发展，一直很“硬核”。近几年，永辉超市还获得了腾讯及京东一共约86亿元的增资扩股投资（或股权转让）。永辉超市能够后来居上，逆势发展并成为优等生，一定程度上得益于其背后的超级合伙人团队动力机制，概要内容总结为两点：①基本利润归公司；②超额利润60%归员工。依靠这个动力机制，永辉超市的员工收入平均上涨14%，公司收入上涨了15%（参考资料：《刘润 · 商业洞察力30讲》）。

“铁人三项”的第二项修炼是团队合作。如何形成团队合作？孔子说：“君子和而不同，小人同而不和。”除了国学之外，还有“颗粒度”更细致且具体的方法论吗？虽然《第五项修炼》这本书在系统思考方面出现了一些状况，但是用来修炼团队合作，仍然是一部必读的“宝典”。其第一阶段主要包括两项修炼：自我超越、改善心智模式。这两项修炼主要针对团队合作的三个问题：①团队中粗鄙或精致的利己主义者太多，只想着多分“蛋糕”，而不是努力把“蛋糕”做大；②不少团队成员喜欢走所谓的升职加薪捷径，擅长玩职场套路；③团队领导者对投机经营形成了路径依赖，不能坚守优秀的价值观。第二阶段的修炼包括：建立共同愿景、团队学习。这两项修炼的主要目的是形成1+1＞2的协作效应。

“铁人三项”的第三项修炼是能力建设。这方面我们可以借鉴牛顿第二运动定律的表达公式：$F=ma$，其中F表示团队能力的大小，m表示企业经营的规模和难度，a表示企业发展的加速度。假如夫妻二人在街坊开个杂货店，几十年就这样，熟能生巧了，即m长期不变，a还在递减，那么对团队能力F就没有提升要求，甚至一边打麻将，一边就把小生意给打发了。但是，如果几位同学一起在AI领域创业，希望三年后上市，五年后成为行业领导者，即m将迅速几倍变大，a同步增长也是很多倍，那么对团队能力建设F的要求就很高了。《原则》作者达利欧说过：“如果你现在不觉得一年前的自己是个蠢货，那说明你这一年没学到什么东西！”后续会讲到，通过建设学习型组织，可以促进团队的能力建设。

综上，团队修炼的“铁人三项”中，动力机制是企业赢利系统成长与进化的动力源泉，团队合作能够让经营团队发挥综合统效、协同涌现的作用，而能力建设不断为企业累积智力资本，让企业的产品组合具有竞争力，并最终培育出企业的核心竞争力。

2.2 企业家精神：马云、任正非可以模仿吗？

重点提示

※ 为何当下的企业家精神研究趋向空洞无物？

※ 愿景与现状之间的“鸿沟”给有志向的企业家带来了什么？

※ 企业家精神“追光灯模型”对于个人成长有什么启发意义？

2018年5月14日，刘传建机长率领川航3U8633机组执行从重庆至拉萨飞行任务。飞机进入青藏高原区域时，驾驶舱右侧风挡玻璃破损脱落，寒冷气流冲击造成了很多设备损坏，一些仪表已停止显示。这时，飞机驾驶舱已经完全暴露在1万米高空，温度从20℃骤降到-40℃，并且高空严重缺氧。两位机长和副驾驶只穿了短袖衬衫，副驾驶半边身体被吸出窗外，另一半身体依靠安全带暂且维系在飞机座椅上。万幸！经历了惊心动魄的34分钟，完全依靠“英雄机长”刘传建的全手动操作，飞机成功备降成都机场，全体机组人员和乘客安然无恙。

企业就像一架飞机，为了排除成长过程中遭遇的各种艰难险阻，更需要一位“英雄机长”。

1997年9月，乔布斯回归陷入经营困境、距离破产只剩下两个月的苹果公司。接着，他砍掉了苹果90%的产品线；下调了员工期权价格，为大家重塑工作动力；推出了赢得年轻人好感的iPod，创造性地构建iPod+iTunes（硬件+内容服务）产品组合；不顾众人反对建立了苹果线下零售店；重整了Mac电脑系列产品；推出了改变世界的iPhone系列产品，并最终为苹果建立了具有

iPhone+iOS+App Store（硬件+系统+内容）产品组合的赢利“飞轮”商业模式。这一系列重整、创新与变革的结果是，乔布斯刚回归时，苹果公司的亏损高达10亿美元，一年多后却奇迹般地赢利3亿多美元。

将企业带出“泥潭”并再次伟大，或将一个创业公司做大做强，都需要企业家精神。究竟什么是企业家精神？综合一些理论研究成果来看，企业家精神大致是冒险精神、创新精神、创业精神、宽容精神等的排列组合，再叠加一些对敬业、讲诚信、执着、学习等概念的阐述。但是，从一些成功企业家的经营及管理实践来看，要么重塑团队使命，要么创新商业模式，要么战略聚焦归核，具体且实在，看得见摸得着，所以企业家精神不应该空洞无物或过分抽象。

近些年流行讲领导力。如果在当当网或京东上搜索“领导力”，相关图书有上千种，每个作者都会提出一个领导力模型。领导力理论创新特别多，需求似乎也很大，因为人人愿意当领导，这也算是一种供需平衡。将众多的领导力模型再概括后，可以抽象为一个“中心—四周”结构，居于中心的是“领导力”，环绕四周有一圈领导力的构成元素，像感召力、前瞻力、影响力、决断力、控制力、沟通力、关系力、学习力等。有的领导力模型构成元素少一些，大约6个；而有的领导力模型构成要素就多一些，甚至超过了21个。

管理学原理讲，领导是一项重要的管理职能，所以企业家掌握一些领导技能很有必要。但是，花样百出的领导力理论，一旦背离了领导职能的范畴，就会让企业团队误入歧途。学习力、沟通力、关系力等可以属于领导力，一些企业领导者热衷于参加各种各样的“圈子”、活动。高管都成了对外者，企业更缺乏思考者和行动者了。影响力、决断力、控制力等也可以属于领导力，一些老板更喜欢一权独大，嘴上跟着讲赋能、授权、共享，实际上骨子里“独裁”思想很重。

领导力毕竟是一种力，我们不能总是期望“乱拳打死老师傅”吧！

企业家精神毕竟是一种精神，它也不应该脱离企业实体系统而“悬空”地存在。

畅销书《赋能》中有句话：“还原论思想深入社会肌理。”何谓“还原论”？笛卡尔认为，如果一件事物过于复杂，以至于一下子难以解决，那么就可以将它分解成一些足够小的问题，分别加以分析，然后再将它们组合在一起，就能获得对复杂事物的完整、准确的认识。解剖学、数学、物理学、化学及其复合或衍生学科，都代表了还原论在哲学方法论层面的巨大贡献。不可否认，还原论已经是近代科学研究的“标准操作”，对于推动科学发展及社会进步功绩卓著。

但是，从局限性看，还原论这种无限分解、不断拆分的方法，很容易让我们“只见树木，不见森林”。尤其在企业商科领域，经营管理既有科学性的一面，也有艺术性的一面，还有人性化考量穿插其间。企业是一个不断与环境互动而进化成长的类生命有机体，属于非线性复杂系统。如果不断用单一还原论方法线性分解、孤立拆卸、拼接组合，那么碎片式知识或创新不断涌出，以至于我们应接不暇、无所适从。最终，我们却付出了巨大的代价，好学不倦者变成了碎片思考者，不仅失掉了认识整体与系统的能力，而且也不了解自身行动所带来的一连串后果。

与还原论相互取长补短的是系统论。企业赢利系统是探索企业系统以便实现前人所期望的系统思考的一个理论尝试。通常来说，企业家精神或核心领导职能都是针对企业系统发挥整体作用的，所以要谨防单一还原论“土壤”上开出的领导力之花，结出的企业家精神之果。

企业赢利系统属于非线性复杂系统，包括经营体系三要素——经管团队、商业模式、企业战略，管理体系，杠杆要素——企业文化、资源平台、技术厚度、创新变革，共三个层次至少八大模块。每一模块还有自己的构成要素及进一步细分的内容。并且，从系统整体上说，还有各模块之间的连接关系、相互作用及诸多系统特性。德鲁克在《管理的责任》这本书中特别强调，管理者应该花精力做别人不能做的、更重要的事情。中国典籍《傅子》中有句话：“秉纲而目自张，执本而末自从。”意思是说：抓住了提网的总绳，渔网的网眼就会自然张开；抓住了根本，其余的细节就会自然跟从。为此，企业家精神落实在企业赢利系统上，应该重点关注哪些内容呢？

笔者认为，应该重点关注企业赢利系统中的“使命、愿景、目标客户、奋斗者、核心价值观”五个方面内容，并将它们构造在一个图示化模型中，取个好听的名字叫作“追光灯模型”，如图2-2-1所示。追光灯模型就是企业赢利系统的“迷你型”纲要版，属于企业家的“第一要事”。

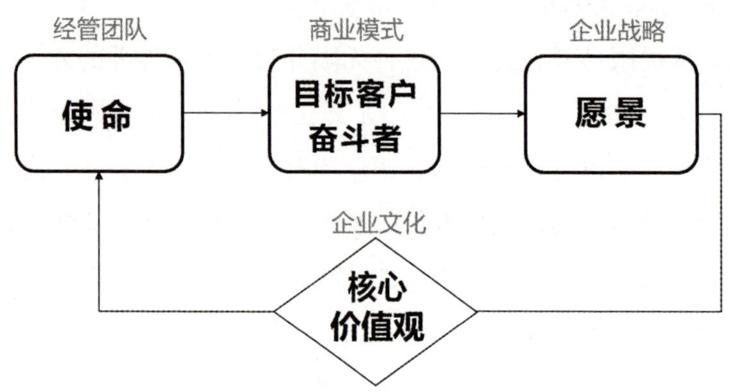

图 2-2-1 企业家精神“追光灯模型”示意图

图表来源：李庆丰，“企业赢利系统”理论

企业家是经管团队的领导者，经管团队的使命就是企业使命；愿景是企业战略模块的重点内容。企业为使命而生存，以愿景为方向。使命和愿景组合起来，自始至终、以终为始地往复贯通，就是企业家精神的“浩然之气”。

所谓使命必达，耳熟能详，在于使命根植于企业的业务定位，以利他为目的。阿里巴巴的使命是：“让天下没有难做的生意!”阿里巴巴主营淘宝、天猫电商平台，服务于中小企业商户及广大消费者，这是企业使命在指导业务定位方面的意义。马云提出“客户第一，员工第二，股东第三”，这是企业使命在利他方面的具体阐释。大家广泛学习稻盛和夫的敬天爱人、利他经营，其实通俗地说，就是企业如何分钱，如何分配价值。站在企业所有者（或股东）的角度，“客户第一，员工第二，股东第三”构成了一个利他因果链。如果一个老板，处处把个人利益放在第一位，搞产品偷工减料，无视客户利益，对员工“讲奉献”来代替升职加薪，那么这个利他的因果链是倒置的——实际是利己的因果链。企业经营是重复多次的无限博弈，利己的因果链将导致系统越来越封闭，最后将逐步到“热寂”状态，企业经营必然陷入困境或倒闭破产。

阿里巴巴的企业愿景可以简要表述为：追求成为一家活102年的好公司。这个愿景很收敛，并非“成为××行业领导者”“××领域世界第一”那样张扬。中国企业的平均寿命也就5～7年，阿里巴巴要活102年，横跨三个世纪，确实这个愿景是很伟大的。企业愿景的第一个作用是让企业注重长期战略规划，不被短期投机性机会所诱惑。正像黑石集团创始人彼得森所说：“当你面临两难选择时，永远选择长期利益。”另外，愿景与现状之间通常有一条巨大的“鸿沟”，它可以激发经管团队的创造性张力，持续进行商业模式创新及引进行业高端人才。

参考第1章的图1-3-1，目标客户及奋斗者都是商业模式的重要参与主体，奋斗者不仅是指企业所有者，也包括团队骨干、重要员工、关键供应商等合作伙伴。奋斗者就是决定商业模式成败及企业赢利多寡的那些人。其他企业向华为学习什么？以客户为中心，以奋斗者为本。两句话说说容易，长期如一地做到并做好，其实是很难的。

在20世纪90年代，华为曾出现了以客户单位的领导及搞关系为中心的经营趋势。任正非及时纠正，并痛下决心引进IBM（国际商用机器公司）管理体系，然后长期真正坚持“以客户为中心”，才成就了今天伟大的华为。“以客户为中心”是个纲，纲举目张！然后引申出价值主张、产品组合、增值流程、支持体系、营销组合等一系列商业模式创新内容。“以奋斗者为本”之所以难做到，是因为职场总有套路、捷径、论资排辈及关系远近，精致的利己主义者一茬又一茬地出现，所以大部分的

"奋斗者"总是吃亏的。任正非是华为最重要的奋斗者，持股比例只有约1%，所以他贯彻"以奋斗者为本"是有底气的。

"追光灯模型"的最后一项是企业价值观，它属于企业文化的重点内容。就像前面所讲，企业家只能抓重点，很多事不能亲力亲为，通过培育企业文化，重点是贯彻价值观，保障企业走在正确的道路上，并消除一些经营管理的盲区。阿里巴巴有著名的价值观考核，且马云是阿里巴巴价值观的"守护神"。即使阿里巴巴CEO、总裁层面的人才出现了价值观问题，也会被"挥泪斩马谡"。大家学习马云，模仿阿里巴巴，但是仅仅坚持贯彻企业价值观这一点，有多少企业能做到呢？

以上"使命、愿景、目标客户、奋斗者、核心价值观"五方面内容，以点带面，是企业家精神落实到企业赢利系统的具体体现。另外，之所以叫作"追光灯模型"，是因为笔者曾有15年照明行业的从业经历，这也可看作向那段工作经历的一个致敬！追光灯是舞台演艺照明的一种设备，同样属于"人—车—路"系统，它重点"关注"舞台上的核心目标。从这个道理上讲，"追光灯模型"这个名字还算形象，且比较贴切。

什么是企业家精神？马云、任正非等优秀企业家可以模仿吗？以上"追光灯模型"给出了一些与众不同的解答。

2.3 以组织承诺为载体，画好高层、中层及基层的三个“同心圆”

重点提示

※ 为什么说“奴隶造不出金字塔”？

※ 为什么要画好高层、中层、基层三个“同心圆”？

※ 你所在公司中，有哪些让企业员工实现组织承诺的共同体？

2002年的一个周五，谷歌创始人之一拉里·佩奇想在网上搜索一款日本摩托车“川崎H1B”，但是获得的结果几乎全是与美国工作签证“H-1B”相关的广告。接着，佩奇又试了一些关键词，谷歌搜索返回的结果都让他不太满意。这让他觉得非常有问题。

不过，佩奇并没有直接找人问责、开会、商讨解决方案等，只是把自己不喜欢的搜索结果打印了出来，画上彩色标记，然后贴在了公司休息室台球桌旁边的公告板上，并且写上“这些广告太差劲了”几个大字。

第二周的星期一早晨，佩奇收到了一封由五个工程师联名发来的工作邮件。他们看了佩奇贴在公告板上的内容，然后花了一个周末的时间，研究出了一个新的方案体系。后来，这套新方案体系就成了谷歌最著名的AdWords广告解决方案，给谷歌带来了几百亿美元的收入。

令人敬佩的是，佩奇贴出的广告问题根本不是这五个工程师负责的范围，他们只是觉得自己有责任解决这个问题，于是就形成一个临时项目小组，最终把这个问题解决了。

由此看到，谷歌的工程师很棒！当然，谷歌的待遇也很好，工作氛围有利于团队合作和激发创造性。对比一下，我们听到一些领导这样抱怨自己的下属：一帮“猪队友”！只知道要利益，见事躲着走……

1997年，大韩航空发生了一起严重的空难事故，机上254名人员中，共有228名遇难。造成空难的主要责任者是机长。当时天气非常恶劣，看不清楚地面跑道，但是机长仍然选择使用“目视”的方法来降落飞机。其他几位机组成员，尽管发现了机长的问题，但是并没有及时给出清晰的纠正建议。

在自己的生命也处在危在旦夕时，其余机组成员为什么会这样呢？当时，大韩航空企业管理中的等级观念强烈，下级对上级唯命是从。如果企业里长官意志盛行，下属就会有严重的畏惧心态，这在关键时刻经常会导致严重后果。

常言道：上下同欲者胜，风雨同舟者兴！上文列举了一正一反两个案例。本章第2节讲到企业家精神，谷歌创始人佩奇的企业家精神已经深刻地影响到企业的中层管理者乃至基层的工程师们。本章第1节讲到团队合作修炼，而大韩航空的中层管理者及基层机组也需要团队协作修炼，才能阻止那些本可避免的机毁人亡的灾难发生。

清华大学宁向东教授在他的“管理学”课上，形象地将企业的高层经管团队、中层管理者和基层员工比喻为三个同心圆，如图2-3-1所示。图中，代表高层的圆比较小，处于核心位置；代表中层的圆处于中间，连接高层与基层；代表基层的圆面积最大，处在最外圈。这三个圆的圆心应该始终是重合的，以发挥出各级员工最大的整体效能，共同驱动商业模式产生持续赢利，完善与进化企业的赢利系统。

在一个企业中，不仅需要一个优秀的高层经管团队，还需要一个强大的中层管理队伍。中层管理者承上启下、合纵连横，既要发挥让上下级协同一致的纵向连接作用，又要具备与同级部门之间沟通协调的横向能力。中层的重要任务就是带动与影响基层，帮助高层实现力量整合与放大，贯彻与践行领导者的企业家精神及让全体员工形成一个有机协作式整体。

广大基层员工处在如图2-3-1所示的最外圈，他们直接从事具体业务或处于服务客户的第一线。进入数字经济时代，为构建敏捷组织，实施管理扁平化，很多企业选择组织下沉式变革，提倡为基层员工赋能。康德说：“人本身就是目的，并不是工具。”要让人感受到工作的价值和意义，而不是让人沦为一种劳动工具。现在也是强个体的时代，有言道，“奴隶造不出金字塔”，企业管理者一定要把基层员工的价值激发出来，通过增强他们的积极性、创造性、协作性，进而再塑企业活力与竞争力。

我们知道，企业是社会中的一个营利组织，高层、中层及基层个体都会受到外部的利益诱惑、噪声因素的吸引或干扰。那么，如何保证这三个“同心圆”同心协作？

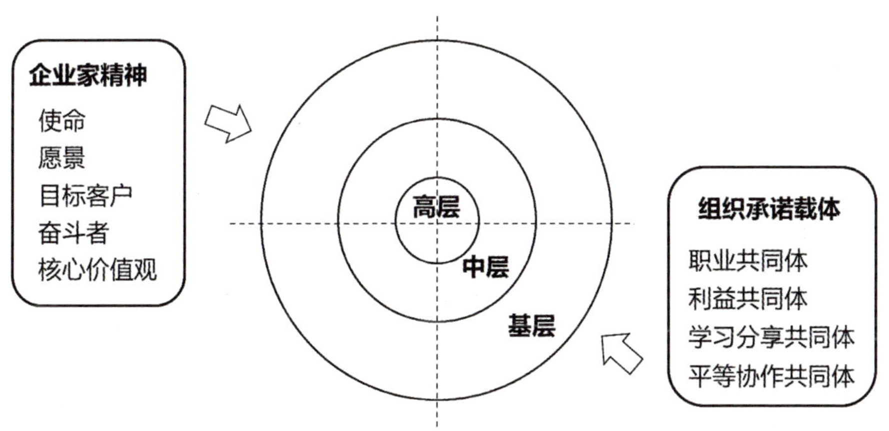

图 2-3-1 促进高层、中层及基层三个“同心圆”同心协作示意图
图表来源：李庆丰，“企业赢利系统”理论

首先，企业领导人通过企业家精神引领、激励、拉动企业的高层、中层及基层，将三个“同心圆”紧密地连接在一起。上一节讲到，企业家精神包括“使命、愿景、目标客户、奋斗者、核心价值观”五方面内容。企业领导人通过树立企业使命，建立共同愿景，以客户为中心，以

奋斗者为本，贯彻核心价值观等，以点带面，以身作则，致力于高层、中层及基层三个“同心圆”上下同欲、同舟共济，将以上企业家精神五个方面落实到企业赢利系统中。

其次，通过构建高层、中层及基层员工对企业的共同组织承诺，实现三个“同心圆”的齐心合力。组织承诺是指组织成员对所属组织产生认同和信任，从而愿意发挥自己的有生力量，积极履行对组织目标、愿景的承诺，遵守核心价值观，持续推动组织发展、进化与成长。

从合作共赢的角度看，组织承诺并不只是各级员工对企业的单向贡献行为，也应该包括企业对员工的价值回报承诺。诺贝尔经济学奖获得者赫伯特·西蒙认为，在一个企业组织中，企业向员工提供价值，而员工则对企业做出贡献（组织承诺）。企业向员工提供的价值包括：地位、权力、资源、信息、机会、名誉、报酬等，而员工对企业做出的贡献包括：绩效、知识、经验、技术、方法、热情、智慧、思想观念等。管理就是要在组织提供的价值与员工做出的贡献之间保持均衡。如何实现和保持这种价值与贡献之间的均衡？一个参考途径是，企业与各级员工共同打造职业、利益、学习分享、平等协作等若干共同体，可参见图2-3-1。

（1）职业共同体。企业从事的业务价值链上有采购、研发、制造、营销、财务、行政及人事等各种岗位需求，而各级员工需要一份工作来养家糊口，需要一个职位获得社会认可。因此，供需双方都希望构建一个职业共同体。职业共同体的主要特征是职业化、专业化、长期化。打造职业共同体的关键是人与事之间的相互匹配：企业为各级业务岗位找到了合适的人，而各级员工从事的工作岗位也是自己所喜欢或期望的职业。在共同构建职业共同体基础上，各级员工愿意对企业进行组织承诺，而企业也甘愿对各级员工提供有吸引力的薪酬、福利，以及学习、成长机会等。

（2）利益共同体。将企业的利益与各级员工的利益联动起来，是构建利益共同体的核心要义。企业规模扩大了、赢利增加了，员工的职位及收入也应有相应的提升。各级员工要切实为企业创造价值，为企业发展做出贡献，树立“大河有水小河满”的集体主义观念及长期利益思维。利益共同体通常依靠一套规范的机制来保障，例如：绩效考核机制、股权激励机制、宽带薪酬机制、职业成长机制等。

（3）学习分享共同体。让企业成为一个学习与分享的道场，各级员工积极参与共同学习与分享。建立学习分享共同体，有利于自己，有利于他人，有利于企业长期发展。日本学者野中郁次郎提出了“SECI知识管理模型”。他认为，组织中各级成员积极参与共同学习，通过构建SECI知识管理模型倡导的原发场、交流场、系统场、实践场，将广泛的知识资源社会化（Socialization）、外在化（Externalization）、组合化（Combination）和内隐化（Internalization），并进一步演变为个体及企业的能力等智力资本。日本咨询顾问本田直之说：学习他人成功的经验，加上自己独树一帜的应用，是走向成功最快的捷径！建立学习分享共同体，有利于组织成员形成“交互记忆”及认知优势，提升各级员工的决策与判断能力。阿里巴巴“铁军”、海底捞的“变态服务”、华为的领先性创新，其背后离不开学习分享共同体的强力支撑。

（4）平等协作共同体。工作面前，人人平等。让企业成为一个平等协作共同体，有利于激发全员积极进取、勇于创造的奋斗精神。人的创造能力，只有在身心和谐的情况下，才能发挥最佳水平。历史实践表明，在独裁专制、严格监管及等级森严的环境下，人的积极性和创造性就会被极大压制，组织中就很难有发明、创新。构建平等协作共同体，也常常是企业文化的重点打造内容。

在职业、利益、学习分享、平等协作等若干共同体的基础上，一些条件适合的企业还可以构建全员参与的事业共同体及命运共同体，例如：华为的全员持股平台、永辉超市的全员合伙人体系、稻盛和夫的阿米巴经营模式等。所谓人性化管理，就是在满足人性需求的基础上而进行的管理。根据马斯洛需求层次理论，人的需求从低到高依次为：生理需求、安全需求、社交需求、尊重需求和自我实现需求。上文提及的职业共同体、利益共同体、学习分享共同体、平等协作共同体等，其核心构建思想就是在兼顾员工各层次需求的同时，保障并促进企业价值的创造与实现。

企业领导人通过企业家精神引领，构建职业、利益、学习分享、平等协作等相关共同体，促进高层、中层及基层员工对企业的共同组织承诺，实现三个“同心圆”齐心协力，为经管团队持续驱动商业模式提供强力支撑，共同打造有竞争力的企业赢利系统。

2.4 拆解官僚化，打破“部门墙”，让听见炮声的人呼唤炮火

重点提示

※ “权臣”与“宠臣”对企业发展有什么危害？

※ 为什么说官僚主义及“部门墙”相伴而生？

※ 如何通过引进负熵，拆解官僚化，打破“部门墙”？

韩国电影《寄生虫》主要讲了这样一个故事：

生活在富人区的朴社长一家4口，住在豪宅，出入名车，事业有成的丈夫，美丽的太太，可爱的女儿，调皮的儿子，构成了一幅幸福家庭的画卷。居住在贫民区半地下室公寓里的金基泽一家，同样是夫妇两人、有儿有女的一家4口，一直过着朝不保夕的生活，在堪忧的生存环境下，积累了一大堆“生活哲学”。

因朋友的引荐，金基泽的儿子凭借假文凭成为朴家女儿朴多慧的家教老师。尔后，一个谎言接着另一个谎言，他们一家人都隐瞒了身份进入朴社长家工作，并获得了朴社长夫妇的尊重与信任，从而让两个家庭产生了密切的交集。

尔后稍有机会，金基泽一家便原形毕露、鸠占鹊巢，与朴社长的女管家及其藏匿在朴社长豪宅地下室中的丈夫发生了激烈的利益冲突。最终，金基泽一家试图除掉女管家及其丈夫，以防止精心编造的谎言暴露。不料，由于长久的压抑及走投无路，女管家的丈夫近乎癫狂地首先杀害了金基泽的女儿，然后金基泽的妻子在自卫中杀死了女管家的丈夫，最后金基泽被彻底激怒而失去理智，挥刀砍向了突然赶来的朴社长……

参考资料：钟玲，《寄生虫》让你看到了什么？

《寄生虫》获得了多个奥斯卡奖项。俗话说：到什么山上，就唱什么歌。这部电影对我们企业经营有什么启示呢？

如果把这个电影中的各个角色组合起来，作为一个企业团队看待，朴社长夫妇就相当于企业领导者，金基泽一家通过权谋及能力成了这个企业的“权臣”，而女管家长期跟随主人并提供了贴心周到的服务，成了企业领导人的“宠臣”。

提出“颠覆式创新”理论的克里斯坦森认为，我们所处的世界，在显性的旋律下面，一直有一个隐性旋律在运行。通常我们只看到主线剧情在向前发展，但是条件成熟时，分支剧情悄悄浮现，直到剧情突然反转。一个企业不仅会受到外部竞争者拥有的“颠覆式技术”的挑战与颠覆，而且领导者、“权臣”与“宠臣”三者之间的利益之争，堡垒也容易从内部被攻破。

按说，“权臣”与“宠臣”在企业中已经具有了相对优越的待遇及权力优势，为什么他们还会枉顾企业利益，搞派系斗争，甚至不惜身家性命，最后出现鱼死网破的后果呢？人心不足蛇吞象，世事到头螳捕蝉。心智模式形成，路径惯性作用，他们为了掌控更多资源就要进行政治斗争与相互制衡。斯坦福大学艾森哈特教授将此称为“权力不平衡”。尤其是在一些企业中，老板醉心于把自己打造成为“高人”，营造出被下属“崇拜”的氛围。老板掌控一切，杀伐果断，常常会给其他中高层管理者一种委屈感和不安全感。他们一方面讨好老板以获取更多的资源，另一方面就要通过拉拢、威慑下属及形成派系等非正式组织手段建立自己的“山头”，以获得在组织中的被尊重及安全感、成就感。上级要有自己的人，以稳固自己的地位及对抗其他“权臣”与“宠臣”；下级也需要有“靠山”，以防止被淘汰和边缘化。

尽管绝大多数公司的“山头主义”及派系斗争并不会激烈到你死我活，让企业分崩离析而处于危在旦夕的地步，但是如果中高层管理者喜好大权在握、发号施令，借工作的名义，习惯性地争夺公司资源，圈定自己的势力范围，甚至对下属画地为牢，限制他们的学习分享及跨部门的相互协作，那么企业就会形成官僚主义作风，同时一道道“部门墙”也就形成了。

官僚主义与“部门墙”是相伴而生的。官僚主义就是以中高层“官僚”的权力为中心，聚集与争夺公司资源，让下属进一步分化。企业中优秀的员工，因为失去了成长机会和用武之地，就会离开公司，到外部寻找更好的职位和机会。一些善走捷径、耍“聪明”的下属，很会投官僚主义的领导所好，为了赢得更好的工作条件、薪酬待遇及独享更多发展机会，就会与官僚主义的领导共同维护小集体利益或部门利益，全力构建一个“舒适空间”，从而在官僚主义的领导周边形成一道隐形的“部门墙”。而大部分平庸的“老好人”下属，为了不至于脱离所谓的小集体及被领导进一步边缘化，则一边小心翼翼地维持着与官僚主义的领导及“聪明”同事的关系，一边守护在“部门墙”的周边以获得些许分配剩余后的利益。

上一节的内容中，曾把企业的高层、中层及基层比喻为三个“同心圆”。**官僚主义与“部门墙”组合起来，却发挥了相反的作用力。它们在三个“同心圆”中割据出自己的地盘，形成一个一个隐形的“权力圆”。**这些“权力圆”以官僚权力为圆心，以“部门墙”为边界，形成一些聚集资源、利益、派系人马的内部非正式组织“黑洞”，如图2-4-1所示。它们强力的吞噬作用，导致高层、中层及基层三个“同心圆”严重偏离，不仅形成人才的“劣币驱逐良币”效应，更会让企业偏离企业使命、共同愿景、以客户为中心、以奋斗者为本、核心价值观等企业家精神的核心内容。这些“权力圆”的存在，形成了决策和执行中的“肠梗阻”，大大降低了企业的赢利能力，让企业不可避免地进入衰败路径中。

当年苹果推出iPod之时，日本索尼已经是一家播放器硬件及音乐内容产业的领导者。它的随身听、CD机、MP3播放器及音乐内容等，都是业界的标杆性产品。为什么索尼后来在竞争中失败了，而让新进入者苹果占据了音乐产品的上风？索尼的不同职能或产品部门是各自为战的，有官僚主义与“部门墙”的组合存在，各部门首先想到的是维护自己“地盘”的利益，不太愿意推动像苹果iTunes音乐商店那样“99美分卖一首歌”的商业模式变革。

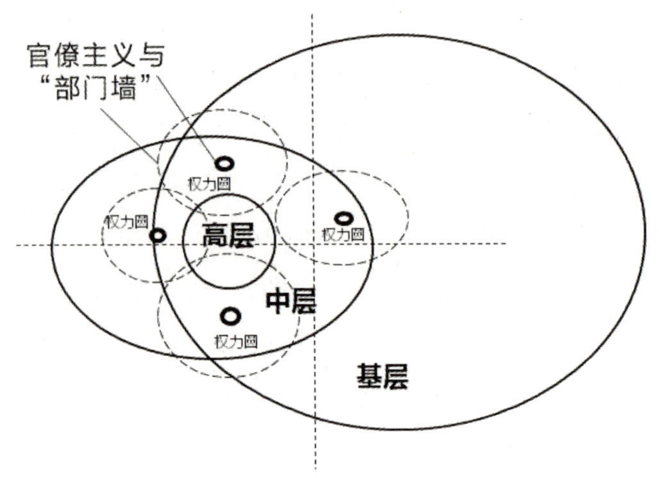

图 2-4-1　官僚主义与“部门墙”形成“权力圆”及其带来的危害示意图
图表来源：李庆丰，“企业赢利系统”理论

杰克·韦尔奇任通用电气（GE）CEO后，就在企业内部发起了一系列“群策群力”的管理变革，大力打击这个百年老店出现的官僚主义。他首先发起并贯彻“数一数二”战略。此后的数年间，他勇于挪动一些领导者及利益部门的“奶酪”，砍掉了公司25%的产品线，削减了10多万个工作岗位，将350个经营单位裁减合并成13个主要的业务部门，卖掉了价值近100亿美元的资产。在用人理念上，韦尔奇信奉“清除各个角落的官僚主义”，并提出“无边界”原则——将各个职能部门之间的沟通障碍全部消除，让工程、生产、营销以及其他部门之间的信息能够自由流通、完全透明。GE的每位员工都有一张“通用电气价值观”卡。卡片中对领导干部的警示有九点，排在第一位的即是“痛恨官僚主义”。

生命依靠负熵生存。官僚主义与“部门墙”组合导致了企业的熵值增大（简称“熵增”）及混乱无序。拆解官僚化，打破“部门墙”，就要为企业不断引进负熵。具体措施有以下五点：

（1）定期精简职能部门、事业部或产品线。在企业发展过程中，新事业及新业务不断增加，而过时或冗余的事业部或产品线总是不会被及时撤除。这会导致职能部门过多，分工不断细化。企业疆域变得庞大与复杂时，更容易滋生官僚主义，形成“部门墙”。

（2）改变各职能部门的连接关系，尝试建立像杰克·韦尔奇所倡导的“无边界”组织。

（3）倡导自我批判的文化，建立对各级管理者的多维反馈和评价机制。

（4）实行干部轮岗制。为预防高高在上、瞎指挥式的官僚主义，争取让每一位中高层管理者都具备基层工作经验。这里，可以效仿海尔集团的“海豚式”升迁：一个管理者要负责更高层次的部门时，海尔公司不是让他（她）马上到该职位任职，而是先让他（她）去与该部门相关的基层锻炼一段时期。

（5）当企业规模变大时，倡导“向上管理”，让听见炮声的人呼唤炮火。

官僚主义与“部门墙”组合通常是集权式组织、自上向下管理的产物。条件具备的企业，可以尝试转变为分权式管理，向下级赋能，积极提倡“向上管理”。这样可以一定程度上拆解官僚化，打破“部门墙”。向上管理，就是以企业的一线业务为中心，资源重点配置在业务一线，基层有更大的话语权及主动性，积极拉动中层及高层参与业务推进和决策，形成以业务为中心的管理。正如任正非所说，“机关要精简，流程要简单。我们要减少总部的垂直指挥和遥控，要把指挥所放到前线去，把计划、预算、核算放到前线去，就是把管理授权到前线去，把销售决策权力放到前线去，前线应有更多的战术机动，可以灵活地面对现实情况变化。”

单品年销量超过13亿个、为麦当劳带来持续赢利的拳头产品“巨无霸”汉堡，并非来自麦当劳总部的新产品研发中心，而是来自一家基层的加盟连锁店。并且，“巨无霸”汉堡推出早期，还一度受到麦当劳总部的售卖限制。稻盛和夫说：“答案在现场，现场有神灵。”基层管理者或员工处在业务现场的第一线，更能真实感受到“前线的炮火”。拆解官僚化，打破“部门墙”，就要倡导向上管理，让听见炮声的人呼唤炮火！

2.5 企业顶层设计，汇聚合伙人的力量

重点提示

※ 为什么既要重视股权结构的静态设计，又要重视动态设计？

※ 怎样描述经管团队与企业所有者的关系？

※ 为什么不能盲目效仿“任正非在华为持有约1%的股权比例”？

创业者金余近期有点烦。本来说好的，有两家风险投资（VC）机构要投资他的企业，但进入最后环节，还是泡汤了。拒绝投资的理由有点扎心，也是金余心底的痛——企业股权结构有问题。

金余博士毕业于加州理工学院，曾在硅谷工作2年多，3年前被一位朋友邀请回国创业，与几个合伙人一起在北京组建公司开始创业。在创业公司中，金余专注于人工智能领域的产品研发。创业的3年间，磕磕绊绊，团队及股东几个人合作并不太顺利，所幸有天使资金的支持，产品终于开发成功了，并初步获得了目标客户的认可。

眼见天使投资就要花完了，需要再进一步Pre-A轮融资3 000万，企业才能继续发展。金余参与谈了大半年，接触了30多家投资机构，最后在股权结构问题上被卡住了。在创业公司中，金余占股比20%，任首席科学家和技术总监。房地产商张老板投资了1 600万，是启动资金也算天使投资，其他股东都没有出钱，所以张老板的股权比例就稍多一些占35%。牛女士占股比17%，她是最早邀请金余回国创业的人，与金余的父母是世交。牛女士参与

创业，但是不领工资，况且她的家庭有很多社会资源，张老板的投资就是牛女士负责搞进来的。费教授占股比6%，在中国某知名大学教书，兼任公司战略顾问，是牛女士孩子读研究生时期的导师。游总占股比12%，现任公司的总经理，他原来是某大型国企的副总，现在退休了，是费教授引荐来的。另有一个合伙企业，是为引进人才进行股权激励而设立的，占股比10%。

投资机构迟迟不投资的理由，包括但不限于股权结构的问题。虽然金余主导创业，但是股权比例太少，未来不能承担相应责任。张老板股权比例最大，但只是一个出资方，且张老板的老婆来公司闹过两次，抱怨把家的钱都花完了，一毛钱分红也没有。牛女士和费教授有点“雷声大、雨点小”，没有实质能力，但是他们自认为是公司创立的功臣，并解决了前期资金和人才的问题。游总继续延续国企的那一套工作方法，与金余一直相互看不惯。

股权结构及经管团队构成都是企业顶层设计的主要内容。股权结构就是指企业所有者（股东）股权比例的构成，所以股权结构设计属于商业模式的内容，即设计T型商业模式中“企业所有者”的组成结构（见图1-3-1）。从法律意义上，企业所有者拥有“商业模式”乃至整个公司，理所当然地负责经营管理整个企业，但是现代商业社会鼓励所有权与经营权分离，所以实际情况比较复杂且呈现多样化情形。经管团队与企业所有者的关系可以用如图2-5-1所示的韦恩图来说明。

在商业实践中，大部分公司的经管团队（A）与企业所有者（B）之间是图2-5-1所示的情形：经管团队（A）的大部分成员是企业所有者（B），还有一部分就是纯粹的职业经理人。企业所有者（B）大部分是经管团队成员，还有一部分就是纯粹的投资者。当然，它们之间的关系也有几种特殊情形：A与B完全重合，A与B完全分开，A包含于B中，B包含于A中。

说到企业顶层设计，除了股权结构及经管团队构成之外，还有诸多项内容，例如：企业家选择、战略规划、商业模式、产品定位、治理结构、组织结构、企业文化、技术路径等。中外专家学者讨论企业顶层设计时，有点像在庐山中游览，与人的眼界相关，也与所处的位置相关，一边走一边看，这一个片段，那一个片段，好像都属于企业顶层设计。有人将管理制度、工作流程归为企业顶层设计；还有人将绩效考核、厂址选择也归为企业顶层设计。

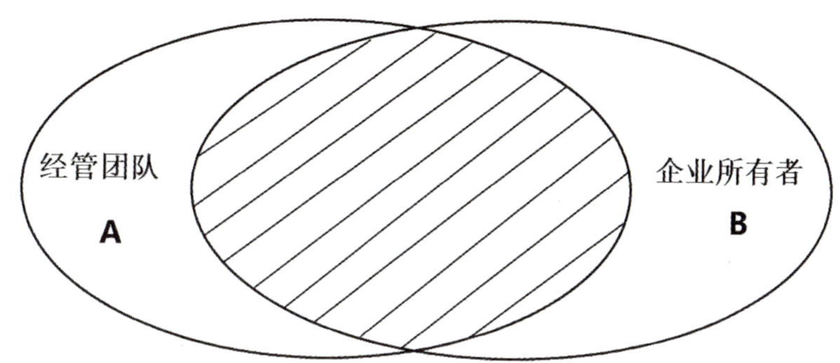

图 2-5-1　经管团队与企业所有者韦恩关系图
图表来源：李庆丰，“企业赢利系统”理论

根据哥德尔不完备定理，“不识庐山真面目，只缘身在此山中”，我们要跳出战略、商业模式、团队、管理、文化这些具体的构成要素内容，升级到企业赢利系统之上，来总体概览企业顶层设计，如图2-5-2所示。

之前也讲到，企业赢利系统分为三个层次。第一层次是基本赢利系统，也就是每个企业都必须具备的经营三要素：经管团队、商业模式、企业战略，与其相关的顶层设计内容有：团队构成、团队协作、企业家精神、股权结构、公司治理、产品组合、供应链、竞争战略等；第二层次是管理体系，与其相关的顶层设计内容有：组织能力（涵盖组织结构等）、业务流程、运营管理等；第三层次包括四个杠杆要素：企业文化、资源平台、技术厚度、创新变革，这些属于辅助因素，所以相关的顶层设计内容就会少一些（见图2-5-2）。

企业顶层设计的内容应该是那些相对固化的、对经营管理产生长期重大影响的构成要素。在企业赢利系统框架下，图2-5-2给出了一些企业顶层设计的相关内容。管理学有科学性的一面，也有艺术性的一面。不同的观察者观察处于不同行业、不同发展阶段的企业，看待企业顶层设计时，包括的内容也有所不同。例如：处于创业阶段时，股权结构、产品定位都是重要的企业顶层设计内容，而处于扩张阶段时，组织结构、运营管理乃至企业文化、价值观就可能是重要的顶层设计内容。再如：平台模式或中介性质的企业，资源平台可以说是企业顶层设计的重点内容，而科技性企业则会将技术创新路径看成是顶层设计的重点内容。

企业顶层设计的内容比较丰富，还具有个性化、艺术性发挥的特点。本书各章阐述企业赢利系统相关模块时，将对有关企业顶层设计的内容再进行一些讨论。

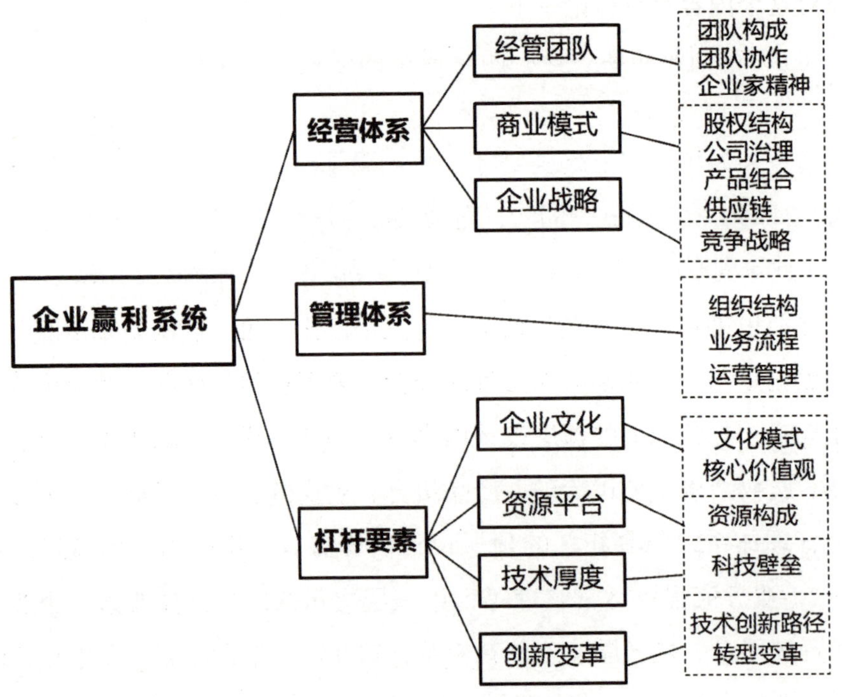

图 2-5-2　企业赢利系统框架下顶层设计内容概览

图表来源：李庆丰，“企业赢利系统”理论

本节开始的案例中，金余作为技术带头人也是核心创业人员，他只占20%股权，显然比例有点低了。有人会说，“任正非在华为只有1%左右的股权比例”“财散人聚，财聚人散”等。华为2019年销售收入为8 588亿元，高管的工资可达数千万元以上。金余在硅谷工作时，年薪有20多万美元，而如今回国创业只有月薪1万元。创业阶段发不起高工资，创业人员奔着干一番事业去的，而股权比例就是事业的一个代表凭证。另外，除了金余年富力强且全职创业外，这个公司的其他创业人员都是兼职工作或来发挥余热的，但是他们一共拿走了35%的股权。房地产张老板在初创公司占有35%股权比例，成为第一大股东，让股权结构一开始就出现了问题。

股权结构属于商业模式中“企业所有者”方面的内容，但是股权激励也是经管团队主要成员事业归属的依据和源动力的重要来源。由此，下面对这个内容重点讨论一下。

（1）在创业初期，核心团队成员的股权比例不应该低于70%。核心团队成员有两种划分方法：一种是按前面讲的“行动者、思考者、对外者”划分；另一种是按领军者、技术带头人、营销负责人等关键参与者划分。领军者与其他专业者的股权比例要拉开距离，例如，领军者集“行动者、思考者、对外者”于一身时，其股权比例通常要超过50%。

（2）天使投资人的股权比例原则上不超过20%，可以“小步快跑”多几轮融资，每次释放比例少一点。在签订投资协议时，可以预先设定天使投资人的分阶段退出条件，并给出一些“封顶”的收益回报指标。

（3）对于顾问、有资源者、退休人员等兼职参与创业，原则上股权比例不超过3%。兼职人才转为正式创业者时，根据贡献再逐步增加股权比例。没有创业历练或创业投资经历的创业顾问通常是不靠谱的，案例中费教授指导金余创业时，犯了照本宣科的错误，让企业走了一年多弯路，损失了几百万元。防止所谓有资源者的忽悠，号称有“××关系”等，大部分不能落地，反而惹出一些麻烦。与资源者的交易最好是

“一把一清”，做出具体贡献后，可以用现金回报。

（4）当领军者暂时找不到匹配的合伙人时，可以将股权激励池做大一些，例如，20%股权比例左右。领军者作为执行合伙人，可以预先搞两个合伙企业：一个用来做股权激励，将一些团队人才的股权放进来；另一个将辅助创业人才或投资较少的投资者的股权放进来。

（5）创业开始就组建了一个超豪华团队，股权比例很快就大致平均地分配下去了，这样并不利于创业发展。创业团队中，学霸、名校、名企、名家等出身的人太多，有时对创业企业的文化有副作用。案例中的牛女士以资源整合模式搞起来的创业，通常会在顶层设计方面留下“硬伤”。

（6）只要在相关协议上有所规定，其实股权结构是可以阶段性动态调整的。在创业过程中，贡献比预计大的人，可以增加一些比例；而贡献比预计少或因故一定程度退出的成员，可以减少一些股权。例如：1975年时，比尔·盖茨和保罗·艾伦合伙创办微软时，盖茨占股60%，艾伦占股40%。1977年，两人签署了一份非正式协议，明确规定两人持股份额分别为64%和36%。1981年，微软注册成为一家正式公司，盖茨持有53%的股份，继续保持绝对控股，艾伦持有31%的股份，鲍尔默、拉伯恩分别占股8%和4%，其余成员共同占股4%。

（7）股权是创业领军者手中的“一副牌”。如何打好这副牌，有收有放，是重要的顶层设计之一。例如，当企业赢利水平高或现金充沛时，可以用提高工资的策略以减少股权激励的比例，还可以通过协商用现金溢价的方式，收购一些“徒有其名”的参与者或天使投资者的股权；当创业艰难时，多用股权稀释及激励手段引进关键发展资源及重要人才。

前面章节曾讲到使命、愿景、目标客户、奋斗者、核心价值观五个方面企业家精神的内容。其实，如何“分钱”——更重要的是“如何分配股权”，也是企业家精神的重要内容之一。以奋斗者为本，汇聚合伙人的力量，应该是“顶层设计”股权结构时的主要依据！

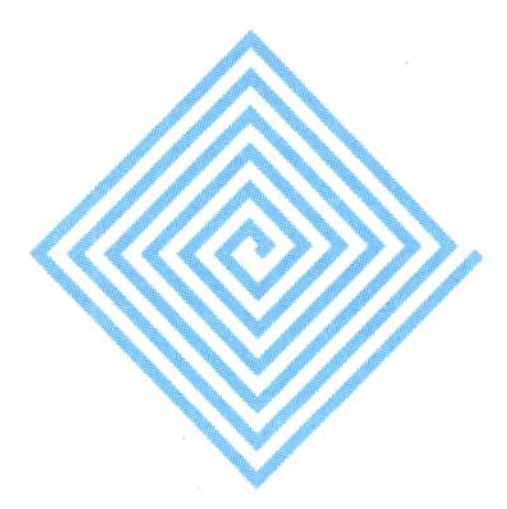

第3章

T型商业模式：

让企业生命周期螺旋上升

本章导读

一个独立系统，大多是“中心—四周”结构。就像“太阳是中心，八大行星围绕它运转”，商业模式是企业赢利系统的中心，经管团队、企业战略、管理体系、企业文化等都是以商业模式为中心的。

商业模式如何创造顾客，为企业带来不断递增的赢利？T型商业模式的三个飞轮效应可以说明这一点。飞轮增长与增强回路、复利效应、滚雪球、指数增长、赢家通吃、马太效应等叫法不同，但背后的原理相似，只是穿上了不同的“马甲”。一个企业从优秀到卓越，起码要让第一、第二飞轮效应发挥作用；要实现基业长青，那么就需要第一、第二、第三飞轮效应相互协同起来。

商业模式不是盈利模式，不是一座理论孤岛，不是救命绝招，不是营销套路，不是比本身更难懂的定义，不是B2B、B2C等一样的绕口令。那么，商业模式究竟是什么？T型商业模式的诸多赢利模型如何使用？

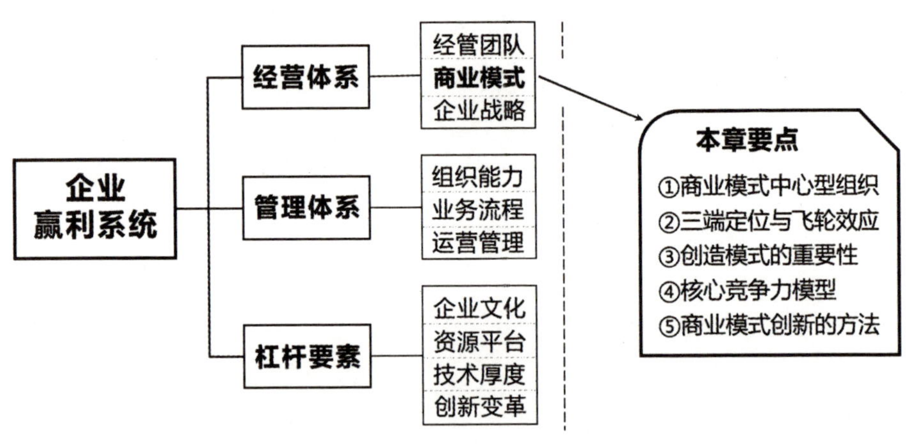

第 3 章要点内容与企业赢利系统的关系示意图

3.1 新视角：建立商业模式中心型组织

重点提示

※“以战略为中心”将带来哪些误导？

※ 继续遵循“结构跟随战略”，有哪些不妥之处？

※ ofo小黄车公司在商业模式上有哪些失误？

由于新型冠状病毒疫情的影响，边境关闭，港口关闭，回家的航班都取消了。25名年龄在14～17岁的荷兰青少年，在老师的指导下共同驾驶一艘100年前的德国老帆船，从北美洲加勒比海中的圣卢西亚岛出发，横穿大西洋回家，历时38天航行8 000多千米，最终于2020年4月26日抵达荷兰北部的哈灵根港。

大自然中很多事物是相通的。为便于理解，我们曾将基本企业赢利系统，即经营体系比喻为“人—车—路”系统，用公式表示为：经营体系=经管团队×商业模式×企业战略，用文字说明为：经管团队驱动商业模式，沿着企业战略的规划路径进化与发展，持续实现各阶段战略目标，最终达成企业愿景。将比喻倒置一下，上例中那些荷兰青少年相当于一个企业的经管团队，德国老帆船相当于商业模式，航行路径、外部环境及到达港口三者相当于企业战略。在这个“人—车—路”系统中，应该以什么为中心？人驾驶帆船，也乘坐在帆船上，依靠那艘帆船，这些青少年才能横穿大西洋回家。通常根据“车”的大小、多少、种类与特点配置驾驶团队，所以应该以“车”为中心。以“路”为中心可以吗？答案是否定的，因为外部气候、地理及遭遇的环境是变化的，行驶路径是要不断调整的。事实也是这样，当记者采访这群荷兰青少年时，其中一位女孩说："一切都在不断变化，到达时间改变了无数次，灵活变通真的很重要。"面对顺风、逆风、前侧风……他们要灵活调整船帆的组合及位置，以求得最佳航行效率。当遇到台风暴雨等恶劣天气、路过百慕大三角洲等危险区域时，他们也要调整或被迫改变原来的航行路径。

在航行中唯一不变的是变化！企业在竞争环境中发展进化也是如此。贝佐斯说："要把战略建立在不变的事物上。"上例中的德国老帆船就是那个相对不变的事物，才能载送船上的团队成员到达目的地。同理，商业模式是企业赢利系统中那个相对不变的事物，才能在一个战略期间为企业带来持续赢利。

在平衡计分卡理论中，曾有个说法叫作"战略中心型组织"。那时看来，这个说法还不能算错，理由如下：①那时，战略与商业模式纠缠在一起，不分彼此。像价值链、产品定位等现在属于商业模式的主要内容，那时都被归属为战略的范畴。②平衡计分卡理论兴起于产品时代，侧重于业务稳健性企业的战略执行。那时竞争战略大行其道，大街小巷的管理培训重点在讲"执行力"，企业重点在战略执行上比拼。

时代变了，中心就转移了。德鲁克说："当今企业之间的竞争，不是产品或服务之间的竞争，而是商业模式之间的竞争。"**商业模式为企业创造顾客、持续赢利，是企业赢利系统的中心。所以，可以将企业称为"商业模式中心型组织"。**

在实践中，通常以商业模式为中心配置经管团队。2010年10月，小米公司创立时，为了能在三星、苹果等强手如林的智能手机行业闯出一条道路，以"手机硬件+MIUI系统+米聊软件"为产品组合，以"高配置、低价格"为价值主张，以战略性低成本打造爆品设计赢利机制，构建出了一个独特的商业模式，喻称为"三驾马车"商业模式。为了实现这个商业模式，创始人雷军80%的时间都在找人，幸运地找到了7个"牛人”合伙：林斌负责供应链，周光平负责手机硬件开发，洪锋负责MIUI系统，黄江吉负责米聊业务……

倒过来，以经管团队为中心，配置商业模式可以吗？大家来自五湖四海，口味需求悬殊，背景信仰不同，那得多复杂的商业模式！为孙悟空配置个“大闹天宫”，为猪八戒配置个“高老庄”……稍微想想，一定是不可行的。ofo小黄车创始人是重度骑行爱好者，后来将兴趣发展成了一门生意——ofo共享单车。既然将爱好变成了生意，就要以商业模式为中心配置团队，共同去验证商业模式可行吗！ofo小黄车创始人的确找来了四位合伙人，但同样是校园骑行爱好者，五位创始人的工作经验都很有限。这有点像“以团队为中心配置商业模式”！短短3年时间，ofo团队烧掉了诸多投资机构给他们的130多亿元人民币。到后来，这个商业模式也没能成功。

以商业模式为中心，也能“拯救”战略。在1998年出版的书籍《战略历程：纵览战略管理学派》中，作者明茨伯格将当时的九大战略学派（设计学派、计划学派、定位学派、企业家学派、认识学派、学习学派、权力学派、文化学派、环境学派）比喻为盲人摸象。没承想，批判别人连自己也不能避免，他最后又为战略增加了一个学派——结构学派。那时战略理论就是混沌且门派林立的，而至今战略学派还在“裂变”中。一些专家学者在“象牙塔”中“憋大招”，新旧商业或管理名词一组合，构建一个自圆其说的理论，一个又一个新的战略学派就诞生了。战略变得更混沌了！企业经营实践者无所适从，到底哪个“战略”是真正的战略呢？

在《商业模式与战略共舞》这本书中，笔者将战略与商业模式大致分开讨论。打个比喻说，当发现太阳是我们所处天体系统中心的时候，八大行星如何运转就比较容易说明白了。商业模式是企业赢利系统的中心，企业战略以商业模式为中心，分为外部环境、战略路径、目标和愿景三个部分，如图3-1-1所示。还以小米手机为例，它创立时外部环境竞争激烈，创始人又有比较高远的目标和愿景，为实现销售增长，小米的战略路径该怎么走呢？千里之行，始于足下。基于小米手机“三驾马车”商业模式，先以网络上的发烧友为目标客户，然后扩展到18～35岁在乎性价比的中国男性，再到喜欢“便宜好货”的印度消费者……创立仅5年，小米手机销量就突破了7 000万部。

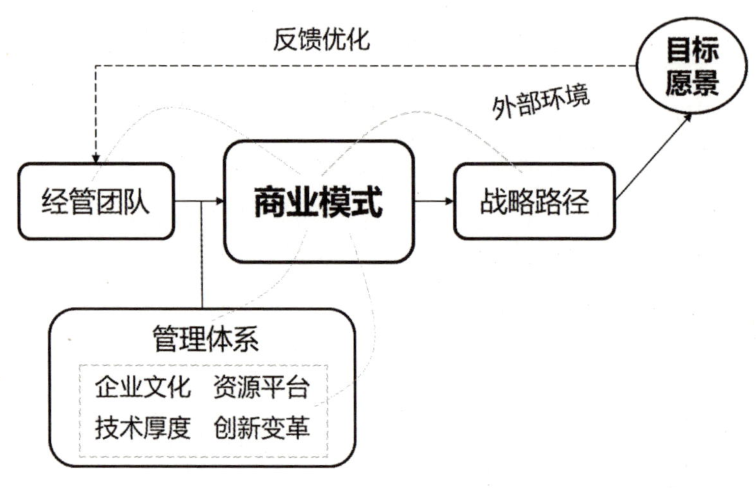

图 3-1-1　商业模式是企业赢利系统的中心示意图
图表来源：李庆丰，“企业赢利系统”理论

没有提出“以商业模式为中心”之前，不少企业是以“战略上做大做强”为中心。还以小黄车ofo为例，A轮融资后，ofo创始人在高人的指点下，以“在国内及海外迅速投放单车以占领市场之战略”为中心。然后，该公司首先进行广告“轰炸”，花3 000万元在一家媒体上投放广告，花2 000万元冠名了一颗卫星，还花1 000万元请鹿晗代言等。仅用3年时间，ofo投放了2 300万辆单车，设立了覆盖中国约200个城市的各地分公司及多个海外分支机构。但是ofo的小黄车质量太差，损坏与丢失严重，投放越多则企业亏损越大。由于小黄车骑行体验太差，顾客纷纷排队等着退押金。之前曾讲到商业模式第一问：企业的目标客户在哪里，如何满足目标客户的需求？ofo将目标客户的需求体验给忽略了，当然就不是以商业模式为中心。

如图3-1-1所示，除了经管团队、企业战略（包括三个方面：外部环境、战略路径、目标和愿景）等经营要素，管理体系也要以商业模式为中心吗？有句话说，“结构跟随战略”，而组织结构是管理体系的主要内容，所以一直以来的说法，管理体系及其组织结构都是以战略为中心的。“结构跟随战略”是美国管理学家钱德勒首先提出来的，后来公司战略开创者安索夫在其1979年出版的《战略管理》一书中，也是非常支持这个论断的。

时代变了，结构跟随战略，是传统的范式。**现在，战略与商业模式相互分开，企业价值链已经是商业模式的主要内容。迈克尔·波特的价值链理论是商业模式的理论源头之一。企业的组织结构设计都是以价值链为基础的，即以商业模式为中心。**例如：有制造业务，才有制造部门。如果企业搞虚拟经营，将制造外包了，就不会设置制造部门了。

另外，“结构跟随战略”是这么来的：20世纪60年代之前，钱德勒跟随研究了美国杜邦、通用汽车、新泽西标准石油和西尔斯等四家跨国公司的海外扩张和多元化战略的实施过程。他发现这些公司的战略改变后，组织结构也随之改变。例如，从直线职能制升级为事业部制，确保了战略和组织的一致与协调。现在看来，海外扩张类似于现在的“连锁经营”商业模式，多元化战略类似于现在的多商业模式协同。实质上，当时，这些跨国公司的组织结构也是跟随商业模式而改变，即以商业模式为中心。

如图3-1-1所示，企业文化、资源平台、技术厚度、创新变革等杠杆要素也应该“以商业模式为中心”。例如，企业文化不是挂在墙上的口号，也不仅是为员工过生日或搞团建、旅游活动。企业文化是执行商业模式循环往复的结果：有文化的企业及员工→优质的产品→客户满意→企业赢利→企业及员工文化水平提高→产品的品质提升……产品、客户与赢利等都是商业模式的重要内容，所以建设企业文化，应该“以商业模式为中心”。除了企业文化，资源平台、技术厚度、创新变革也应该“以商业模式为中心”，这些内容将在本书第6章详细阐述。

在一定时间内，商业模式是稳定及相对不变的。当把时间拉长，商业模式也需要创新改变、转型升级。在《商业模式与战略共舞》一书中，笔者将企业的生命周期分为创立期、成长期、扩张期、转型期等四个阶段，相应地构建了三端定位、飞轮增长、核心竞争力、第二曲线转型等多个可供商业模式创新、优化、升级、转换的参考模型。本章第2节至4节也会讨论以上各个模型。通过创新优化或转型升级，当商业模式跃迁到一个生命周期阶段新稳态后，企业赢利系统以商业模式为中心，也要进行调整与重建。

3.2 以T型商业模式为纲，驱动三个飞轮效应

重点提示

※ 驱动商业模式赢利，与拉网捕鱼有哪些相似之处？

※ T型商业模式中的三个飞轮效应，有什么实用意义？

※ 在线上和线下都遭遇销售难的环境下，名创优品是如何赢利的？

以商业模式为中心，建立商业模式中心型组织。因此，首先要把商业模式搞明白。如何将书籍《T型商业模式》的内容简要概括一下？

中国古代三国时期典籍《傅子》中有句话："秉纲而目自张，执本而末自从。"后来这句话转变为了成语"纲举目张，执本末从"，展开解释一下就是：抓住了提网的总绳，渔网的网眼就会自然张开。抓住事物的根本，其余的细节就会自然跟从。

在中国东北地区的冰雪季节，湖下捕鱼旅游项目——查干湖冬捕，大致是按照"纲举目张、执本末从"这个成语来操作的：先在湖面上画出一片多边形区域，然后凿冰打孔。在冰面下沿着画出的多边形区域，用碗口粗的"围杆"穿梭一圈，沿四周布置连接在一起的数百条结实的绳索。这些绳索共同系着一张由96块网拼接在一起的硕大渔网，这张大渔网就把湖面下数十万斤的湖鱼给包围了。随着领头人"开捕"一声令下，三匹马拉动的装置将数百条大绳及连着的渔网依次拉出湖面。在大绳的拉力作用下，渔网的网眼张开，数十万斤湖鱼就变成了"囊中之物"。

查干湖冬捕是一个企业主导的旅游项目，自然有一个以地理标志为特色的商业模式。依靠商业模式创造顾客，为企业带来持续赢利，与拉

网捕鱼的道理是一样的。我们也以“纲举目张，执本末从”的方式来介绍T型商业模式全要素图，如图3-2-1所示。

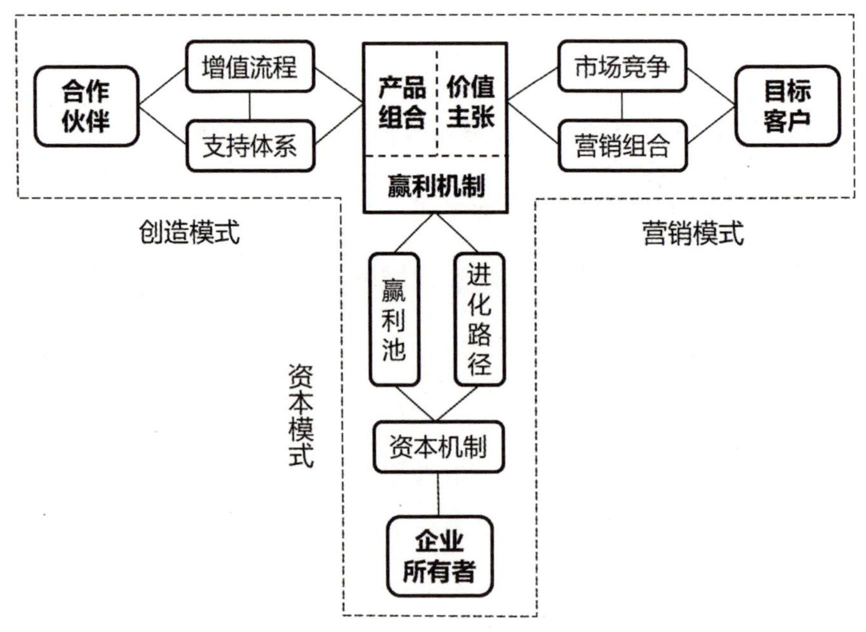

图 3-2-1　T 型商业模式全要素图
图表来源：李庆丰，《T 型商业模式》

从主干方面讲，T型商业模式分为三大部分，可用一个公式表达为：商业模式=创造模式+营销模式+资本模式。

商业模式如何创造顾客，并能为企业带来不断递增的赢利？T型商业模式中的三个飞轮效应可以说明这一点。这里用作比喻的飞轮是一个机械装置，启动时费点力气，旋转起来后就很省力，并且越转越快。飞轮效应与巴菲特强调的复利效应与滚雪球、社会学中讲的马太效应、系统思维中的增强反馈及营销中说的指数级增长等背后的原理是一样的，只是穿上了不同的“马甲”。

如图3-2-1所示，第一个飞轮效应是产品组合中发生的飞轮效应。现在是“商业模式之间的竞争，已经不是产品之间的竞争”，关键区别在于商业模式更多关注产品组合，而不再是单一产品了。例如：吉列公司的“刀架+刀片”产品组合。吉列将剃须刀架卖得很便宜，甚至可以搭售赠送，而将易耗品剃须刀片卖得较贵，毛利非常高。吉列的刀片与刀架固定搭配，顾客买的刀片用完后，为了刀架“不孤单”，今后就要不断购买吉列的刀片。吉列每卖出一个刀架，就相当于增加了一个不开工资却忠于职守的“销售员”，协助锁定顾客，然后带来源源不断的刀片收入。这就是吉列公司赚钱的秘籍：在一段时间内，当刀架销量线性增长时，高毛利的刀片销量是指数增长的。

第二个飞轮效应是在创造模式、营销模式、资本模式三者之间发生的，是T型商业模式中的基本飞轮效应，下一节将具体介绍它的相关原理及应用案例。通常所说的，打造爆品、构建品牌、形成拳头产品、口碑裂变、黑客增长等——不同行业及产品特点，其说法不一样，但是其基本原理是相通的，都依赖于T型商业模式中的这个基本飞轮效应。

第三个飞轮效应是基于企业核心竞争力而产生的，将在本章第4节介绍它的相关原理及应用案例。基于企业的根基产品，核心竞争力能让企业商业模式中的产品组合阶梯式或跃迁式进化与成长，形成一系列产品族。通常所说的，生态圈主导型企业、多事业部围绕核心业务的协同集团，其背后都有这个飞轮效应在发挥作用。

以上简要介绍了T型商业模式的三大部分及三个飞轮效应。像案例中的那个渔网一样，要让T型商业模式能“捕鱼”，主干部分下面还要连接着很多个分支要素。创造模式、营销模式、资本模式下面共有13个要素，下面分别进行说明。

如图3-2-1所示，创造模式由四个要素组成，“负责”创造一个产品组合；用公式表达为：产品组合=增值流程+合作伙伴+支持体系；用文字表述为：增值流程、合作伙伴、支持体系三者互补，共同创造出目标客户所需要的产品组合。

此处的增值流程是指形成产品组合所需要的在企业内部完成的主要

业务流程，近似波特价值链。合作伙伴主要是指企业的供应商。价值链与供应链相互补充，共同制成产品组合。支持体系的内容比较丰富，可以简单理解为创造产品组合所需要的关键资源与核心能力，其中的核心内容是科技创新资源与能力。由此看出，科技创新是商业模式中创造模式的重要支撑。

从创造模式来看，上文中吉列公司的“刀架+刀片”产品组合如何产生的呢？从增值流程看，吉列主要负责刀片研发、关键加工与营销，而将制钢、辅材等环节外包给合作伙伴。从支持体系中的科技创新部分看，吉列不惜花费数亿美元巨资迭代升级一款刀片，不断为技术创新申请专利，一道一道的专利保护让潜在竞争者不敢轻易参与竞争。

如图3-2-1所示，营销模式也由四个要素组成，“负责”将产品组合售卖给目标客户，用表达公式为：目标客户=价值主张+营销组合-市场竞争，转换为文字表述为：根据产品组合中含有的价值主张，通过营销组合克服市场竞争，最终不断将产品组合售卖给目标客户。本书中，目标客户与用户、顾客等概念基本一致，都表示产品组合的销售对象。价值主张决定了企业提供的产品组合对于目标客户的实用意义，也就是满足了目标客户的哪些需求。营销课上流传着这样一句话：顾客买的不是“钻机+钻头”，而是墙上的“8毫米孔”。“钻机+钻头”属于产品组合，而能“多快好省”地钻出“8毫米孔”才是价值主张。营销组合代表企业选择的营销工具或手段的一个集成。营销4P、4C、4R等是经典系列的营销工具组合。互联网环境下，社群营销、裂变营销等，以及“网红”“种草”等都成了非常流行的营销手段。将选用的营销工具或手段整合在一起，统称为企业的营销组合。

为了理解营销模式四个构成要素，列举一个简例：第二次世界大战后，百事可乐将目标客户聚焦在婴儿潮一代长大的美国年轻人，以“青春、时尚、独树一帜”的价值主张及请巨星代言、品尝实验等新颖的营销组合，成功地避开了与可口可乐的同质化市场竞争，最终找到了自己的生存与发展空间。

如图3-2-1所示，资本模式由五个要素组成，“负责”将营销模式产生的赢利储存为企业资本，并从外部引进资金与人才资源，它们共同为创造模式赋能，如此循环往复，以形成促进企业赢利增长的飞轮效应。资本模式中的赢利或资本，都属于广义的资本，包括物质资本、货币资本和智力资本等。资本模式的表达公式为：赢利池=赢利机制+企业所有者+资本机制+进化路径，用文字表述为：赢利池需要赢利机制、企业所有者、资本机制、进化路径四个要素协同贡献。

赢利池表示企业可以支配的资本总和，主要有资本存量和赢利池容量两个衡量指标。从资本存量角度，赢利池汇聚着企业内生及外部引进的各类资本；赢利池容量代表着企业未来的成长空间，一般以企业估值或企业市值来近似衡量。赢利机制是指企业通过产品组合实现赢利以建立竞争优势的原理及机制。例如，樊登读书、罗辑思维等知识平台的“免费+收费”产品组合中含有这样的赢利机制：免费的数字化产品带来巨大流量，但是边际成本趋于零——1万个用户与1亿个客户的总成本相差无几。而收费的数字化产品的边际收益以指数递增——初期少数用户摊销掉成本，尔后若干年新增用户带来的收益基本都是企业的利润。

企业所有者名义上是指全体股东，而实质上发挥作用的是有权决策对外股权融资、股权激励、对外投资合作等资本机制层面操作事项的一个人或一个小组。在经营实践中，往往是企业创始人、掌门人或核心团队掌管了这些决策权，而股东会、董事会等往往是一个正式的法律形式。

资本机制类似于资本运营，主要指企业所有者通过对外融资、股权激励、对外投资等资本运作形式，为企业引进资金、人才等发展资源或寻找发展机会。

进化路径是指商业模式发展进化的轨迹。例如，阿里巴巴从企业服务电商起步，然后有了淘宝、支付宝，再后来进化为由天猫、蚂蚁金服、菜鸟物流、云计算、智能零售等诸多商业模式组成的产品组合。

以上简要阐述了由创造模式、营销模式、资本模式三大部分构成的T型商业模式的13个要素。在具体应用的时候，常常不需要列出T型商业模式的全部要素，仅选择其中一部分就能说明问题。例如，本书章节1.3中的T型商业模式定位图（图1-3-2），它主要用在对处于创立期的企业进行商业模式定位。

T型商业模式定位是基于像波特竞争战略、蓝海战略、特劳特定位（或里斯定位）、爆品战略、STP理论等产品定位理论基础上的升级式定位，主要是对产品组合进行定位。由于它是对合作伙伴、目标客户、企业所有者三个利益主体（处在“T型商业模式”的三端）的诉求进行综合考量而进行定位，所以形象地称之为“三端定位”或“三端定位模型”（详细阐述可参考书籍《商业模式与战略共舞》）。下面以名创优品为例，具体说明一下三端定位模型的应用。

名创优品借鉴了大创、优衣库、无印良品等日本知名品牌的外在表现形式，并吸收了美国零售巨头Costco的关键经营内核，创立仅5年就在全球开店3 600家，进驻80多个国家和地区，年收入超过25亿美元。

名创优品在全球各地经营新日用品小店，属于零售服务业。名创优品产品组合的三端定位，如图3-2-2所示。

从创造模式这一端看，它与全球优质合作伙伴一起，将店内货品打造成高性价比的“尖货”“爆款”，将品牌形象塑造成一个基本统一的近似名牌，即它的产品组合为“尖货”“爆款”+近似名牌。

从营销模式这一端看，名创优品的目标客户以女性为主，主要为新中产或准中产阶级。此类客户群体喜欢逛街，愿意花时间货比三家。他们对洗护、数码配件、家居等“新日用品”的产品质量要求较高，希望货品设计美观、独树一帜并有名牌感觉，同时也希望这些物品的售价要越低越好。名创优品的产品组合正是含有了这样的价值主张，例如：莹特丽OEM工厂代工的眼线笔，在名创优品的售价为9.9元（原品牌售价为100元左右），一年销售达到1亿多支。

再从资本模式这一端看，当售价确定时，让赢利机制发挥有效作用就必须不断降低成本，持续创造出的赢利空间就能支撑企业所有者的长期利益。名创优品通过智能化地构建极致供应链、有效管控SKU（库存保有单位）数量、迅速全球开店、打造高性价比爆品、零促销费用等多管齐下，以规模效应让货品成本和分摊的管理费用等战略性地不断降低。

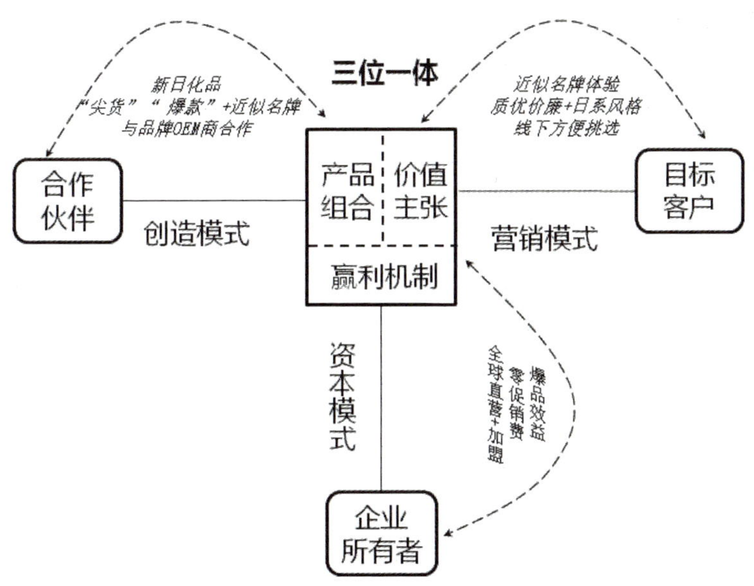

图 3-2-2　名创优品产品组合的三端定位示意图
图表来源：李庆丰，《商业模式与战略共舞》

电子商务已经将线下零售“搬迁”到了线上，新创立企业几乎都是“九死一生”，名创优品凭着对商业模式的正确定位快速成了独角兽企业。由名创优品案例可知：**一个可行的商业模式，目标客户、合作伙伴及企业所有者三端利益缺一不可；价值主张、产品组合及赢利机制“三位一体”不可分割。它们就像一个风扇的三个叶片，缺少任何一片，整体都不能顺畅运转起来。**

3.3 没有创造模式，赢利“飞轮”怎能转起来？

重点提示

※ 我们追捧营销模式但缺少创造模式的原因是什么？

※ 飞轮效应背后的数学原理是什么？

※ 戴森公司是如何将所在行业“重做一遍”的？

维多利亚的秘密（Victoria's Secret，简称“维密”）是一家专门销售女士内衣的美国公司。从产品属性角度，按理说维密公司应该低调一些，采取一些保护顾客隐私的措施，以避免消费场景可能出现的各种尴尬。

维密却反其道而行之，商业模式上以营销模式为主，其营销组合主要配置有“维密大秀、贩卖性感、场景促进”三大猛招。一年一度的维密内衣走秀宣传期间，几乎全世界都在“热炒”包括维密天使、顶级名模、梦幻天价内衣、维密翅膀等诸多不同维度的传播和营销话题。除了演出现场人头攒动，一票难求，视频还在192个国家播放，粉丝遍布全球，吸引了包括中国消费者、观众在内的10多亿人的注意力。这样的“性感”场景在维密内衣秀上频频出现：身高1.75米以上的名模，踩着“恨天高”，穿着不同元素的主题内衣，身上还背着十来斤的翅膀，全程面带微笑，走着最性感的台步，甚至还有“一摔成名”。维密不仅引领了内衣时尚，还成为“性感”的代名词。“穿出一道属于你的秘密风景”，是维密长久以来的营销口号。在美国，维密公司有超过1 000家门店都在销售由超级名模代言的维密性感内衣。该公司之所以叫“维密”，还有一些“密不外传”的营销绝招，例如，营造一种“催眠”式营销场景，诱导消费者走进门店，不断购买新产品。

持续红火了十多年的维密大秀，2019年11月迎来了一个坏消息。维密公司总部相关负责人宣布，由于近年来收视率下降和外界对该活动的强烈反对，2019年的“维密秀”确认取消。事实上，从2015年起，“维密大秀”的魔力就开始消退，收视率大幅下滑，业绩也持续疲软。进入2020年，维密公司又宣布，将永久关闭250家位于北美的连锁门店。由于销售额严重下滑，巨额亏损，原计划收购维密的接盘方也终止了交易举动。

维密遭遇的增长瓶颈，其背后原因是什么？棱镜公众号上的文章《性感不再，维密迟暮》认为：美国“千禧一代”构成的新一代中产阶级，在选购内衣的时候，更在意健康元素、舒适程度，而不再仅是性感、时尚等视觉效果。想想也是，内衣是用来穿的，不是用来看的。

也许有人会问，2017年维密公司在上海举办了一年一度的“维密大秀”，在中国已经开了20多家性感内衣连锁店，为什么没有能通过中国市场获得第二春呢？棱镜这篇文章说，维密公司在中国市场延续了“重营销轻产品”的传统策略。另外，中国本土的内衣品牌正在逐渐崛起，已经进入美国等国际市场。在内衣这件事上，中国的“千禧一代”更愿意去追求“国潮”“新国货”那些符合本土审美的产品。

用T型商业模式的第二个飞轮效应来分析：①维密过分重视营销模式；②如果有创造模式，也主要用来创造性感、时尚的气氛，而长期偏离产品；③资本模式方面，也主要是积累了维密名模、天使翅膀、媒体资源、营销人才等所谓关键资源与能力。时代不同了，新一代中产阶级的消费口味已经向产品本身回归。鱼和熊掌不可兼得，性感、时尚的内衣产品往往不能兼顾健康与舒适，更不会有优质低价的价值主张。针对新一代目标客户，如果维密的创造模式缺失了，资本模式残缺了，就像有三个叶片的风扇，其中两个“一瘸一拐”，那么飞轮效应就“转动”不起来了。

飞轮效应与复利效应、马太效应、增强反馈、指数成长等说法背后的数学原理是一样的：公司的成本沿着线性增长，而收益呈现指数增长。长此以往，企业积累的赢利必然会越来越多。而当飞轮效应缺失时，由于固定成本降不下来，存货也更多，所以企业经营就会转为被动，甚至陷入困境。

在T型商业模式中，第二个飞轮效应的正向增强反馈原理，如图3-3-1所示。

创造模式聚焦在创造一个好产品（或产品组合），营销模式负责把这个好产品售卖给目标客户。营销模式将从目标客户或市场竞争中获得的需求信息反馈给创造模式，然后创造模式对原产品进一步迭代更新；营销模式再把改进后的产品售卖给更多的目标客户……这样往复循环，是一个调节反馈过程——对产品组合定位不断纠错改进，更是一个增强反馈过程——产品越锤炼越好，创造的顾客越来越多。

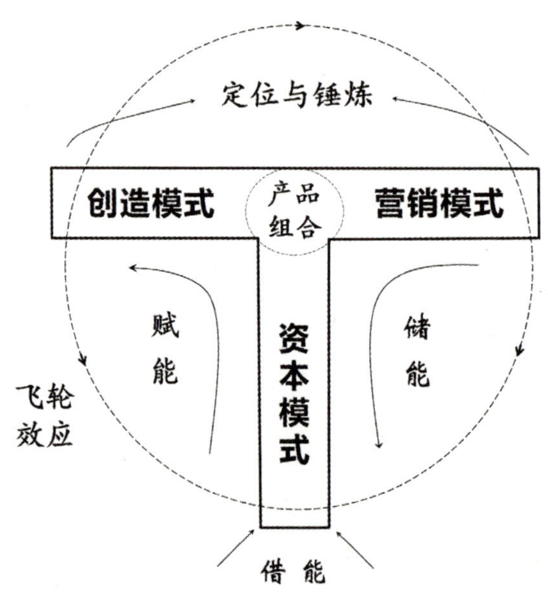

图 3-3-1　T 型商业模式的飞轮增长模型示意图

图表来源：李庆丰，《商业模式与战略共舞》

创造模式与营销模式的积极联动循环，就会产生赢利、资源、能力等资本积累：产品销售产生的盈利可以转化为货币资本；重复购买及协助口碑传播的顾客、协助创造的合作伙伴资源都是企业的关系资本；同时，人才成长、技术进步及各方面经营管理能力提升就会形成企业的智力资本。在资本模式中，来自创造模式与营销模式的资本积累被形象地称为储能的过程。与此同时，在产品组合发展与进化时，由于所需要资本的相关性及共享性，资本模式也会对创造模式与营销模式赋能。并且，资本模式中的企业所有者还会通过股权或债权融资、股权激励等资本机制为企业发展引进资金和人才——这被形象地称为“借能”。

资本模式与创造模式、营销模式之间不断往复循环发生的储能、借能与赋能活动，叠加创造模式与营销模式之间的增强反馈循环过程，就会在它们三者之间启动创造顾客的飞轮效应——产品不断被迭代进化，创造的顾客越来越多，规模效益呈指数增加，企业积累的资本越来越多。

如果需要追溯T型商业模式及其飞轮效应的理论源头，可以翻阅德鲁克在1954年出版的《管理的实践》一书。德鲁克指出：“创办企业的目的必须在企业本身之外，因此企业的目的只有一种适当的定义，就是创造顾客。为了创造顾客，企业必须建立两项基本职能：第一是营销，第二是创新。”当今，除了营销及创新，资本也可以履行创造顾客的职能。浅显地说，通过资本收购或补贴就可以直接创造顾客，资本还可以迅速放大企业的营销和创造职能。将创新、营销、资本三者转换一下名称，分别称为创造模式、营销模式、资本模式，就与T型商业模式理论历史性地连贯起来了。

第一飞轮效应可以与第二飞轮效应叠加起来，犹如地球既自转也围绕太阳公转，指数增长叠加指数增加，可以让一个公司“从优秀到卓越”。美国的亚马逊、苹果及中国的阿里巴巴、华为都做到了这一点。延续上一节吉列公司的案例，它的第一飞轮效应在“刀架+刀片”产品组合中产生，第二飞轮效应在创造模式、营销模式及资本模式中产生。吉列公司持续发展100多年了，“刀架+刀片”产品组合几乎垄断了全球市场，而且毛利润高得出奇。2005年初宝洁以570亿美元收购吉列时，吉列公司的利润约20亿美元，全球市场占有率接近70%，美国市场占有率高达90%。难怪有人说，“吉列公司完全掌握了全世界男人的胡子”。

像维密那样“重营销轻产品”类型的公司在中国广泛存在。2 000多年前的典籍《战国策·燕策》里有这样一则故事：有个人要卖马，接连三天在集市上，没有人理睬。后来花了点钱，请大名鼎鼎的识马专家伯乐先生来“代言”。伯乐来到集市上，绕着马儿转了几圈，临走时又恋恋不舍地回头一看，然后人们蜂拥而至、争相购买这匹马，以至于最后这匹马的价钱涨了十倍。尽管中国制造转变为中国创造需要再加速，但是营销创新继续领跑，花样推陈出新、越来越多。“网红”带货、“安利种草”、资本补贴、“上瘾疯传”甚至“裂变”，一夜之间都成了非常流行的营销手段。**抛开创造模式和资本模式，甚至抛开营销模式的其他要素，只是重视各种新鲜或流行的营销手段和工具，不能形成促进企业成长的飞轮效应，那些所谓美好的“业绩呈现”，最终都将是昙花一现。**

因为创造模式是每一个商业模式的必备选项，创造模式的重要支撑是技术创新，技术创新属于商业模式创新的一部分，所以再讨论商业模式型公司与技术创新型公司的区别，就有些不够严谨了。技术创新通常包括基础科技创新、平台模块创新、产品应用创新三个递进层次。科技进步、技术创新等形成的组织层面的智力资本，才是驱动商业模式飞轮效应可持续叠加的有生力量。

大家都在说：所有的行业，都值得重做一遍！我们看看英国高科技公司戴森是如何将这个理念落地的。例如：很早之前，由103名工程师参与、历时4年、开发了600个原型、耗费了1 010英里[①]长的人类头发，

① 1英里≈1.609千米。

花费3 800万英镑研发经费后，戴森Supersonic吹风机终于上市。后来，这款吹风机的第二代又研发了六年，陆续投入近1亿英镑创建头发科学实验室。有技术创新支撑的创造模式及商业模式，戴森的营销业绩自然靓丽。早在1991年时，戴森最早的一款吸尘器售价就高达2 000美元。迄今为止，戴森已在70个国家和地区售出了超过1 000万台吸尘器。2012年，戴森开始进驻中国市场，后来在天猫商城开办了官方旗舰店。普通的吹风机售价几十元，而戴森的吹风机卖2 990元；普通的台灯9.9元包邮，而戴森的台灯卖4 450元。戴森曾发布一款卷发棒新品，优惠价3 690元，在1秒内就被抢完了。

3.4 生态圈、归核化、基业长青……为什么核心竞争力如此重要？

重点提示

※ 奢侈品公司爱马仕如何打造核心竞争力？

※ “从优秀到卓越、基业长青”，需要分别具备哪几个飞轮效应？

※ 像拿破仑一样，为什么一些企业创始人自认为“强者无疆”？

奢侈品中的顶尖品牌爱马仕（Hermès），创始人就叫爱马仕。在爱马仕创立至今的180多年里，一共经历了六代传人。

1837年，创始人爱马仕36岁的时候，自立门户“下海”创业，在巴黎开了一家名字叫作“爱马仕”的高级马具专卖店，大到马鞍，小到驱蝇鞭等各种精致配件，应有尽有。在那个年代，爱马仕店里的匠人们像艺术家一样，对每件产品都精雕细刻，留下了许多传世佳作。1867年，巴黎举办了规模空前的世博会，爱马仕的马具一举获奖，爱马仕的名声开始向国际市场传播。

到第二代传人时，爱马仕真正地成了一个国际化品牌，客户遍布欧洲乃至全世界的贵族与王室。20世纪初，福特公司推出了划时代的T型车，然后汽车工业开始蓬勃发展。马车开始被汽车取代，马具用品的需求渐渐萎缩。

爱马仕的第三代传人不得不领导爱马仕进行产品转型，把爱马仕的精湛工艺从马具延展到了皮具上——开始为上流社会的女士打造高档皮包。此时的爱马仕并没有盲目跟随工业革命的浪潮，而是坚持选材考究、精雕细琢的手工工艺，继续突显产品的稀缺和珍贵。

第四代传人让爱马仕更上一层楼，开启了金字塔式产品组合：最顶端的高级定制产品，目标客户是上流社会的权贵、富裕群体；品牌皮包、珠宝、高级成衣等中坚产品，消费群体主要面向与上流社会看齐的中产阶级；丝巾、香水、配饰、领带等入门产品，可以卖给广泛的大众消费者。金字塔式产品组合的赢利原理是这样的：高端产品塑造品牌，中坚产品赚得高额利润，入门产品稳固基础及引流获客。例如，爱马仕的丝巾单价在400～500美元，比起动辄十万美元的铂金女包来说，价格应该算亲民多了。

第五代传人于1978年开始执掌爱马仕。当他刚接手的时候，爱马仕正处在一个短暂的品牌老化危机里。在坚守中大胆创新！1979年爱马仕的广告画风就开始转变，主打穿着牛仔裤、系着爱马仕丝巾的年轻形象……逐渐将品牌形象从保守怀旧的老人转向充满活力和梦想的年青一代。这个时期，爱马仕继续扩充与增加像手表、陶瓷、家居用品、桌面饰品、餐具等外围产品的品类。你可能想不到，直到现在爱马仕集团每年超过一半的收入，都是来自主打产品皮具之外的品类。另外，爱马仕积极在全球开设专卖店及大量增加销售网点，年销售额也从1978年的5 000万美元增长到了1990年的4.6亿美元。

第六代传人于2006年接过爱马仕的帅印。至今的10多年里，爱马仕并不像LVMH等其他奢侈品牌那样激进式发展，而是稳中求进，坚持理性发展，坚决不搞转移生产线、“偷梁换柱”、作秀炒作的营销套路。在新一代掌门人的领导下，爱马仕继续提升品牌、扩张品类及国际化发展。2019年爱马仕销售额68.83亿欧元，创历史新高；营业利润比上年增长16%，达到23.46亿欧元。

参考资料：张潇雨，得到案例课，爱马仕：从马具到女士皮包

像爱马仕那样，一个企业从优秀到卓越，然后追求基业长青，需要培育核心竞争力。以前讲到核心竞争力，分析的案例大部分是高科技

企业。就像演员刘晓庆，能扮演16岁花样少女，也能扮演80岁的雍容贵妇。这里我们来一次突破，以奢侈品企业爱马仕为例，阐述企业核心竞争力的主要功能作用、组成要素、构建方法和形成过程。

1990年，普拉哈拉德和哈默尔在《哈佛商业评论》上发表了《公司的核心竞争力》一文，给出了关于核心竞争力的三个检验标准，并且这三个标准也是核心竞争力在促进企业进化、扩张方面所发挥的重要功能与作用，如表3-4-1所示。

在过去的管理学框架内，核心竞争力属于战略研讨的内容。现在，笔者认为它应该以商业模式为中心，结合外部环境，在战略规划与执行过程中长期培育。因此，笔者提出了一个企业培育核心竞争力的模型——SPO核心竞争力模型，它主要包括优选资本（Strengths）、产品组合（Product）、环境机遇（Opportunities）三个要素（“SPO”取自三个组成要素的英文首字母）。

优选资本属于商业模式的内容，可以简单理解为企业的核心能力和关键资源（相当于T型商业模式的支持体系及赢利池）；产品组合就是T型商业模式的产品组合；环境机遇可以近似于SWOT分析模型的环境机会，属于企业战略的内容。

SPO模型的三个组成要素优选资本、产品组合、环境机遇共同发挥系统性作用产生核心竞争力，其通过增强或调节反馈过程的育成原理如下：产品组合的扩张与进化需要评估外部的环境机遇及内部的优选资本。当三者能够统一起来，产品组合就获得了沿着增长向量前进一次的机会。如果产品组合的扩张与进化成功了一次，核心竞争力就累积了一次。如果产品组合的扩张与进化所获得的成功远大于失败，核心竞争力获得了更多次的累积，那么就可以说这个企业具备了核心竞争力。也就是说，核心竞争力是在商业模式进化实践中形成的，依靠扩张与进化的成功次数和成功率来衡量的，有一个较长期的累积过程。

表3-4-1 核心竞争力的三个检验标准及爱马仕的表现情况

核心竞争力三个检验标准	爱马仕的表现情况
核心竞争力应该有助于公司进入不同的市场，它应成为公司扩大经营的能力基础。例如，由于在发动机技术方面具备核心竞争力，所以本田公司能在割草机、摩托车、汽车、轻型飞机等多个相关市场领域取得经营佳绩	爱马仕从马具起步，接着转向女士皮包市场，逐渐成为奢侈品中的顶尖品牌。第四代传人为爱马仕开启了金字塔式产品组合，以女包为核心产品，延伸到高端定制、珠宝、丝巾、香水、领带、手表、餐具、高级成衣等家居及配饰等领域的诸多品类
核心竞争力对创造公司最终产品和服务的顾客价值贡献巨大。它的贡献在于实现顾客最为关注的、核心的、根本的利益，而不仅仅是一些普通的、短期的好处	在顾客价值方面，举例来说，英国女王从30岁开始佩戴爱马仕丝巾，一直戴到了90多岁；爱马仕的铂金女包平均售价在6万美元左右，并且顾客需要提前2～3年预订
核心竞争力应当是竞争对手很难模仿的。核心竞争力通常是多项技术与能力的复杂结合，其被复制的可能性微乎其微。竞争对手可能会获取核心竞争力中的一些技术，却难以复制其内部复杂的协同与学习的整体模式	从创立到现在，爱马仕180多年的历史中，沉淀的对每件产品精雕细刻的匠人精神、优秀的家族传人、团结精神及团队协作能力、坚守核心并大胆创新的文化、汇聚的优秀设计师、稀缺原料的优享资源、顾客信任及品牌内涵等，都令竞争对手难以模仿

每一次累积的核心竞争力，又作为输入量进入优选资本，不仅提升优选资本的实力，也增加了商业模式的竞争壁垒。由于累积的核心竞争力不断提升优选资本的实力，也不断增强了判断和利用外部环境机遇的能力，提升产品组合沿着增长向量扩张与进化的能力。因此，核心竞争力作为企业的重要智力资本，通常也表现出较强的边际报酬递增趋势，如图3-4-1所示。

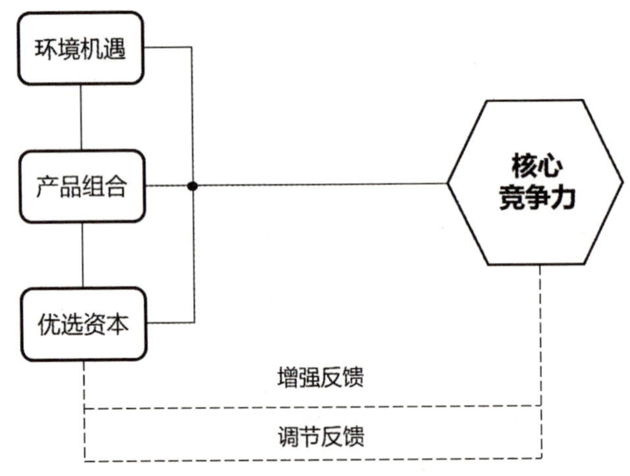

图 3-4-1　SPO 核心竞争力模型示意图
图表来源：李庆丰，《商业模式与战略共舞》

在SPO模型中，如何确认产品组合的扩张与进化是否成功呢？可以用以上核心竞争力的三个检验标准进行判断。

以上核心竞争力的育成原理，揭示了一个生命个体或组织，通过实践及深度学习，让自身能力螺旋式上升、突破临界点而跃迁的过程。优秀企业在扩张期进化是这样的，个体的成长是这样的，人工智能设备的设计也是这样的。德鲁克说："管理是一种实践，其本质不在于知，而在于行；其验证不在于逻辑，而在于成果；其唯一权威就是成就。"结合以上核心竞争力的育成原理，笔者再理解德鲁克的这段话的感悟为：理论中要具有指导实践、可以实践的硬核内容；道理讲起来很简单，要做到却很难。

读者可以更全面系统地阅读爱马仕的案例资料，根据以上SPO核心竞争力模型，深度理解爱马仕的核心竞争力育成过程。基于企业的根基产品——奢华高端女包，爱马仕通过培育核心竞争力，让企业的产品组合阶梯式跃迁进化与成长，形成了一系列扩大企业赢利的产品族。

结合T型商业模式概要图，可以这样以图示化方式表示核心竞争力的累积过程：以根基T型表示出根基产品组合，其上一个叠加一个的同构T型表示出繁衍的产品组合，获得的总体图示化模型，称之为T型同构进化模型，如图3-4-2所示。这里的同构是指衍生的产品与根基产品组合具有共享的资本模式，尤其更多地共享优选资本，而创造模式和营销模式中共享的内容就会相对少一些。T型商业模式的第三个飞轮效应是基于以上核心竞争力的育成原理而产生的。第三飞轮效应背后的赢利原理如下：在具有核心竞争力的企业中，围绕根基产品组合而不断进化与扩充的产品族，能够很好地共享资本模式，部分共享创造模式及营销模式，根基产品与外围扩充产品之间相互正向增强以促进销售或降低成本，所以产品族带来的收益增加相对于成本增加更快。一个企业从优秀到卓越，需要让第一、第二飞轮效应发挥作用；要实现基业长青，那么就需要第一、第二、第三飞轮效应相互协同起来。

以大树来比喻T型同构进化模型也很形象：根基T型代表树干，而上面一个一个同构T型的叠加好比是大树的很多层次树杈。树杈再多，共享一个树干。树干不够粗壮，上面的树杈也长不大，更不能人为地搞太多树杈，否则就有“树倒猢狲散”的风险。企业进化发展也是这个道理，根基产品组合没有做好，热衷于发展新业务，搞收购扩张，而优选资本支持不足，导致管理失控、现金流枯竭等，经营风险就很大。

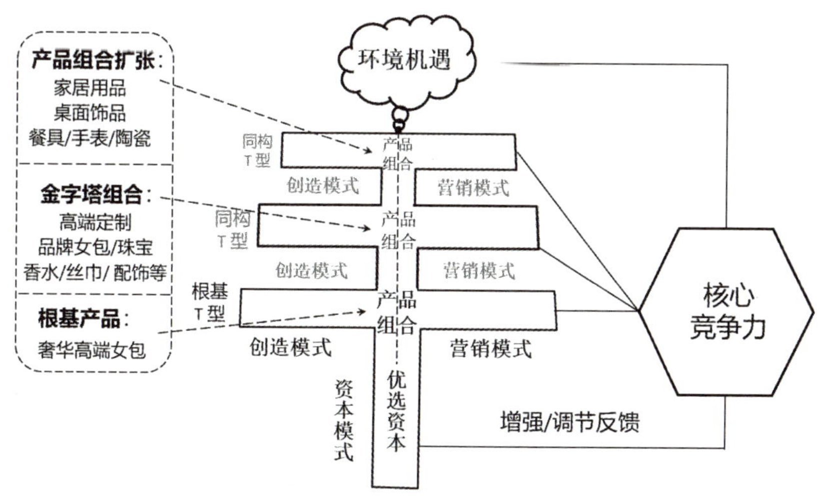

图 3-4-2　以 T 型同构进化模型示意爱马仕的产品组合扩张与进化
图表来源：李庆丰，《商业模式与战略共舞》

中国企业家群体中一向不乏先驱式的“枭雄”人物。南德集团、德隆帝国、轻骑集团、春兰集团、乐视集团等公司的创始人，个个都像拿破仑一样，自认为“强者无疆”，视边界、限制与约束条件为无物，惯性作用下，他们的想法远远超脱其具有的能力和资源（优选资本）。“滑铁卢”大部分不是偶然因素所致。没有核心竞争力，此类企业遭遇“滑铁卢”便是历史的必然。

一些学者专家提倡战略“归核化”，这绝不能成为泛泛而谈的理论口号，而应该贯彻商业模式为中心，以SPO核心竞争力模型、T型同构进化模型为指导。只有在一定的限制与约束之下，以优选资本和根基产品为“基座”，企业家的豪情万丈才能聚焦成让企业基业长青的持久创造力。

打造生态圈、跨界协同、共生进化、收购兼并、同心多元化、基业长青等，在一定内外环境条件下，这些都可以成为好理论。经营企业像玩“有限与无限的游戏”。如果空间无限，则时间有限；要想时间无限，必定要空间有限。巴菲特信奉：只打“甜蜜区”里的球。在企业扩张期，如何构建“甜蜜区”？请参照以上SPO核心竞争力模型、T型同构进化模型。

3.5 不要被套路，聚焦到商业模式创新

重点提示

※ 为什么屡次有追随《原则》那样买椟还珠的故事？

※ 为什么说90%以上商业模式创新属于产品组合的创新？

※ 企业进行第二曲线转型时，应该遵循哪些原则？

听不少人说，他们是畅销书《原则》作者达利欧的“脑残粉”。达利欧的桥水基金管理的基金规模超过1 600亿美元，过去20多年累计盈利达450亿美元。达利欧说“我的成功可以复制”，500多页的《原则》给出了500多条导致他投资成功的原则。按理说，商业模式是负责企业赢利的，并且还需要它的上级企业赢利系统“全面协助”。而现在，似乎只要看看《原则》就可以了。

现在做生意挺难的，有人调侃：“过去靠运气赚来的钱，现在凭实力都亏出去了！”为了扭转困境，买一本《原则》，模仿其中的一些原则。我们不要像达利欧赚那么多，实现一下王健林的“小目标”就可以了。

2017年2月，达利欧来中国了，与300多个CEO讲解他的“原则”。达利欧说：“一切都是一台机器……你们每个人都应该有自己的原则。然后把这些工作和生活原则转变成为一种算法，把这样的算法用于你的决策，这样做你就会非常强大。”达利欧的核心概念——算法、进化、机器等，与当下人工智能的发展是比较契合的。多种因素共同作用下，他的书《原则》就火了。

至今，我们还没有听说，哪家企业模仿达利欧的“原则”而

成功了，倒是听说，"深圳有家私募按照达利欧的《原则》依葫芦画瓢，给员工定下80多条'原则'，要求坚决执行，没多久就把前几年赚的钱都亏完了"。

有网友说：想要推广达利欧这套"变态"玩法，就必须有"变态"的组织。华尔街流传的一个段子或许能说明这一点：一位著名投行女高管被招进桥水基金不久，她在食堂和同事评论另一位同事，但这在桥水的文化中是不被允许的，违反了达利欧规定的500多条原则中的一条。这家公司的每个角落都有监控和摄像。于是，她刚从食堂走出，便惊恐地发现自己评论他人的录像被公司大屏幕播了出来。第二天，她辞职了。

另外，也有人发现了桥水基金成功背后真正的因果链：①像巴菲特一样，达利欧也是个玩投资的天才。他12岁在高尔夫球场当球童时，偶然间听到大佬们在谈一只股票，倾其所有买入后他净赚了3倍。②桥水基金是一只对冲基金。玩对冲投资需要熟悉各式各样的金融工具，对各式各样的证券及衍生产品频繁操作，所以决策就非常重要。如果没有"原则"的话，每天面对那么多决策，失控风险就非常大。③桥水成功的真正秘密武器是它的投资决策模型，《原则》书中只透露了一点点。

因为投资决策模型不方便写那么多，也太复杂太难了，大部分人看不懂，所以书名叫作《原则》，内容也大部分是"原则"。简简单单的若干"原则"就能成功，又迎合了大部分人的速成心理。

参考资料：刘潇然，AI财经社，《达利欧的中国造神狂欢……》

"原则"代替不了企业赢利系统，真正赢利还是需要依靠商业模式。**桥水基金商业模式的核心内容是它的"投资决策模型"，而"原则"只是适合它商业模式的一种独特组织能力及企业文化。有什么样的老板，就有匹配的组织能力及企业文化。这又是一个众人抬轿、一起买椟还珠的故**

事。所以，看了《原则》一书，也不能完全模仿里面的原则。

我们不玩套路、不搞花架子，也不要被他人套路，应该聚焦于商业模式创新。摩尔所著的《公司进化论》从公司进化的角度切入，阐述企业在生命周期各阶段如何创新。现在是商业模式竞争时代，企业赢利系统的核心是建立商业模式中心型组织。本章前几节讲到的三端定位模型、飞轮增长模型、SPO核心竞争力模型与T型同构进化模型及后面讲到的双T连接模型等，它们基于T型商业模式理论而提出，分别是企业在创立期、成长期、扩张期、转型期等生命周期各阶段进行商业模式创新进化的主要“参照物”，也是企业制订战略规划的重要依据。

谈到商业模式创新时，排在第一优先级的是“商业模式第一问”：企业的目标客户在哪里，如何满足目标客户的需求？企业回答好“商业模式第一问”，就要与合作伙伴协作搞一个产品组合（或产品），其中蕴含着满足目标客户需求的价值主张，同时这个产品组合还要蕴含着企业（或企业所有者）所追求的赢利机制，如图3-5-1所示。也就是说，产品组合、价值主张、赢利机制是“三位一体”的一个整体，其中产品组合是这个整体的实体形式，价值主张及赢利机制是这个整体的两个虚拟形式。为方便表达，常用产品组合来代表“整体”。为协助理解以上的阐述，各位读者可以再看一下章节3.2后半部分的名创优品案例及图3-2-2所表示的内容。

T型商业模式中的产品组合包括三大类：产品关联组合、产品模块组合、产品战略组合。产品关联组合是指两个以上的产品在功能互补上的组合，例如：吉列的“刀架+刀片”组合、盒马鲜生的“餐饮集市+超市+外卖”组合等；产品模块组合是指产品由很多模块组合而成，像餐饮、医疗服务、工程总承包等诸多整体性产品属于这一类；产品战略组合是指在战略规划期间企业按照时间顺序陆续推向市场的一系列产品的组合。

从实践来看，90%以上的商业模式创新属于产品组合的创新。当然，单一产品也是产品组合的一种特殊形式。在丰裕经济时代，产品创新主要就是让产品与众不同，有差异化特色。同理，对产品组合创新也是让产品组合实现差异化。

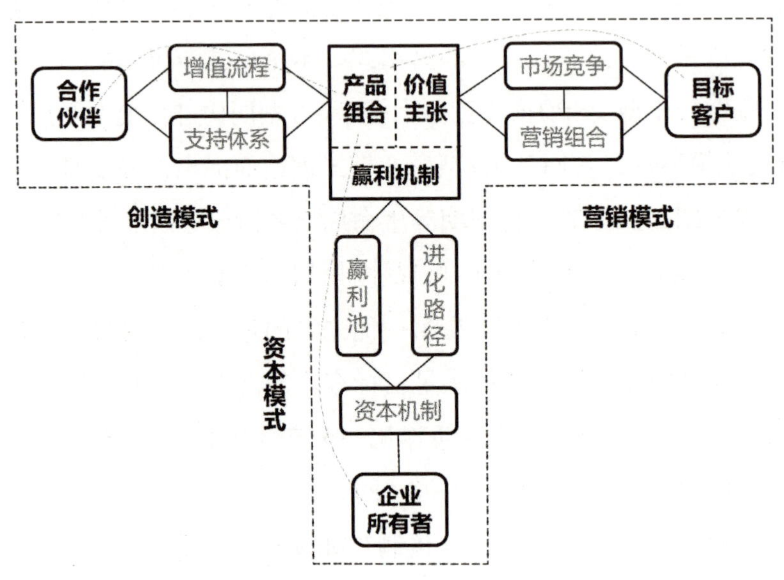

图 3-5-1　T 型商业模式全要素图中的商业模式创新重点
图表来源：李庆丰，《T 型商业模式》

商业模式的研究者们已经总结了上百种产品组合差异化的“固定搭配”，像一些书籍介绍的22种赢利模式、55种商业模式等。他们所说的赢利模式、商业模式相当于T型商业模式中的产品组合。表3-5-1列出了一些常见的产品组合搭配、差异化特点及案例。

如图3-5-1所示，产品组合是T型商业模式创新的核心内容，创造模式、营销模式、资本模式的其他内容要素都在为产品组合的创新、制成或价值实现提供支撑或支持。在创立期，商业模式定位或新产品上市失败，源于盲目地进行产品组合差异化创新。传统上可以用波特五力竞争模型检验一下产品创新是否在市场上可行，现在更要叠加使用本章第2节介绍的三端定位模型（图3-2-1）进行检验。

表3-5-1 常见的产品组合搭配、差异化特点及案例

序号	产品组合搭配	差异化特点及案例
1	刀架+刀片	基础产品便宜，耗材贵。吉列剃须刀、咖啡机及咖啡胶囊
2	免费+收费	免费引来流量，收费创造效益。360杀毒、罗辑思维
3	产品金字塔	低端产品促销，中高端塑造品牌与赢利。斯沃琪手表
4	功能产品+品牌	功能保底，品牌溢价。可口可乐、耐克、老干妈
5	整体解决方案	系统集成溢价。EPC／BOT／EMC等工程总承包类企业、拓璞数控
6	产品+服务	产品低价+服务年费。ERP软件
7	硬件+软件	硬件保证性能，软件创造体验。小米手机、数控机床
8	产品+金融借贷	分期付款促进销售+利息收入。利乐包装
9	产品+速度／时尚	更新换代溢价。英特尔芯片、维密
10	产品+心智定位	心智定位促进销量。加多宝
11	产品组合乘数	共享流量、品牌或支持体系。迪士尼、亚马逊、银行
12	店中店混业	满足客户多种需求。盒马鲜生、85度C
13	培训+证书	身份资格溢价。MBA教育、钢琴考级
14	整机+核心零部件	技术与市场双重控制。睿创微纳、拓璞数控
15	产品+VIP会员	固化高端客户。航空公司、高尔夫球场、高端会所

图表来源：李庆丰，《商业模式与战略共舞》

商业模式创新或者说产品组合差异化创新，通常发生在企业的创立期及转型期。转型期与创立期有所不同的是，它有很多历史积累的资本可供使用。大家把转型期进行商业模式创新称为开辟第二曲线业务，相应地公司原来的传统业务就是第一曲线业务，如图3-5-2左图所示。第一曲线业务的旧商业模式是一个T型，第二曲线业务的新商业模式也是

一个T型。从T型商业模式看，企业转型的新旧两个商业模式之间存在着紧密的资本模式连接关系，称其为“双T连接模型”，如图3-5-2右图所示。

从双T连接模型角度，指导企业转型有三大原则：①顶层设计独立性原则；②相似商业模式优先原则；③第一曲线资本利用最大化原则。企业开辟第二曲线业务，是真正的二次创业，就是构建一个新商业模式。新商业模式定位成功后，一个新的生命周期循环又开始了，从创立期到成长期、扩张期、转型期……

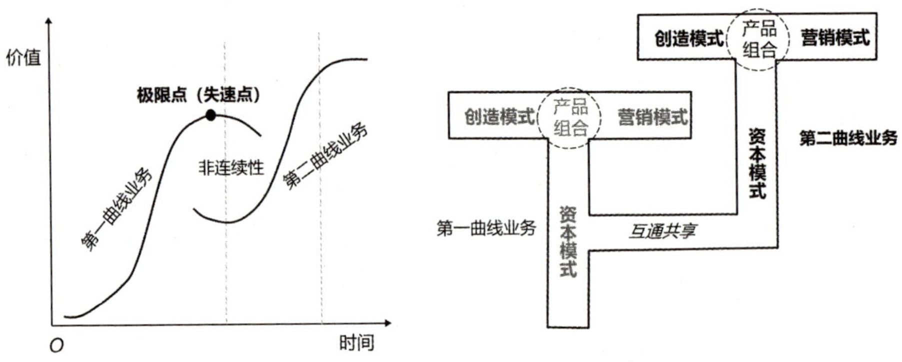

图 3-5-2 企业第二曲线业务（左）与双 T 连接模型（右）示意图
图表来源：李庆丰，《商业模式与战略共舞》

鉴于有《T型商业模式》及《商业模式与战略共舞》两本书可供参考，所以本书仅安排了本章共5节篇幅来概要性地介绍商业模式的相关内容。

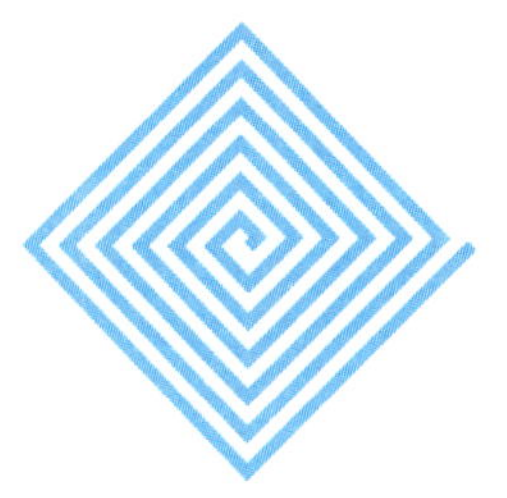

第4章

企业战略：

让混沌无疆的战略知识在企业落地

本章导读

传统战略理论有“三宗罪”：①战略学派众多，创新发散杂乱，让战略实践者无所适从，也难以指导企业战略聚焦。②超过99%的企业战略重点在竞争战略——如何打造一个持续赢利的好产品？但是，企业战略教科书80%以上的篇幅都在谈宏观环境分析、多元化战略与一体化战略、收购兼并战略、全球市场战略等少数集团公司才用到的总体战略。③战略规划是企业随时间的“前进方向”，像茫茫大海中的导航仪一样重要。实践中发现，95%以上企业的高管有MBA或EMBA文凭，或学习过战略，但95%以上的企业缺乏例行的战略规划。

新竞争战略理论有“三改进”：①将商业模式与战略分离，将各种战略学派收敛到战略规划。②将80%以上的战略创新、活动聚焦到竞争战略——产品好、赢利多，才是“好战略”。③以商业模式为中心，将竞争转变为合作，将战略落实到企业经营场景，贯彻采用DPO战略过程模型。

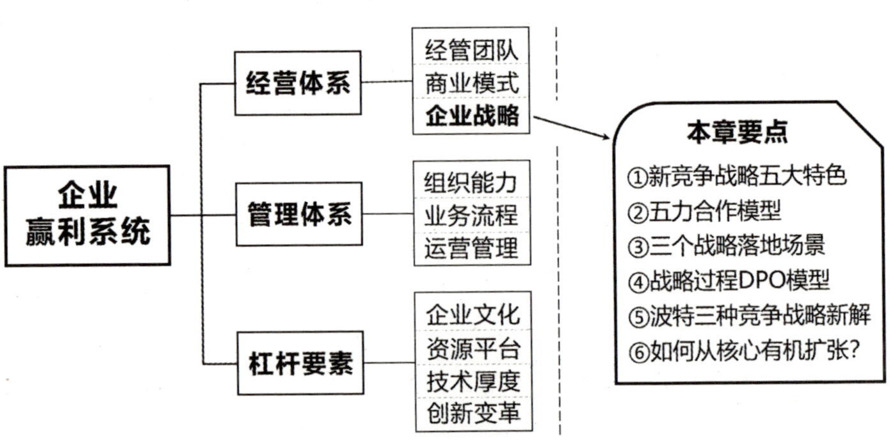

第 4 章要点内容与企业赢利系统的关系示意图

4.1 商业模式“静如处子”，而竞争战略“动如脱兔”

重点提示

※ 根据企业战略公式，马斯克的目标和愿景会实现吗？

※ 对于大部分企业，为什么说竞争战略就是企业战略？

※ 任正非与柳传志的竞争战略思想有何不同？

战略源于战争，战争有起、承、转、合的战略节奏，其中有诸多战役。例如，苏德战争：

——起始于纳粹德国煽动的种族歧视、灭绝的意识形态及其在欧洲大陆先后发动的一系列侵略、扩张行动。根据纳粹意识形态，被征服的苏联领土将被“德意志化”的定居者殖民，苏联原有的大部分居民将被灭绝或被驱逐到西伯利亚，仅少数居民留下作为奴隶。

——承接于1941年6月22日，纳粹德国撕毁《苏德互不侵犯条约》，与若干仆从国一起，集结了190个师共550万人、4 900架飞机、3 700辆坦克、47 000门大炮、190艘军舰，分为三个集团军群，从北方、中部、南方三个方向以闪击战的方式对苏联发动袭击，苏德战争全面爆发。

——转折于斯大林格勒战役及库尔斯克战役。从战略的视野看，斯大林格勒战役是纳粹德国遭遇的最重大的失败，直接造成了苏联与纳粹德国总体力量的对比发生了根本性的变化。通过库尔斯克战役，苏联红军完全掌握了战略主动权。德军从此彻底丧失了战略进攻能力，不得不转入全线防御。

——“合”在起承转合中代表结束。库尔斯克战役后，苏联红军相继发动了10次大型反击战役，将德军完全赶出了苏联国土。1945年5月9日，纳粹德国向苏联无条件投降，苏联获得了苏德战争的最后胜利。

在战争中，起、承、转、合都有一个时点，在历史长河中也就一刹那，可以看成一个微分的空间截面，但是其后续的影响是非常深远的。例如：纳粹德国撕毁《苏德互不侵犯条约》，对苏联发动闪电战，可看成一个空间截面，此后苏德战争全面爆发。据统计，在这场战争中，苏联共有超过2 700万人伤亡，几乎涉及了苏联的每个家庭。大量德军在苏联严寒的冬天里被冻死或无法撤出苏联战场而被歼灭或俘虏，这极其有力地支援了其它国家积极参与的反纳粹、反法西斯战争。在纳粹德国为首的法西斯轴心国阵营被彻底击败后，德国的领土被苏联、美国、英国和法国分区占领，并最终形成了民主德国和联邦德国。“合”也表示合作，一个新的竞合秩序重新建立。主要反法西斯同盟国多次举行会议商讨，最终建立了雅尔塔体系，以实现世界由战争到和平的转变。

在战争的起、承、转、合等时点之间，为了达到特定目标，就要制订战略。

管理学家迈克尔·波特认为，“战略是公司为之奋斗的一些终点与公司为达到它们而寻求的途径的结合物”。这个定义太拗口，用公式思维转换一下，它可以表述为：战略=目标+路径。在企业赢利系统中，将战略的内容进一步丰富，用公式表示为：企业战略=目标和愿景+战略路径+外部环境。

根据这个企业战略的公式，美国企业家马斯克要将100万地球人送上火星！这是他（企业）的目标和愿景。为此，外部环境如何，走什么战略路径？

根据这个目标和愿景，再来看一下所面对的外部环境：说白了，地球与火星就是宇宙中的“大飞机”，在茫茫星际中黑灯瞎火地各种转动，两者最近时之间距离有5 500千米，最远时则超过4亿千米。火星上沙丘、砾石遍布；大气密度只有地球的大约1%，且大部分是二氧化碳；最高温度27℃，最低温度-133℃，平均温度-55℃。关键是，火星上很难找到水——至今没有可靠的证据表明火星上有水。

地球人去火星有需求吗？即使生活处在“水深火热”中的那些人，也没有什么真实需求。但马斯克坚信未来有需求，所以要为将来的“垄断性”生意做好准备。马斯克的SpaceX公司低成本造火箭，挣钱与否是短期的，长期是为人类能够大批量登陆火星积累技术和力量。他的特斯拉电动汽车在地球上不断扩产、逐渐优化，就是未来火星上“地球人”的家庭汽车——因为火星上只有太阳能。马斯克的另一个公司正在试制速度超过1 000千米/小时的胶囊高铁，其未来目标也是在火星上广泛使用——因为火星上空气稀薄，接近于真空，这个环境特别适合胶囊高铁运行。还有马斯克的“星链”公司，到2019年在地球上已经发射了420颗小卫星，其实这个应用也是为火星上的“地球人”搞星链互联网储备的。

有人问“地球人能适应火星的环境吗？”马斯克已经开始快速“进化”地球人了。他的脑机接口公司Neuralink，已经开发出“神经蕾丝”技术。他的五个孩子已经在脑机接口学校进行实训，有可能成为第一批人类“孙悟空”。

以上但不限于这些，还会有更多……根据公式“企业战略=目标和愿景+外部环境+战略路径”，它们都是马斯克应对外部环境以实现目标和愿景的战略路径。

除了上述公式思维，金字塔分层思维也有必要。通常来讲，企业战略分为三个层次：总体战略、竞争战略和职能战略。

总体战略，也叫公司层战略或集团战略，主要回答“企业应该进入或退出哪些经营领域”，是指通过兼并收购、合资合作、内部创业等多元化发展手段，形成一个最优的多商业模式组合。

竞争战略，也叫作业务战略，主要回答“企业在经营领域内怎样参与竞争”，指在一个商业模式内，通过确定顾客需求、竞争者产品及本企业产品这三者之间的关系，奠定本企业产品在市场上的特定地位并维持这一地位。由此看来，竞争战略是围绕产品展开的，就是如何打造一个有持久生命力的好产品。

职能战略，也称为职能支持战略，是按照总体战略或竞争战略对企业各方面职能活动进行的谋划，例如：营销战略、财务战略、人力资源战略、研发战略等。

总体战略以竞争战略为基础，属于竞争战略之上的战略。有些大型企业（集团）发展出多个商业模式，但是其中只有一个根基商业模式，其他商业模式是从根基商业模式衍生而来的。例如，“淘宝+支付宝”组合形成了阿里巴巴的根基商业模式，而天猫、菜鸟网络、阿里云等都是从这个根基商业模式衍生而来。总体战略主要是多元化公司总部层面要考虑的战略。职能战略通常是为竞争战略配合及服务的，可以包含在竞争战略之中。因此，对于绝大多数企业来说，竞争战略在某种程度上就代表了企业战略。

研究竞争战略的专家学者很多，影响最大的应该是美国管理学家迈克尔·波特。他提出了三种卓有成效的竞争战略，分别是总成本领先战略、差异化战略和集中化战略。后来出现的竞争战略理论有蓝海战略、定位理论、品牌战略等，它们都大致符合之前对竞争战略的定义。

时代不同了，现在有了T型商业模式理论，将商业模式与企业战略区分。它们的共同“上级”是企业赢利系统。一个基本的企业赢利系统，称之为经营体系，用公式表示：经营体系=经管团队×商业模式×企业战略。其中企业战略的重点依旧是竞争战略，但是为了“随之而变”，它的内涵与外延等都要进行一次升级，暂且把升级后的竞争战略叫作“新竞争战略”。

与之前的竞争战略不同，笔者提出的新竞争战略有五个显著特色，如图4-1-1所示。这五个特色分别是：①以商业模式为中心；②将竞争转变为合作；③将百家战略学派或杂谈收敛到战略规划；④将战略理论落实到企业经营场景；⑤将DPO战略过程模型应用到战略制订与执行中。本章将有六节内容概要性地讨论新竞争战略的这五个显著特色。与产品创新类似，目前的新竞争战略只是一个1.0版本，今后有一个逐步升级的过程。

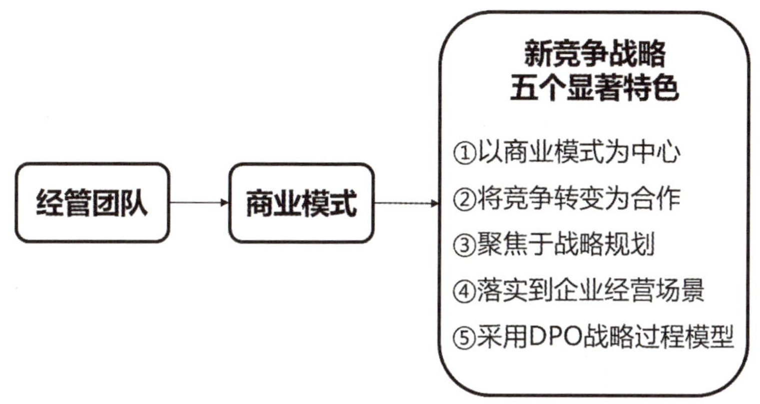

图 4-1-1 新竞争战略五个显著特色示意图
图表来源：李庆丰，“企业赢利系统”理论

传统上归属于竞争战略的理论，例如：波特的总成本领先、差异化、集中化三大战略，蓝海战略，品牌理论，定位理论，平台战略，爆品战略等，在新竞争战略中被一分为二：它们中的定位与模式部分归属为商业模式。如何实施的策略、路径归属为新竞争战略。

企业赢利系统以商业模式为中心，建立商业模式中心型组织，所以代表企业战略的竞争战略，也应该以商业模式为中心。下面先举一个反例来说明“如果竞争战略不以商业模式为中心，其后果有多严重”。在1865年，英国议会通过了《机动车法案》，后被人嘲笑为“红旗法案”。其中的条款规定：一辆汽车要3个人开，限速为2～4英里/小时，其中1人必须步行在车子前举着红旗，不断摇动，为机动车开道。从马车到汽车，商业模式变了，还能继续以马车为中心的方式，来思考如何操作新生事物汽车吗？所以这个法案严重影响了英国汽车企业的竞争战略。随后，美国的汽车工业迅速崛起，美国率先成为"车轮上的国家"。

中国企业家柳传志说："任正非比我敢冒险。他确实从技术角度一把敢登上……我基本上领着部队都是行走50里[①]，安营扎寨，大家吃饭，接着往上爬山。"柳传志带领联想基于整合资源、兼并收购的商业模式，制订企业的竞争战略。任正非曾说："不在非战略机会点上，消耗战略竞争性力量，要有战略耐性。"华为很少通过收购提高市场占有率，而是基于重度科研投入的商业模式，来制订长期发展与竞争战略。

以商业模式为中心，如何制订竞争战略？以原来波特教授的总成本领先战略为例来说明。**总成本领先就是低成本战略，现在属于商业模式中的产品定位理论之一。此时的竞争战略就是如何为低成本的产品定位形成一套战略指导方案。**

参照图4-1-2的T型商业模式概要图，首先思考如何实现创造模式的低成本。根据创造模式的公式"产品组合=增值流程+支持体系+合作伙伴"，怎样设计与搭配产品组合降低成本？例如：通过价值工程减少冗余配件或功能来降低成本，通过免费数字化产品带动销售以降低促销成本等；怎样通过增值流程降低成本？例如：外包与自己干哪个成本更低，如何改进流程降低成本等；怎样通过支持体系降低成本？例如：技术创新可以降低人财物消耗、提升效率，优选厂址可以降低物流及劳动力成本等；怎样通过合作伙伴降低成本？优选供应商降低成本，协助供应商提升管理、共同技术创新逐渐降低采购成本等。然后思考如何实现营销模式、资本模式的低成本，还有通过飞轮效应降低成本……按图索骥，将这些降低成本的思考综合起来，形成一个战略指导方案，转变为经营计划，就真正将新竞争战略在企业落地了。结合以上列举式分析，有助

① 1里=500米。

于我们理解：企业战略（或竞争战略）以商业模式为中心，商业模式是战略的“基座”，战略是携商业模式而“战”！

除了以上根据T型商业模式概要图进行空间维度的思考外，以商业模式为中心，还可以从时间维度进行竞争战略思考。基于企业生命周期阶段，在企业创立期，产品如何定位？成长期，如何实现指数级增长？扩张期，如何培育核心竞争力？转型期，如何成功开辟“第二曲线”业务？本书第3章给出的基于T型商业模式理论的三端定位模型、飞轮增长模型、SPO核心竞争力模型、T型同构进化模型、双T连接模型等，可以作为在生命周期各阶段“起承转合”时点重新思考企业竞争战略的主要参考依据，如图4-1-2所示。

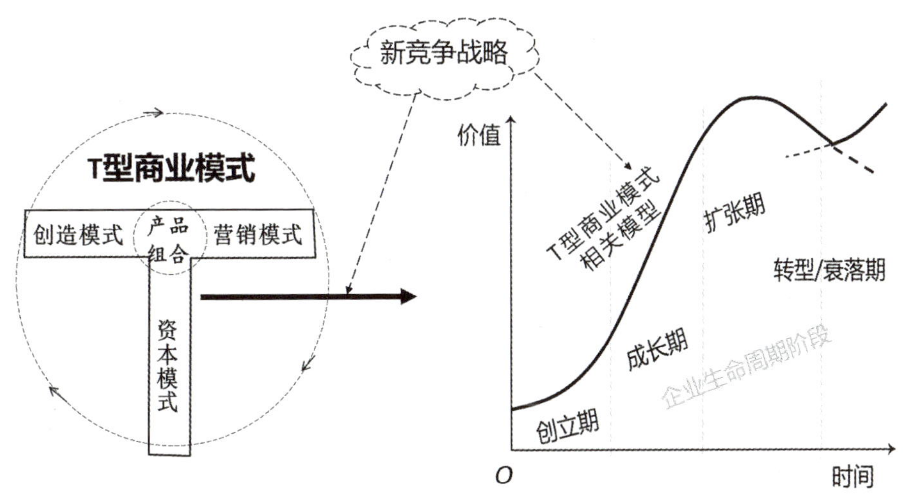

图 4-1-2 新竞争战略以商业模式为中心示意图
图表来源：李庆丰，“企业赢利系统”理论

竞争战略以商业模式为中心，要建立在一定时期内相对不变的商业模式基础上。根据公式“企业战略（竞争战略）=目标和愿景+外部环境+战略路径”，当外部环境在剧烈改变时，竞争战略要及时调整，从这个意义上说：商业模式“静如处子”，而竞争战略“动如脱兔”。

4.2 太极生两仪：五力合作模型与五力竞争模型

重点提示

※ 为什么腾讯这个“坏孩子”会遇上奇虎360那个“熊孩子”？

※ 如何让“开一家咖啡店”更靠谱?

※ 五力合作模型有什么实用价值?

彼时的腾讯是个“坏孩子”，只要市场上出现相关的好产品，它就直接抄袭其商业模式，说好听点也是模仿；利用自己的平台“恃强凌弱”，堵住中小公司的发展之路；拿着QQ带来的社交流量、多样化数据等，垄断不开放。外界对腾讯的评价是：“走自己的路，让别人无路可走。”

爱抄袭的腾讯，终于成了互联网公敌。2010年7月，《计算机世界》刊登了一篇题为《“狗日的”腾讯》的封面头条文章，文中把腾讯作为互联网公敌进行批判。

那一年，腾讯旗下的防盗号软件QQ医生增加了各种杀毒功能，后改名为QQ安全中心，不论界面还是业务领域都非常酷似奇虎360的杀毒。腾讯这个“坏孩子”历史必然性地遇上了奇虎360这个“熊孩子”。狭路相逢勇者胜?“3Q大战”爆发，奇虎360公司推出了欲置腾讯于死地的“扣扣保镖”新工具，宣称能“全面保护QQ用户的安全”，实际上“扣扣保镖”有两个极其可怕的后门：

（1）当用户选择点击“修复”之后，软件先是重装，随后QQ安全中心就会被360安全卫士替代。

（2）QQ用户的好友通讯录等被360安全卫士备份，直接转变成了奇虎360公司的用户数据。

“3Q大战”到达高潮后，由于相关利益方、调解方、政府的介入，双方各让一大步，很快结束了对峙。这次惨烈的大战让腾讯从封闭与竞争转向了开放与合作。2010年底，腾讯创始人马化腾对外宣布，公司进入为期半年的战略调整期，以“开放、分享”为原则实施企业转型。

2011年1月，腾讯宣布成立首期规模50亿元的产业共赢基金，重点投资那些与腾讯产业链相关的中小创业项目；接着，把原先封闭的公司内部资源，包括程序接口、社交组件、营销工具、QQ客户端等，开始向外部合作方逐渐开放。现在的腾讯，定位自己是一个连接器，广泛地向其他公司尤其是中小创新企业赋能。

通过这次战略转型，腾讯的市值从“3Q大战”时的3 300亿港元，到2017年8月——只用了6年时间，就大幅跃迁到了3万亿港元。

参考资料：张潇雨，得到案例课，腾讯：马化腾与周鸿祎的“相遇”

上述腾讯的战略转型，从竞争转向合作，企业获得了巨大的成长。传统的竞争战略更多强调竞争，而市场竞争在更多情况下是零和博弈，打击对手让自己获得成长。依赖激烈碰撞竞争形成的增长，又让企业形成路径依赖，将以“暴力喂养暴力”植入心智模式。像上述“彼时的腾讯”那样，如果四处树敌，致命的对手也会不期而遇。

中国的太极图启示我们，竞争与合作是一对矛盾，竞争中有合作，合作中也有竞争，两者是可以相互转化的。新竞争战略以商业模式为中心，而商业模式强调合作。从T型行业模式的全要素图（图3-5-1）可以看到：围绕产品组合，有企业所有者、合作伙伴、目标客户、支持体系（代表核心人才）、市场竞争者等五大类利益相关者。它们是竞争者，也是合作者。从商业模式的角度看，众人拾柴火焰高，它们都是合作者或更倾向于把竞争者转变为合作者。因此，为争取更多的合作或将竞争转变为合作，将上述企业所有者、合作伙伴、目标客户、核心人才、市场竞争者构建成一个分析模型，称之为五力合作模型。

合作的对立面是竞争。根据波特五力竞争模型，尤其在丰裕经济时代，现有竞争者、潜在竞争者、替代品竞争者越来越多；供应商努力争取自己的利益；而顾客到处比价，然后讨价还价。通常情况下，产业结构中的竞争力量很强大，而企业能够获得的合作力量很弱小。

左边是五力竞争模型，右边是五力合作模型，把它们放在一起，如图4-2-1所示，对我们分析企业的竞争与合作有什么启示？

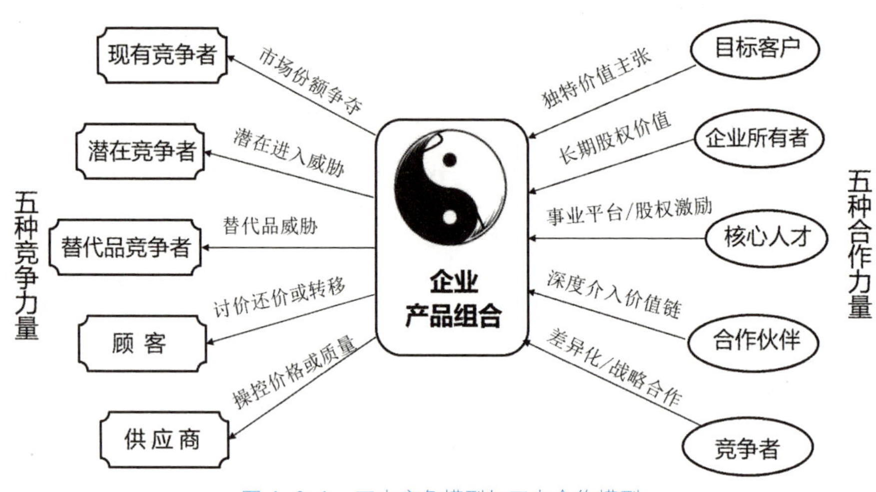

图 4-2-1　五力竞争模型与五力合作模型

图表来源：李庆丰，“企业赢利系统”理论

五力竞争模型是对产业结构中主要竞争力量的分析、归纳，而企业在实际中面对的竞争力量还会更多一些，例如：核心人才流失、企业所有者（股东）之间利益争执或分裂，都可能对企业发展构成威胁甚至致命打击。

五力竞争模型主要应用在企业对业务领域的选择与定位方面。具体使用上，企业在创立期寻求产品（或产品组合）定位，或其他生命周期阶段计划进入一个新业务领域、开发一个新产品时，基于拥有的能力和资源，应该用五力竞争模型对比性评估，察看产业结构中的现有竞争者、潜在进入者、替代品竞争者、供应商、顾客这五种竞争力量有什么特点、强度大小及减弱竞争的可能性。

例如，在被查出数据造假之前，瑞幸咖啡号称投入10亿元人民币补贴、只用18个月就实现了纳斯达克IPO上市，从而激发了一大批创业者和投资者再创新一个“互联网+咖啡”商业模式的创业投资热情。尤其对有海外背景的创业者或资本方而言，咖啡非常符合一个好创业或好投资的标准——容易理解、市场空间大、毛利率高，还容易规模化复制。并且，行业研究也给予了有力支撑：根据国际权威分析机构Frost & Sullivan（弗若斯特沙利文咨询公司）提供的数据，预计到2030年时，中国咖啡市场的规模将达到1 806亿元，年增长率将达25%。

似乎“互联网+”无所不能，但其真的可以所向披靡吗？“互联网+咖啡”能够形成的利润区，用波特五力竞争模型简要分析如下：咖啡是一个历史悠久的传统行业，现有竞争者如星巴克、Costa（咖世家）、雀巢等历史悠久、品牌力量强大、实力雄厚。潜在竞争者的进入门槛很低，例如，一个情怀满满的文艺青年，“瞬间”有个想法，就可以开一间属于自己的咖啡店。替代品竞争者太多了，像街道上星罗棋布的果汁店、奶茶店、茶餐厅售卖的饮料，超市卖的矿泉水、王老吉等各种饮料都是咖啡的替代品。上游的咖啡供应商相对比较强势，因为咖啡行业比较分散，很难统一起来对供应商讨价还价。顾客选择越来越多，生态位上比较强势，谁优惠力度大、免费赠券或补贴多，就去谁家消费。

笔者从事风险投资工作，遇到过很多在咖啡饮料、生鲜卖菜领域的创业团队，相当部分有“海归”背景。笔者曾经问多个有国外知名商科教育背景的创业者，他们都学习过五力竞争模型，还能随口说出其中的2～3个竞争力量。但是，为什么不用五力竞争模型分析一下自己的咖啡饮料或生鲜卖菜项目呢？他们说教授没有告诉怎么使用，在哪种场景下使用。国内是从国外引进的工商管理教育。只学会了教条的知识，不仅花了得不偿失的高昂的学费，而且常常是无益于实践的。如果五力竞争模型用错了场景，例如：在企业经营过程中，与现有竞争者频繁搞价格战、欺凌供应商、以次充好坑蒙顾客等，那么学习这些工具模型反而就是有害的。

波特发明五力竞争模型的本意，并不是为竞争提供“武器”，而是协助企业认清面对的竞争困境，促进产品差异化，以避开竞争。殊途同归，为了与时俱进、更上一层楼，笔者提出五力合作模型。五力合作模型主要应用在以下两种经营场景：

（1）在新进入一个业务领域，进行商业模式或产品定位时，企业先用五力竞争模型、行业研究方法评估，然后再用五力合作模型分析如下问题：如何消解五种竞争力量？哪些竞争力量可以转变为合作力量？如何挖掘或吸引更多的合作力量？中长期经营期间是合作多于竞争，还是竞争多于合作？等等。

（2）在贯彻新竞争战略，制订与执行战略规划时，结合企业生命周期各阶段，企业应当如何聚合五种合作力量？根据五力合作模型，在经营过程中，企业应尽力将各种竞争力量逐渐转化为合作力量，正如小米创始人雷军所说，“把朋友搞得多多的，把敌人搞得少少的。”

如图4-2-1所示，由于新旧竞争战略的术语体系不一样，五力竞争模型与五力合作模型的构成要素之间并不是一一对应的关系。五力竞争模型中的顾客等同于五力合作模型中的目标客户；供应商类似于五力合作模型中的合作伙伴；同业竞争者、潜在竞争者、替代品竞争者，在五力合作模型中统称为市场竞争者。五力合作模型额外增加的两个合作力量分别是企业所有者与核心人才。

这里的企业所有者是指企业的全体股东，尤其指那些有优质协作资源可以支持企业发展的股东。都说“21世纪最贵的是人才”，核心人才对于企业成败的作用同样不仅不可小觑，应该将其放在战略高度看待。所以，在五力合作模型中，把核心人才、企业所有者都列为重要的合作力量之一。

合作必须有共赢的思维，应用五力合作模型也不例外。对于企业而言，通过减弱五种力量的竞争并不断加强彼此之间的合作，发挥“1+1 > 2”的协同效应，在于持续构建产品创新优势，创造更多的顾客。对于五种力量来说，它们要从与企业合作中获得价值增加，所以对它们而言，企业要能提供独特价值吸引。企业应用五力合作模型，应该聚焦于找到彼此的“最大公约数”，从而将彼此利益统一起来。

企业与目标客户之间，利益本来就是统一的。产品创新优势越大，越能满足目标客户的需求，企业独特价值吸引必然越大，目标客户就更愿意合作。更多合作意味着目标客户的讨价还价能力减弱，更愿意选择企业的产品及协助口碑传播。

企业与合作伙伴彼此应该形成利益共同体，共同构建产品创新优势。对于合作伙伴来说，企业带来的独特价值吸引的基本层面是合理利润率、及时付款、供应商认证等；高级层面的合作及价值吸引是投资入股、建立协作研发或资金互助平台、导入管理体系等。

企业所有者（股东）更看重企业的未来可持续发展，这也是企业能为他们带来的独特价值吸引。企业争取股东的合作或协助，应该围绕长期利益展开。有句话说得有道理：“现在分蛋糕，不如把蛋糕做大！”

核心人才属于企业的智力资本。但是，企业与核心人才友好合作并不容易，不确定性比较大。实施股权激励、合伙人分享制、创建优秀文化及分配机制、提供优厚的薪资待遇、协助搭建事业平台等，都可以成为企业与核心人才合作的独特价值吸引。

企业与竞争者之间的实质性合作确实很难，也许重点应该放在如何减弱相互之间的竞争，例如：对产品组合差异化创新，就是为了避开市场竞争者。如条件允许，彼此还可以寻求在投资持股、开拓新市场、专利互换等方面的合作机会。

新竞争战略以商业模式为中心，通过五力合作模型，将企业的利益相关者尽量连接在一起，聚焦于彼此协同发展。在书籍《商业模式与战略共舞》3.5节，详细地介绍了法士特集团实际应用五力合作模型的案例。通过减弱“五力竞争”，增加“五力合作”，法士特从原来的资不抵债，后来成为重型汽车变速器行业的全球领导企业，产品市场占有率连续14年稳居世界第一。

4.3 战略学派百家争鸣，如何扎根到企业经营场景中？

重点提示

※ “战略是一种计划”对我们有什么启发意义？

※ 为什么说“战略是一门手艺”？

※ 诸多战略理论与经营实践严重脱节的原因有哪些？

※ 如何让自己更有战略观念？

在1911年12月之前，还没有人到达过南极点。所以，那时人类探险家最想去的地方之一，就是南极点。

南极点是在地球的最南端，南纬90度的地方。探险者从南纬82度开始，到了南极点还要顺利回去，行程有2 200多千米。那时，有两个竞争团队做好了去往南极点的准备：一个是来自挪威的阿蒙森团队，另一个是来自英国的斯科特团队。他们都想率先到达南极点，完成这个“首次”的人类创举。

这是一个有趣的比较，一个是阿蒙森团队，总共5个人；一个是斯科特团队，17个人。凭你的感觉，大家猜谁最后赢了？

这两支团队的出发时间差不多。1911年10月初，他们都在南极圈的外围做好了出发的准备。最终结果却是这样的：阿蒙森团队在两个多月后，也就是1911年12月15日，率先到达了南极点，插上了挪威国旗；而斯科特团队虽然出发时间差不多，而且人数还更多一些，可是他们晚到了一个多月。这意味着什么？没有人会记住第二名，大家只知道第一名。

故事并没有这么简单！他们不仅要到南极点，而且要活着回去。阿蒙森团队率先到达南极点之后，他们又顺利地返回到原来的基地。斯科特团队晚到了，不仅没有获得荣誉，而且更糟糕的是，他们错过了返程的最佳时间段，途中遭遇了恶劣的天气。最后，他们没有一个人生还，全军覆没。

事后有人专门研究了这两支探险队的日志，从中发现了显著的区别。虽然阿蒙森团队人少，但是物资准备非常充分，多达三吨的物资。斯科特团队的人数是对方的三倍多，但是只准备了一吨的物资。

一吨的物资够吗？如果他们在探险过程中不犯任何错的话，可能刚好够。而阿蒙森团队准备了三吨的物资，有一个极大的冗余量。他们充分预想到南极探险将面对环境恶劣、境遇复杂、路径变更等各种挑战，所以做好了充足的准备。

另一方面，阿蒙森团队努力做到：不论天气好坏，每天坚持前进30千米。在一个极限环境里面，他们能做到更好，可持续地更好。相反，从斯科特团队的日志来看，这是一个有些随心所欲的团队，天气很好就多走一些路，当天气不好时，他们就睡在帐篷里，多吃点东西，诅咒恶劣的天气……

参考资料：美团创始人王兴在公司创办两周年时的内部演讲

战略就是一种计划，计划决定成败。案例中的阿蒙森探险队，无论是出发前做好充分的物资准备，还是探险途中每天坚持前进30千米，都属于制订与执行计划的优秀表现。

在田忌赛马的故事中，田忌听了孙膑的建议：以下等马对上等马，以中等马对下等马，以上等马对中等马。马还是那些马，只是调换了顺序，田忌就扭转了原来的劣势，赢了齐王，获得了赛马的冠军。所谓“运筹帷幄之中，决胜千里之外”，表达的意思是：在小小的军帐之内做出正确的部署，决定了千里之外战场上的胜利。先是中国古代的运筹帷幄，后来就有了现代世界的运筹学。中国数学家华罗庚的“沏茶问题”

出现在了小学课本中，教给中国小学生从小要有运筹学思维：沏茶包括洗水壶、烧水、洗茶壶、洗茶杯、拿茶叶、泡茶等六项耗用时间的必备工作。通过运筹学思维，将这六项工作以“串联、并联”不同方式组合，就会形成若干个不同流程、总耗时也不同的解决方案。通过比较，我们可以从中找出耗时最少的那个方案。

田忌赛马的故事告诉我们，具备计划思维可以更好地娱乐；“沏茶问题”启发我们，生活中的各项活动都离不开计划。战略就是一种计划，通常称为战略规划，在经营企业中自始至终存在。有些创业者说是听马云说的，创业小公司不需要战略，战略是大公司的事。马云最擅长迷惑“敌人”，早期的阿里巴巴主要是蔡崇信负责战略，后来曾鸣是首席战略官。创业小公司都要经历九死一生，像案例两个团队南极探险的故事，在创业企业中几乎每天都可能发生。

关于战略规划的作用，各种教科书上已经说得很明白，这里略作提示：①战略规划中有对外部环境的剖析，可以协助经管团队发现机会、避开陷阱。②战略规划中阐述了共同的目标和愿景，为全体人员指明了奋斗方向，增强企业的向心力和凝聚力。③战略规划中的战略路径及策略方案，可以减少管理人员工作中的盲目和徘徊，有利于改进效率和提升工作质量。④战略规划是在企业赢利系统框架下形成的，以商业模式为中心，兼顾管理体系、企业文化等内容，有利于配置资源、优化组织、提升士气及提高运营水平等。⑤战略规划代表着经管团队的可持续经营观念，将企业的过去、现在及未来有机地连贯在一起。

美国管理学家孔茨及韦里克从抽象到具体，把计划划分为：使命、目标、战略、政策、程序、规则、方案以及预算等层次或范围。也就是说，战略（或战略规划）是计划的一种形式。实践中，凡是战略都应该有一个目标，战略也是一种方案，有一个过程或程序，并符合一些规则，也有明确的预算等。这说明，战略计划的内容是丰富多彩的，已经延展到了计划的多个层次与范围。

1987年，加拿大管理学家明茨伯格就提出了战略5P理论，即战略包括五个方面的内容：战略是一项计划（Plan）、一种对策（Ploy）、一种定位（Position）、一种模式（Pattern）、一种观念（Perspective）。《商业模式与战略共舞》第1章有具体说明，战略5P中的其中2P——定位、模式，应该属于商业模式的主要内容。

战略5P中剩余的3P——计划、对策、观念，可以再收敛成1P，这1P就是战略规划。战略规划中包含了计划、对策、观念三部分内容。战略规划中有计划的内容，这是它的计划属性决定的；有对策的内容，这是应对外部环境变化及竞争挑战所必需的；有观念的内容，这是经管团队参与战略规划的制订与实施而必然植入思维与认知的。

早在20世纪后半叶，战略就有设计学派、计划学派、定位学派、结构学派等十大学派。至今，中外学者又对战略进行了成百上千的裂变式创新。这实在是太发散了，随机式蔓延让战略流变成为一个理论家自说自话的混沌理论。“百家争鸣”在文化艺术领域值得提倡，但是在战略创新方面至多谨慎鼓励。战略决定一个组织的生死，这么多战略学派及其衍生的裂变学说都给出了不同的“药方”，最终会让战略实践者无所适从。

当依据“还原论”不断将战略过度细分、切割的时候，代表整合与统一的“系统论”就应该登场了。以上各种战略学派及其后续的裂变与创新，要么归商业模式，要么归战略规划，要么就无家可归。战略规划就是企业等组织实践应用战略理论的一道“关隘”。如果一个创新的战略理论分支，不能在战略规划中找到自己的位置，那么这个战略理论就不应该称为“战略”。

新竞争战略有五个显著特色，之前讲了“①以商业模式为中心”及“②将竞争转变为合作”，本节前文谈及的内容就是“③将百家战略学派或战略杂谈收敛到战略规划”。尽管战略规划中要容纳诸多战略理论，但它不是“纸上谈兵”，而是一项重要的企业实践活动，所以应该将战略规划落实到企业经营场景。这恰是新竞争战略的第四个特色：④将战略理论落实到企业经营场景。

有人会将“把战略理论落实到企业经营场景”，看成是经验学者的一贯做派。也有人批判德鲁克的理论全是经验归纳，结构逻辑不严谨或不符合学术规范。德鲁克自己说：“我创建了管理这门学科，管理学科是把管理当作一门真正的综合艺术。”理论界及企业界普遍认为，德鲁克是“企业存在目的、事业理论、目标管理、自我管理、客户导向的营销、企业文化、知识工作者、业绩考核”等管理理念或理论的开创者，后人得以在此基础上共同建造管理学的理论大厦。

我们的社会是一个复杂巨大的系统。企业是社会的“细胞”，是一个需要与外部环境频繁互动并处在非平衡态的耗散结构系统。**在这个耗散结构系统中，外部环境多变，具有不确定性，人性是复杂的，利益相关主体各具个性化。所以，战略规划要预测未来，给出指导方案，必然要有科学性的一面，更要有艺术性的一面。**华为集团移动解决方案的前总裁张继立说：“战略规划是门艺术，战略管理才是科学。”明茨伯格认为，“战略是一门手艺”。如果一些战略理论工作者，依然闭门造车搞研究，过分强调战略理论创新的精密严谨性或适用于内部循环的学术套路，仅适用于获得文凭、晋级职业或申报项目等特定场景。如果这些理论创新被用以指导企业实践，极有可能出现让企业“熵增”的后果。

熵用来度量系统的混乱程度，熵增就是让系统变得更混乱。有个儿童故事是这样的：小猫在河边钓鱼，小兔子在萝卜地看书。一年一年过去了，小猫钓鱼遇到了瓶颈，就向萝卜地的小兔子求教。小兔子自信满满地说：“你的鱼饵老化了，唯一不变的是变化！因此，你需要将鱼饵换成小萝卜头。”

企业经营实践者很清楚，不能把以上战略知识堆砌或适用于学术体系内部循环的战略理论创新直接用以指导企业实践，所以把“④将战略理论落实到企业经营场景”是一项艰巨的任务。实际上，理论用于实践的顺序是这样的，战略理论要能在企业战略规划中找到自己的位置，战略规划应该落实到企业经营场景。

新竞争战略（企业战略）与战略理论两者在战略规划这儿“会师”了，如图4-3-1所示。可以用拟人化的手法将其描述为：战略规划开始负责新竞争战略的实施，将新竞争战略的目标和愿景、外部环境、战略路径作为自己的核心主题及内容。战略规划应该主要落实到企业中的三大经营场景：①年度计划场景；②竞争对策场景；③战略观念场景。从文艺的角度讲，场景就是故事现场；从商业的角度讲，场景就是需求现场。

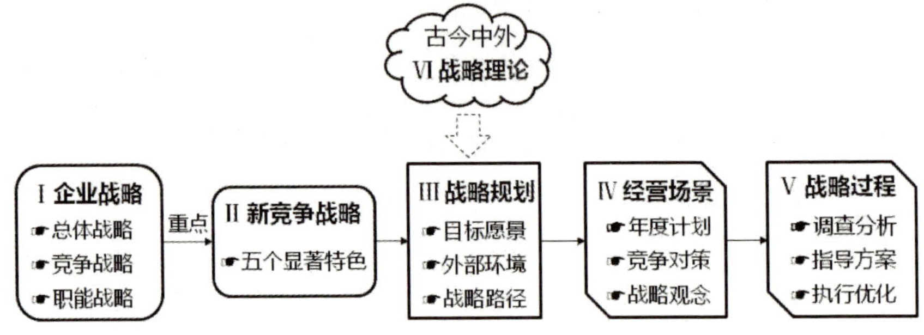

图 4-3-1　企业战略落地的六步思考框架

图表来源：李庆丰，“企业赢利系统”理论

（1）年度计划场景。年度计划可以指一项企业经营管理活动，也可以指一套指导企业经营管理的文件。这里所说的年度计划指前者。年度计划是连接战略规划和年度运营预算的桥梁，年度计划活动根据企业的中长期战略规划展开。年度计划通常每年一次，同时也要制订或修订企业的战略规划。有的企业每五年搞一次战略规划活动；有的企业每年都会开一下战略研讨会，重新思考企业战略。无论怎样做，它们都是有战略的企业。年度计划场景是一个例行活动，将战略规划放在这个场景落地，体现了战略规划贯通过去、现在和未来并保持持续更新的例行特色。战略规划为企业指明了前进的方向，像茫茫大海中的导航仪一样重要。**实践中，95%以上的企业没有例行的战略规划活动。对比而言，95%以上的企业高管读过MBA、EMBA、总裁班等。**学者们讲起来，这个定律、那个效应、大师经典、诸多知识模块、揭秘理论背景、哈佛大学案例课……听起来高大上，而学员们的实践应用依旧停留在比较低端的层次。管理学正在通过移动互联网等各种渠道向企业经营者乃至普通民众普及，但是管理学在企业中的应用继续停留在讲营销故事、案例模仿及碎片化知识楔入的层次。

理论传授及创新离不开实践，实践者更离不开理论指导，这是鱼和水的关系。知己不足而后进，望山远岐而前行。学者们也开始注重实践，有的驻厂调查研究，有的兼职经营管理角色，也有的开始参与创业。企业高管中层不能叶公好龙，更不能矮子看戏，为了混圈子、拿文凭而学习。学习管理学不仅是为了降低知识焦虑、发个“与谁同框”的朋友圈，更应该为了解决企业的实际问题，尤其是战略方向问题。只有理论者与实践者相向而行，缩短理论与实践之间的鸿沟，才有希望实现这样一个“小目标”：在广大企业中，有例行战略规划的企业占比达到三分之一以上。

（2）竞争对策场景。竞争对策场景，是指企业如何面对突发战略问题这个经营场景，属于非例行的战略规划落地场景。企业面对的突发战略问题，大部分是源于利益相关者的冲突对抗、自身经营错误，少部分是由于外部环境突变，例如：新冠疫情对线下服务业的巨大冲击。外部环境突变往往影响一大批行业或企业，有一定的平等性和普遍性。

企业的目标客户、供应商、股东、各类竞争者、关键人才等利益相关者，在交易中都试图获得更多利益，发生利益碰撞在所难免。所以，这其中突发战略问题较多。例如：竞争者发起价格战（特斯拉电动车降价）、潜在竞争者跨界侵入企业利润区（美团与滴滴出行的网约车之战）、替代品竞争者暴力入侵（“3Q大战”）、供应商“断供”（美国封锁华为）、目标客户集体抵制厂商（席卷白酒行业的“塑化剂事件”）、核心人才出现问题（日产前董事长戈恩“跨国逃亡”）等。

由于企业自身犯错而招致的突发重大战略问题也在增多。例如，由于领导人风控能力薄弱、投机欲望强烈，导致资金链断裂的企业，总是周期性大量出现。奶粉中检出三聚氰胺，导致消费者集体性、长期性抛弃整个行业。瑞信咖啡营业收入数据造假，招来纳斯达克的退市通知及中国证监会的强烈谴责等。

在经营过程中遇到突发重大战略问题，即竞争对策场景，企业必须立即面对，成立战略专案小组，从战略规划的三个方面——目标和愿景、外部环境和战略路径结构化分析探索，尽快形成可行的解决方案。非例行战略规划问题也会被归入后续的例行战略规划中，以期望“一劳永逸”地降低这些突发战略问题带来的后续影响。

（3）战略观念场景。战略观念场景是指企业战略规划要在经管团队的头脑中落地。这是相当难的一个“系统工程”。有些企业在咨询公司协助下，搞过一次战略规划，后来就束之高阁了，然后继续随机漫步式经营。有些企业将战略规划蜕变成了年度绩效预算，把提升工作效率、促进销售增长、加强绩效考核等当成了战略规划的主要内容。这些还算有些战略意识的企业，更多企业压根儿就没有搞过战略规划，从哪里来的战略观念？在经管团队中植入战略观念是比较难的一件事，就像猫咬刺猬——无从下口。老一代企业家将擅长抓住短缺经济中的发展机遇自称为有战略观念，新一代经管管理者希望通过碎片化学习培养自己的战略观念。大部分教科书是古今中外相关知识的集成，比较有顺序地将碎片化的知识集成汇总，与实践需求之间有一条不窄的鸿沟。所以通过战略教科书学习，并不必然能够培养读书者、研究者、学习者的战略观念。即便这样，考文凭、搞研究时人们才学习教科书，其他情况大家更喜欢阅读快餐式、标题党式头条或公众号文章。

所谓批判性思维，并不是找出一些错误或漏洞，然后将问题放大；也不是那些把“讲科学”挂在嘴上的教条主义者，吹毛求疵地批判别人的创新成果。批判性思维应该是先解构、分析透、再建构，要给出一些有益建议及可供参考的解决方案。

那么，经管团队应该如何培育自己的战略观念？可以通过“企业战略落地的六步思考框架”入手，如图4-3-1所示。

（1）企业战略。企业战略分为三个层次：总体战略、竞争战略和职能战略。企业依靠竞争战略做好了、壮大了，才更需要总体战略；职能战略通常是为竞争战略提供支持及服务的。所以，企业战略的重点是竞争战略。

（2）新竞争战略。以T型商业模式及企业赢利系统理论为支撑，笔者把升级后的竞争战略叫作“新竞争战略”。新竞争战略是指在一个商业模式范围内，根据外部环境的机遇与挑战，通过减弱“五力竞争”及增加“五力合作”的一系列措施、手段及路径，奠定本企业产品（或产品组合）在市场上的特定地位并维持这一地位的战略。

新竞争战略有三大重点内容：目标和愿景、外部环境、战略路径。新竞争战略有五个显著特色，分别是：①以商业模式为中心；②将竞争转变为合作；③将百家战略学派或杂谈收敛到战略规划；④将战略理论落实到企业经营场景；⑤将DPO战略过程模型应用到战略制订与执行中。

（3）战略规划。战略规划既是战略实践的“先锋官”，也是战略理论的“代理人”。图4-3-1中，新竞争战略与战略理论两者在战略规划这儿“会师”。一方面，战略规划及后续的经营场景、战略过程承担着新竞争战略的具体实施，将新竞争战略的目标和愿景、外部环境、战略路径作为自己的核心主题及内容；另一方面，古今中外的战略理论通过战略规划而应用落实到企业经营场景。

（4）经营场景。场景就是需求现场。将战略理论“搬运”到企业经营需求现场，匹配到战略规划中，才能真正开始落地。搞战略创新的专家学者实际上是战略理论的供应方，企业经营现场才是目标客户。以客户为中心，不是以更多“库存”为中心。战略理论不能应用到经营场景，存放到哪里、拷贝到哪里，都占用人类的大脑“库存”。前文已经阐述，战略规划主要落实到企业中的三大经营场景：①年度计划；②竞争对策；③战略观念。

（5）战略过程。为战略规划找到了落地场景，而具体的制订实施还需要一个流程，称为战略过程，在下一节将专门进行阐述。教科书讲战略过程内容繁多，有的称为七大步骤，有的分为九个阶段，还有战略过程十六步法等。实际上企业实践者日常事务比较忙，要求理论简单易用，预留接口能够根据实际需要扩展就行了。在新竞争战略中，战略过程就三个步骤：调查分析、指导方案、执行优化。

（6）战略理论。如上文所述，战略理论与企业的主要接口在战略规划，服务于上述五个步骤。

在图4-3-1中，企业战略、战略规划、指导方案三个概念，有含义相同或相似之处，也有明显的应用区别。企业战略是一个综合性说法，大部分企业的竞争战略就是企业战略。战略规划面向未来，理论联系实践，在年度计划场景、竞争对策场景、经管团队的观念场景中落地。指导方案是指制订好、形成文件的战略规划。

“挽弓当挽强，用箭当用长。射人先射马，擒贼先擒王。”这是中国唐代诗人杜甫诗作中的一个片段。这是一首军事题材的诗歌，说明了核心与外围的关系。对应杜甫诗歌的启发，经管团队培育自己的战略观念，以上“企业战略落地的六步思考框架”是需要掌握的核心内容。

4.4 “好战略”如何产生？战略过程DPO模型

重点提示

※ 为什么要先剖析商业模式，再进行外部环境分析？

※ 为什么说调查分析是一个“中心→发散→收敛”的过程？

※ 为什么说《隆中对》是一个战略指导方案？

※ 为何一些战略教科书中绝大部分内容脱离实际？

※ 有没有所谓的东方战略、西方战略之分？

在新竞争战略中，战略过程可分为三大步骤：调查分析、指导方案、执行优化。为表达方便，将其称为战略过程DPO模型。DPO分别是Diagnosis（调查分析）、Plans（指导方案）、Optimizing（执行优化）的首字母。

书籍《好战略，坏战略》中说，一个好战略必备三个核心要素包括：调查分析、指导方针和连贯性活动。无论从形式还是具体内容上，笔者提出的“战略过程DPO模型”与《好战略，坏战略》中的相关表述都有明显不同。

4.4.1 调查分析

阿曼德·哈默是一位出生在美国的犹太人后裔，由于善于调查分析、捕捉商机，在多个领域经营成功，被后人称为“幸运之神”。1931年，正值美国第32届总统大选拉开了帷幕。经过调研分析，哈默认为：罗斯福将在选举中获胜。哈默知道，罗斯福嗜酒如命，他如果当了总统，美国1920年所公布的“禁酒令”就会被废止。一旦“禁酒令”被废止，各种酒类的生产量将会大幅提升，其中威士忌会最受欢迎，而威士忌需要专用白橡木桶来进行贮存、运输。哈默知道，俄国的白橡木产量很大。于是，他很快打通进货渠道，在新泽西州建立了一个现代化的酒桶加工厂，取名为“哈默酒桶厂”。当他的酒桶厂建好时，恰好罗斯福胜出。任美国总统不久后，罗斯福就废止了“禁酒令”。这时候，威士忌酒厂一窝蜂上马，产量直线上升，需要大量酒桶。但是，由于白橡木原料需要从国外进口，历时周期长，还有一定的渠道限制，所以能大批量生产酒桶的只有哈默酒桶厂。

为什么哈默可以料事如神？因为他擅长调研分析。就拿罗斯福将会废止“禁酒令”这事来说，经过调研，哈默是这样分析的：当时全球经济大萧条，美国陷入严重的经济危机，罗斯福当选后必然要通过扩大内需来拉动经济。罗斯福是一个好酒的人，也是一个很张扬的人，他不会顾虑因个人喜好废止一部法律而招致的非议……是否上马这个酒桶厂，哈默进行了宏观形势、行业竞争、市场需求、决策者的心智模式及领导风格、自身资源的优劣势等多维因素分析。

参考资料：赖伟民，《战略是站在未来看现在》

面对机遇或问题，哈默总要进行一番调研分析，所以他不是简单“拍脑袋”决策的。机遇来时，“拍脑袋”决策可以取得偶然的成功，但很多情况下机遇伴随风险而来；更多情况是，机遇没来，但问题和风险如期而至。经管团队应该向哈默学习，勤于调查分析，减少想当然的决策。

如何进行调查分析？它是一个“中心→发散→收敛”的过程。根据新竞争战略以商业模式为中心，调查分析起源于商业模式中的产品组合，然后从三端分析（目标客户、合作伙伴、企业所有者）发散到战略环境分析（微观、中观、宏观），再收敛到聚合五点，最后形成逐步的指导方案，如图4-4-1所示。

（1）产品组合。产品组合是商业模式第一问的答案所在，关乎商业模式成败。产品组合分析的重点是“价值主张、赢利机制、产品组合”三位一体所存在的问题及如何改善、优化与提升。

（2）三端分析。三端分析的重点是分析产品组合的重要利益相关者——目标客户、合作伙伴、企业所有者，如何提升他们的合作力量及降低他们的竞争力量等。

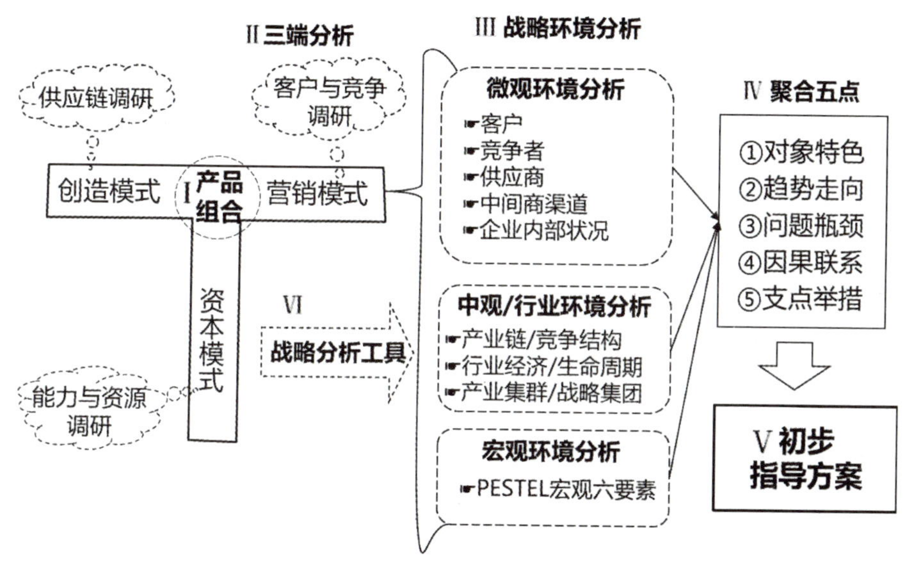

图 4-4-1 调查分析的逻辑及内容分散与聚合示意图
图表来源：李庆丰，“企业赢利系统”理论

（3）战略环境分析。战略环境包括企业所面对的微观环境、中观环境及宏观环境。几乎所有的战略教科书都有这方面的详细内容，此处不再重复展开。与三端分析有所区别的是，此处的客户、供应商等已经扩大到所在的整个群体。

（4）聚合五点。前面三部分的分析是一个由点到面扩散的过程。为了获得调查分析所需要的结果，必须逆向操作，即由面到点，将扩散后的内容进行收敛。如何收敛？这就要参考图示的聚合五点。其中的对象特色是指企业自身及与企业密切相关的利益主体，具有哪些影响战略发展的特别之处；趋势走向是对战略相关因素未来走势的判断与预测；问题瓶颈是指企业自身存在的主要问题或瓶颈；因果联系是指重大影响要素与企业经营之间的因果传递链条；支点举措是企业要解决问题瓶颈，实现目标和愿景等要采取的策略、手段及寻找的杠杆支点等。以上聚合五点仅是一个参考模板，具体实践中针对不同的调查分析主题，聚合五点的内容可以增减更改。

（5）初步指导方案。调查分析的结果是获得一个初步的战略指导方案。

（6）战略分析工具。至今已经有五力竞争模型、SWOT分析、波士顿矩阵、安索夫矩阵、五力合作模型、PESTEL宏观分析模型、三端定位模型、战略地图、价值网模型等近百种可以用于调查分析的战略分析工具。

在参考图4-4-1所示的逻辑及内容进行调查分析时，应该注意以下四点：

（1）调查分析要紧贴商业模式，以微观因素为主（80%），中观次之（15%），宏观简略（5%）。这一点与通常的说法有所不同。战略教科书通常是引进继承、分割组合、结合本土案例的产物，有点像存放知识却远离实践的“空中楼阁”。其中宏观环境分析通常放在书籍第1章，不仅是重点，而且占用篇幅过大。巴菲特在致股东的信中说：“建立宏观观点或是听其他人大谈宏观或市场预期，都纯属浪费时间。”在中国，各种宏观经济研讨会、主题演讲、文章观点等非常受欢迎，似乎每人都希望从中发现一些自己能独享的机遇。经营现实是“打脸的”！如果经管团队成员大量时间耗费在追随与谈论宏观经济热点方面，那么自己的“企业之田”通常是荒芜的。

（2）图4-4-1所示的是调查分析的“全体场景”。在实际应用中，

需要根据战略指导方案的层次有针对性地删减或增加。例如，企业的五年战略规划或年度战略计划，可以参照图4-4-1的内容及思路，而竞争对策场景下的调查分析就要以问题为导向，图4-4-1的逻辑及内容只能是一个辅助参考。如2018年初，美团公司上马网约车项目，直捣滴滴出行的核心利润区。对于滴滴出行来说，这就是一个典型的竞争对策场景。如何调查分析、制订战略指导方案？这时，把重点放在宏观PESTEL六要素，不但于事无补，还可能动摇军心、贻误战机。正确的做法是以商业模式为中心，知彼知己、知彼解己。例如：营销模式上，对方采取什么手段、重点占领了哪些细分市场；创造模式方面，对方服务上有哪些优势与劣势，如何通过技术改进自己的产品体验；资本模式方面，对方的现金储备如何，自身有哪些可以利用的融资手段补充资金等。

（3）调查分析的重点是预测趋势。马云说，多数人“看见而相信”，少数人“相信而看见”。笔者认为，“相信”不是空洞的迷信，而是指付出努力，坚持调查分析、不断探索与尝试，让事实、证据、逻辑说话，预测出未来趋势。通过调查分析、预测趋势，企业遇到“灰犀牛”或“黑天鹅”等重大危机发生时，可以通过“反脆弱”先人一步克服困境乃至能够从危机中获得收益。例如：早在2019年12月，稳健医疗就通过收集情报，调查分析，对新冠疫情做出预判，大幅提高口罩、防护服的产能。

（4）以问题为导向开展调查分析，遵循基本逻辑过程，得出初步的指导方案，如图4-4-2所示。无论哪一层级的战略指导方案，都是从提出问题开始的。例如，一个企业的长期战略规划离不开德鲁克经典三问（见本书章节1.1）。也有专家说，一个科学的战略规划必须能够反应“战略四步曲”，即我在哪里、我将往何方、我如何去、如何走好。如图4-4-2所示，把问题描述清楚后，通过调查分析，找到根本原因或影响要素——这里称为动因。依据动因，在结合调查分析的聚合五点、目标和愿景等，设计构建出初步的指导方案。此图中也包含了What-How-Why西蒙黄金圈法则的创新应用，希望让大家有一石二鸟的收获。

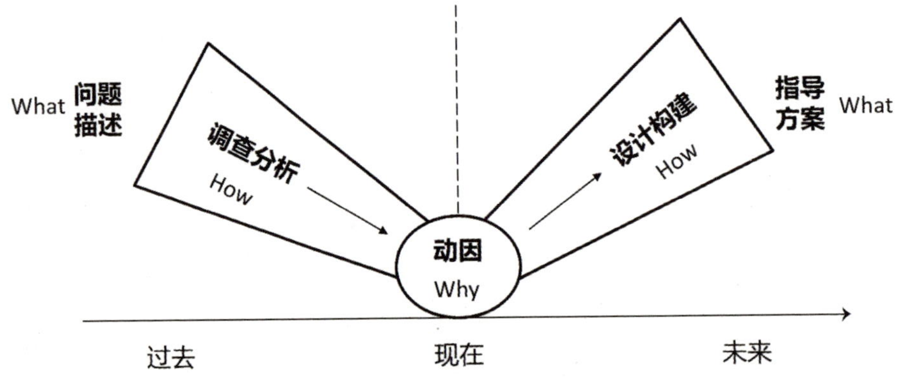

图 4-4-2　问题—方案原理示意图
图表来源：李庆丰，“企业赢利系统”理论

4.4.2 指导方案

通过调查分析获得了初步的指导方案后，再经过改善优化，直至形成正式的战略指导方案。概括来说，企业的战略指导方案大致有五个层次：愿景级长期指导方案、五年中期指导方案、年度计划指导方案、重大专题指导方案、竞争对策指导方案。

（1）愿景级长期指导方案。企业的终极奋斗目标或非常长期（20年以上）的奋斗目标，叫作愿景。从量变到质变，战略目标不能定量化表达时，就到了愿景的“管辖”范围。愿景通常只有1～2句话，为避免空洞，应该有一个辅助的指导方案。例如，华为于1997年之前就提出了公司愿景——成为世界一流的通信设备供应商。随之配套有《华为基本法》作为愿景指导方案。再如，亚马逊的愿景——成为全球最以客户为中心的公司，使得客户能够在线查找和发现任何东西。配套的指导方案有如下举措：产品组合中涌现多重飞轮效应，关注自由现金流而非利润，坚持客户至上（无限选择、最低价格、快速配送），信奉长期主义等。反观一些“逗你玩”式的企业愿景，参加一次以励志、定位为主题的学习，老板们相互之间一激动——实际是被营销了，就获得了企业愿景——成为××行业领导者等。这些愿景没有调查分析，缺乏配套的指导方案，所以是空洞苍白的。

（2）五年中期指导方案。前文讲到，广义的战略规划是指面向未来的企业战略，而狭义的战略规划通常是指五年期的战略指导方案。在私募股权融资或IPO上市时，企业在商业计划书或招股书中通常会有一个五年战略规划。五年战略规划涉及内容较多，各家企业相应内容精彩纷呈，但必然是以商业模式为中心的。诸位读者有兴趣的话可以登录上海证券交易所或深圳证券交易所网站，免费下载、参阅一些申请IPO公司的招股书。

（3）年度计划指导方案。与企业年度计划相关的战略指导方案，脱胎于企业五年战略规划，并有所更新以实现与时俱进。很多企业没有五年战略规划，它们通常在年度计划中有战略指导方案的内容，并且每年继承性持续更新。除了下一年市场及财务目标外，还要在年底计划指导方案中说明营业收入及利润增长的支撑逻辑，重点开展哪些战略主题或者叫作“××年度三件大事，十件小事”等。

（4）重大专题指导方案。这类似于企业职能战略。有所区别的是，重大专题战略常常跨年度、耗费资源多，对未来影响大，塑造企业长期竞争优势。例如：一些公司搞的工业4.0战略，或者数字化战略。

（5）竞争对策指导方案。上一节详细讲到竞争对策场景。当企业面对突发重大战略问题时，就要尽快有一个竞争对策指导方案。这种场景类似于战争对抗场景，可以参照一些商战案例、《孙子兵法》等制订指导方案。在竞争对策指导方案中，通常以自身商业模式的优势来应对挑战方的劣势，并聚集充足资源进行饱和打击，以取得决定性胜利。

战略过程包括调查分析、指导方案、执行优化三大步骤，如图4-4-3所示。企业应该有五个层次的战略指导方案。即使化繁为简，一个企业至少要有年度计划指导方案、竞争对策指导方案。指导方案就是制订好的、成文的战略规划，与企业战略的构成公式保持一致，即指导方案=目标和愿景+外部环境+战略路径。

一个企业的目标和愿景通常包括：愿景、五年目标、年度目标及年度目标的展开。除此以外，还有人用到“战略意图”，它属于目标和愿景吗？这个要视战略执行的难度而定，战略意图为3～10年的战略目标，可以再附加一些战略描述或简要指导方案。

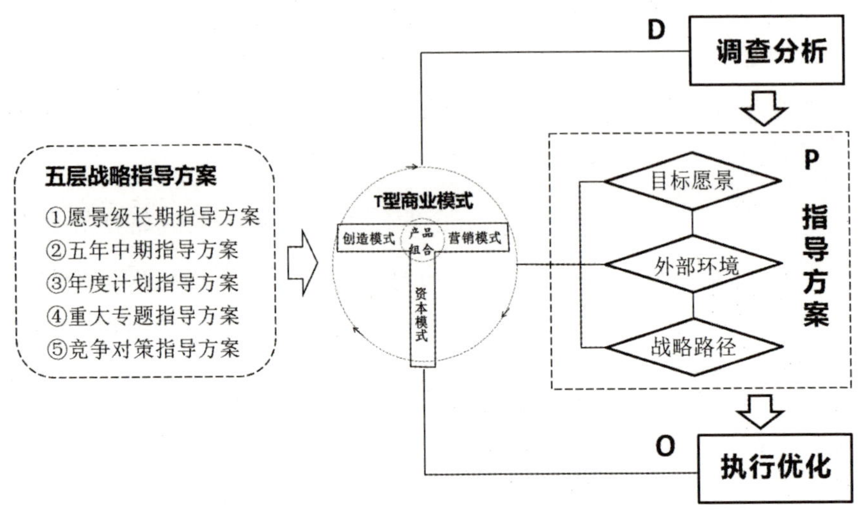

图 4-4-3　战略过程 DPO 模型 / 五层战略指导方案示意图
图表来源：李庆丰，“企业赢利系统”理论

指导方案中应该阐述通过调查分析而总结得来的外部环境概要。这样可以说明两点：第一，由于这样的外部环境，所以企业采用如此的战略路径，它们之间有一个因果联系的链条；第二，这样的外部环境是一个基础，用于分析和比较未来的外部环境变动。某个时点上制订的战略路径只是一个参考路线图。如果外部环境有变，应该及时修改战略路径。

如果把商业模式比作战舰，在一定的外部环境条件下，从现在的位置驶向未来的目标和愿景，需要为它设计一条最优的行驶（战略）路径。为战舰在大海中设计一条行驶路线，必然要适合战舰的各方面特点。设计构建战略路径，必然要根据商业模式量体裁衣，还离不开赢利系统其他相关内容的配合，如图4-4-4所示。

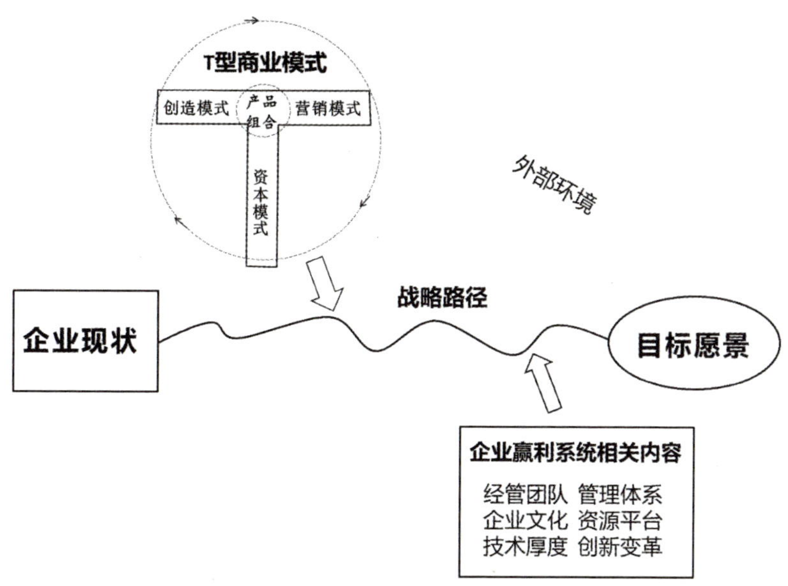

图 4-4-4 战略路径设计构建示意图
图表来源：李庆丰，“企业赢利系统”理论

新竞争战略以商业模式为中心，就是如何打造一个有持续竞争力好产品的战略。在目标和愿景的指导下，设计构建战略路径，通常以T型商业模式的产品组合为切入点，展开到营销模式、创造模式、资本模式各构成要素。例如：完成年度销售目标、提升产品竞争力，可以从营销模式四要素“目标客户、价值主张、营销组合、市场竞争”如何协同进行思考，也可以从创造模式的产品组合、合作伙伴、增值流程、支持体系四个要素展开思考。并且，如果构建战略路径需要细化及深入，那么可以对T型商业模式的13个要素进一步展开，例如：支持体系可以展开为技术创新、关键人才、资金资源等，其中技术创新可以展开为基础科技创新、平台模块创新、产品应用创新三个递进层次……战略路径中也有赢利系统其他相关内容的配合部分，例如：管理体系中的组织结构、运营管理如何变革或优化，以适应战略路径调整的需求。

在短缺经济下或外部环境稳定时，通过商业模式复制，将主要业务流程的阶段性战略主题连接起来，就是企业的战略路径。例如：过去一段时间，房地产企业就是不断复制“拿地，挖坑，盖楼，排队摇号”为主业务流程的商业模式，战略路径就是沿着时间轴线在选定地区先后布局开发，循环连接与实现上述阶段性战略主题。它们中的佼佼者很快就进入了世界500强。在丰裕经济环境下，且行业中有巨型企业参与时，一个新进入的企业要面对很多不确定性，所以战略路径就很难设计。它需要不断整合资源，不断优化、创新或叠加商业模式。这确实考验经管团队的战略规划能力。例如，小米手机从巨头林立中创立到IPO上市，后来成为世界500强企业，其间，小米手机战略路径需要不断调整，且各项工作的颗粒度非常细，一环套一环，有新产品及产品组合的不断更替、推陈出新，有营销、创造、资本模式的不断创新优化，还要不断叠加周边产品、软件服务、新零售等商业模式。

中国古代典籍文章《隆中对》是企业制订战略指导方案时，可以参考的一个优秀范本。在《隆中对》中，诸葛亮对三顾茅庐而来的刘备说的一番话，就是一套战略指导方案，并符合图4-4-3所示的“指导方案=目标和愿景+外部环境+战略路径”这个公式。首先，从目标和愿景方面，通过这个指导方案，让刘备从当下的寄人篱下境遇，先有一个立足之地，逐步实现三国鼎立、成为一国君主，然后进一步问鼎中原，最终完成国家统一大业。其次，从外部环境方面，《隆中对》说：自董卓已来，豪杰并起，跨州连郡者不可胜数……文中的大部分篇幅都是谈外部环境。最后，从战略路径方面，诸葛亮建议：首先占据荆、益两州，守住险要的地方，和西边的各个民族和好，又安抚南边的少数民族，对外联合孙权，对内革新政治……

4.4.3 执行优化

战略执行包括两部分：首先是将指导方案转变为运营计划，然后通过日常运营让商业模式产生赢利，最终实现战略目标和愿景，如图4-4-5所示。就像为战舰设计了行驶路径，最终战舰要按计划行驶才能完成作战任务或到达目的地。

各利益相关者都在追求自身利益最大化，世界一直在“自转或公转”，所以外部环境一直在变。战略指导方案来自人的预测与设计，所以有一定的主观性。战略指导方案指导企业实际运营的同时，实际运营也在优化战略指导方案，可称之为战略执行中的优化。在这个交互过程中，经管团队及战略管理人员的战略观念也在提升。

竞争战略就是如何打造一个有持续竞争力的好产品的战略。企业战略中应该以竞争战略为主线，其中形成战略指导方案及将其转变为运营计划为两个中心任务，简称为企业战略的“一条主线，两个中心任务”。笔者与一家大型企业的战略总监晓理先生谈及这个观点时，他颇为激动地回应说：“我2002年读工商管理硕士，那时的战略管理学教材是从国外进口的英文版，约20厘米×30厘米那么大个，650多页。学习的内容主要就是战略环境分析、竞争与合作、多元化与专一化战略、国际化战略、并购战略等一些‘高大上’的知识模块堆砌。绝大部分中小企业都不涉及这些战略内容。20年过去了，现在国内化的战略管理教材依旧是这些知识模块堆砌，增加了像东方战略、战略选择、战略实施、战略控制、战略评估、战略创新、战略变革、战略领导力等内容空洞或似是而非的章节。”晓理先生比较推崇平衡计分卡理论，认为这才是企业制订战略规划及将战略执行与落地的“干货”。

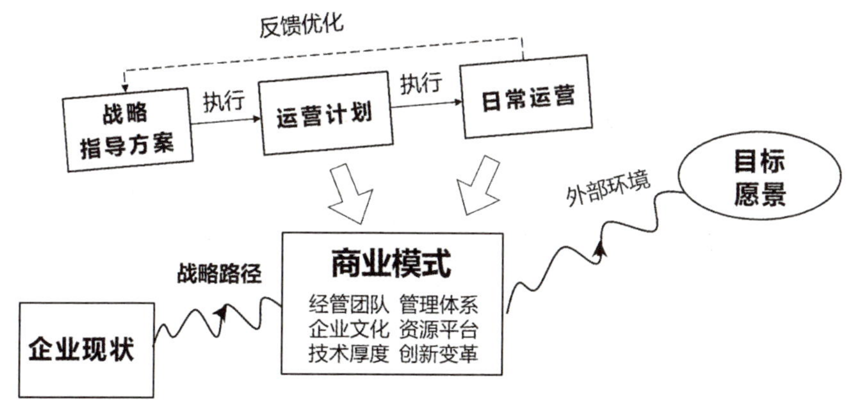

图 4-4-5 战略指导方案的执行与优化示意图
图表来源：李庆丰，“企业赢利系统”理论

如何将战略指导方案转变为运营计划？平衡计分卡理论专门阐述这方面内容。从实践看来，平衡计分卡理论比较繁杂，不够简明，绝大部分企业很难得心应手地有效使用。平衡计分卡的核心逻辑主线是“财务，客户，内部流程，学习与成长”，即以终为始思考：完成财务绩效，需要服务好客户；而服务好客户，需要改善内部流程；而改善内部流程，需要员工学习与成长。然后，以始为终执行：通过学习与成长→改善内部流程→服务好客户→完成财务绩效。

应用平衡计分卡比较大的挑战是，如何学习与成长、改善内部流程、服务好客户等具体内容的剖析及相互协同，需要企业战略管理人员发挥自己的分解、构建及组合能力。另外，平衡计分适用于那些“人财物”充足、业务稳定的大型公司。实事求是地说，对于很多中国企业来说，通过重点推动员工“学习与成长”，然后逐级传导，就能完成财务绩效。这个经营理念并不符合现实。

将战略指导方案转变为运营计划有什么窍门吗？一句俗话就是“怎么来的，就怎么去”。如前文所述，指导方案的调查分析和战略路径都是依据T型商业模式的构成要素及赢利逻辑而展开、构建，所以将战略指导方案转变为运营计划时，也是依据T型商业的构成要素及赢利逻辑逐级分解，形成计划目录树。然后，将这些计划目录树再依据“5W2H”及企业计划体系展开，就可以得出详细的年月日运营计划，如图4-4-6所示。

例如，依据上文的指导建议，A公司制订了年度计划（战略）指导方案。其中一项是这样的：根据行业环境变化、企业产品优势及营销能力，预测未来3年内产品组合中的×产品销量将增加3倍。A公司商业模式的主流程为设计→采购→制造→组装→物流→销售→维保。从指导方案展开到年度计划，A公司是这样根据轻重缓急考虑其中计划目录树中一些条目的：因为×产品有定制化属性，所以当年1—6月首要是增加设计技术人员20人，尽快启动1万平方米新厂房建设，增加3家外协合作厂家，根据厂房建设进度订购设备及生产线。其次后半年需要增加债权融资3 000万元，大约在第四季度启动B轮融资，×产品完成第三次更新迭代。还有，根据业务进展，下半年着手启动成都、武汉维保服务中心建设，从三个技工学校共招聘技术工人250人……

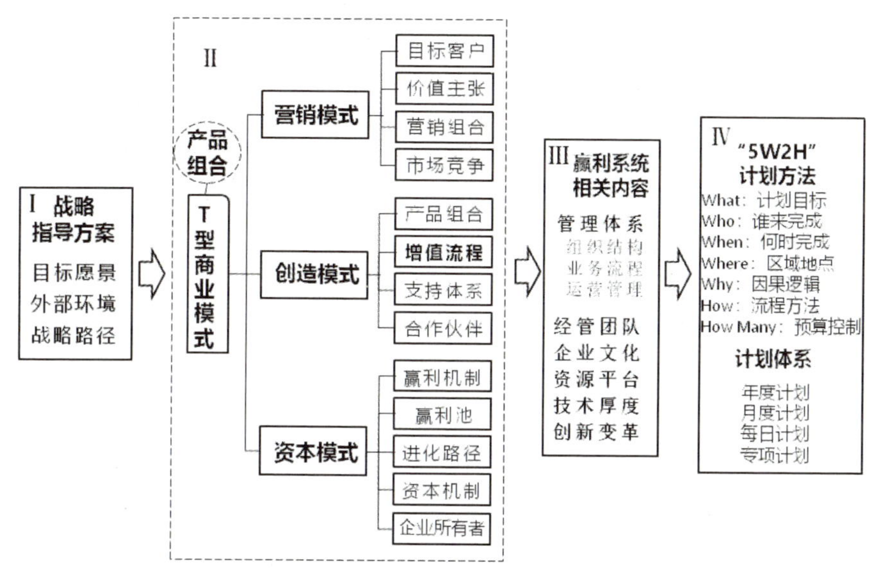

图 4-4-6　战略指导方案转变为运营计划示意图
图表来源：李庆丰，"企业赢利系统"理论

综上，企业战略过程包括调查分析、指导方案及执行优化三大步骤。企业战略涉及的内容并不少，是否企业都要设置战略管理部？组织结构是下一章管理体系要讨论的内容。**对于中小企业来说，一般不必设置战略管理部。经管团队能够每年拿出一周时间，集中思考、讨论一下企业的年度计划（战略）指导方案就可以了。**对于大型企业而言，可以设置战略管理部，也可以与市场部合并设置，因为两者的工作内容在很多方面是重合的。

战略就是一种关键计划，所以企业战略的主要例行工作——制订战略指导方案，应该是项目化的。大部分企业每年搞一次，历时一周左右。偶有企业可能遭遇突发战略问题，需要再搞一下竞争对策指导方案，它也是一次性、项目化的。这样看来，企业战略工作仅需要一个临时性的项目工作小组。那企业的战略管理部还有存在的必要吗？大型企业或环境变化剧烈的中型企业，其战略管理部或市场战略部在战略方面的日常工作，主要是搜集行业情报和利益相关者信息，调查分析市场信息，编辑内部战略与市场简报，监视企业的各项运营数据等。

如果抛开个人偏见，那么上文中晓理先生提到的战略实施、战略控制、战略评估、战略创新、战略变革、战略领导力等教科书相关章节，有什么实践指导意义吗？

战略实施就是战略执行与优化。通常来说，战略指导方案转变为运营计划后，战略执行就转变为运营管理了——那是管理体系“管辖”的范围。战略控制、战略评估如何落地呢？这些有点像“闭门造车”的理论名词，有的教科书中要“阐述”几章篇幅，但是该说的内容却没有。实践中的“战略控制、战略评估”非常简单，一些企业坚持召开季度或月度经营分析会，战略部门相关人员参加，协助进行经营偏差分析，如有必要就修改或优化原定的战略指导方案。

战略就是一种关键性计划。根据企业赢利系统理论，各种花样翻新的所谓战略创新、战略变革、战略领导力等不见“干货”的空洞性内容，不属于企业战略的范围。

有没有东方战略呢？战略就是一种关键性计划。2 500年前，我国古代《孙子兵法》中有关于兵法战略的论述；“田忌赛马”是一个“玩娱乐也有战略”的启发性故事。

4.5 道可道，非常道：波特三种竞争战略新解

重点提示

※ 为什么喜茶的产品组合差异化很难被模仿?

※ 传统的竞争战略与新竞争战略之间有哪些异同?

※ 战略规划中如何落实“以商业模式为中心”?

2020年3月，喜茶完成新一轮融资，企业估值超过160亿元，由高瓴资本和蔻图资本联合领投。很多人看不明白了，上一轮融资（2019年7月）喜茶估值90亿元人民币，在新冠疫情下，喜茶的估值又上涨了70亿元人民币！有人将喜茶与家乐福作比较：2019年6月，苏宁易购出资48亿元人民币收购家乐福中国80%股份。家乐福那可是两百多家几千上万平方米的超级大卖场，而喜茶不过是三百多家卖果茶、奶茶等茶饮的小店铺！

喜茶创立于2012年，原名“皇茶”，2017年春节后在上海来福士开了第一家店。这家店开业后，为了能喝上一杯喜茶，几百人分6条通道排队，等候少则半小时，多则6小时。这也太疯狂了！每天卖出近4 000杯，日营业额达8万元。这是喜茶创始人聂云宸给出的上海首店数据。同年8月在北京开业的喜茶三里屯店同样疯狂，平均一天卖出2 000～3 000杯。一杯20多元的喜茶，“黄牛”代购价卖到了80元。

上海来福士、北京三里屯，竞争激烈时平均50米就有一家茶饮店，为什么喜茶能够持续一枝独秀？按照波特的三大竞争战略：总成本领先、差异化、集中化，喜茶属于哪一个？喜茶的产

品售价偏高，比地摊货高出几倍，肯定不是总成本领先战略；喜茶面向大众消费，已经在全国开店，并在海外布局，也不是集中化战略。所以，喜茶应该是差异化战略。喜茶的店铺都在闹市区，制作现场是开放的，原料就是茶叶、水果、牛奶之类的大路货。这几乎100%“透明”的差异化，为什么成千上万家茶饮店模仿不来呢？

我们用T型商业模式理论来简要求解一下喜茶“奇迹”吧。

如图4-5-1所示，从营销模式看，首先理解公式：目标客户=价值主张+营销组合-市场竞争，转换成文字表述为：根据产品组合中含有的价值主张，通过营销组合克服市场竞争，最终不断将产品组合售卖给目标客户。

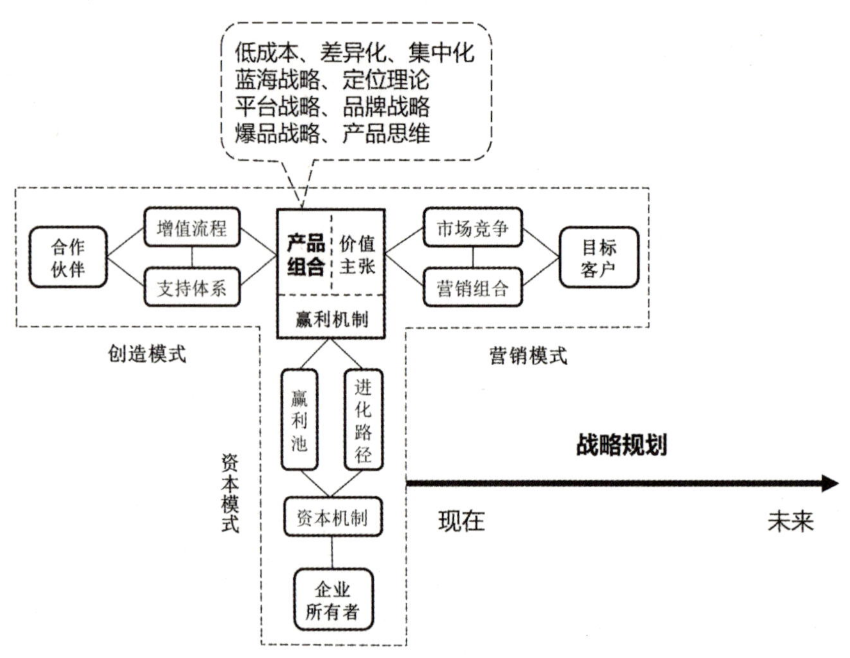

图 4-5-1　产品定位如何通过 T 型商业模式贯彻实施示意图

图表来源：李庆丰，“企业赢利系统”理论

一说到营销组合或市场竞争，创业者似乎都懂一些，不就是促销补贴、“网红带货”、裂变营销、价格战、迅速铺货、抢占地盘……上面的营销模式公式是企业搞好营销的第一性原理，喜茶所做的一切，远远不是表面理解的那些营销绝招那么简单。

就拿公式中的目标客户、价值主张这两项来说，喜茶的目标客户主要是“千禧一代”、新潮的都市白领。如何设计构建喜茶产品的价值主张，来俘获目标客户的内心呢？按照创始人聂云宸的透露，通过可量化的口味、口感、香气、颜值、品位等五个以上的维度，来设计构建喜茶产品的价值主张，以全面俘获目标客户的味觉、触觉、嗅觉、视觉及听觉系统。味觉这个大家都理解，有人“就好那一口”。喜茶选用上乘的水果、茶料及牛奶，在每件单品上都坚守“一万小时定律”，不断迭代改进，保证味觉上做到上乘，让目标客户形成条件反射式的依赖性。喜茶向哈根达斯学“口感”——哈根达斯冰激凌入口即溶。如何优化口感呢？好材料、好配方、好工艺。喜茶向香奈儿学“香气”，将不同食材原料合理地搭配在一起，不仅有闻到的前香，还有润过喉咙后散发出来的后香。喜茶在产品颜值上匠心独具，让消费者尤其年轻女性拿着喜茶的茶饮一起拍照，还能大幅增加自己的“颜值”。所以，多数顾客排队数小时，拿到茶饮后，第一件事就是拍照，转发朋友圈。从听觉上说，喜茶通过高水平的VI（视觉设计）体系，从多维度塑造品牌形象，让买喜茶的顾客始终站在“鄙视链”的顶端，内心让自己“听到”一句话：不喝喜茶而喝××茶的那些人有点“LOW”！

因此，价值主张不是吹吹牛就算了，而是要通过创造模式不折不扣地化虚拟为现实，最终植入企业售卖的产品、体验场景等产品组合中。图4-5-1中，创造模式用公式表达：产品组合=增值流程+合作伙伴+支持体系，转化成文字表述为：增值流程、合作伙伴、支持体系三者互补，共同创造出目标客户所需要的产品组合。

至于喜茶的创造模式，涉及内容太多了，我们就简单说一点喜茶做产品的态度。例如：创始人聂云宸就像一个互联网行业的产品经理，以同龄人的同理心钻研新品，以近乎严苛的态度对待每一次优化迭代。他经常泡在微博、贴吧、QQ空间，研究年轻消费者的社交习惯，用来反哺产品设计。“我们在研发时是不计成本的，只有经过论证做到很好以后才会推向市场，跟消费者见面，”聂云宸说，“我真的很喜欢改东西，所以我不理解很多品牌上市后不改配方，我觉得要么是偷懒，要么就是对产品没有要求。”2017年喜茶研发了几十款产品，上市只有10款，并且喜茶的产品“永远测试版”，卖到哪一天，就迭代到哪一天。

供应链是喜茶真正的壁垒。聂云宸说，喜茶已深入到种植环节，通过培养一些茶种，然后再找相关茶农帮喜茶种茶，再挑选进口茶叶拼配。“我们的茶都是自己定制的，并非市面上能买到。”聂云宸称。

图4-5-1中，资本模式的表达公式：赢利池=赢利机制+企业所有者+资本机制+进化路径，用文字表述为：赢利池需要赢利机制、企业所有者、资本机制、进化路径四个要素协同贡献。

就像描述一座水库，赢利池有存量和容量之称。相关投资商投入的几十亿元，再加上喜茶自身的赢利积累，即喜茶拥有的资本总和，代表了赢利池的存量。几家投资商各自的投委会都形成共识，为喜茶估值160亿，代表它未来的发展空间巨大——即赢利池的容量巨大，才能实施这笔投资。企业估值或未来发展空间，这东西靠谱吗？我们分析一下喜茶的赢利机制：喜茶的产品标准化程度高，口味一致，有利于连锁扩张，具有规模效益。顾客排队买茶，拿走不堂吃，还转发朋友圈协助口碑传播，单店的销量就可以做很大，术语叫作单位坪效极高。茶饮可以是高频消费产品，顾客对价格不敏感，所以喜茶的单店年销售收入可以做到2 000万，产品毛利率能有60%左右。喜茶借助口碑传播、微信小程序形成重复购买和外卖，营销费用几乎为零；大批量直采或培植原料，可以降低采购成本；企业形象好能导流，房租上可以议价优惠……所有这些，又导致企业的总成本不断降低。投资商有一句心照不宣的“暗语”：当你足够好，才会遇见我！

通过T型商业模式原理简要一分析，感觉到喜茶的差异化还真挺难学的。那么，后来者还有追赶的机会吗？本书章节3.2中讲到了T型商业模式的三个飞轮效应。喜茶凭借这三个飞轮效应已经“飞行”8年多了，仅仅微信小程序上就有接近3 000万粉丝……这些都是除赢利、融资之外专属自己而不外借的智力资本。“不可胜在己，可胜在敌。”后来者，怎么追呢？

参考资料：贾林男，《6个真相让你明白，喜茶为什么比你更懂年轻人？》

前文说到的总成本领先、差异化、集中化三大竞争战略，其正式表达应该是，美国哈佛大学教授迈克尔·波特在其1980年出版的《竞争战略》中提出的三大竞争战略：总成本领先战略、差异化战略和集中化战略。在那个年代，还没有商业模式这个名词，所以言必称战略。

上述喜茶的案例，是从产品的口味、口感、香气、颜值、品位等五个维度进行差异化定位，与地摊卖的茶区别开来，价格才能高出几倍，并且销量上还一直是“爆款”。100多年前老福特搞汽车全产业链，造出售价260美元一台的“T型车”，就是属于总成本领先即低成本的产品定位。笔者所在的众合创投曾投资一家公司——西安艾克萨，它的主营产品即产品定位是航天专用硬盘。像艾克萨那样，聚焦在一个细分市场，仅为某一特定客户群体提供产品或服务，就叫作集中化产品定位。

今天来看，上述的喜茶、T型车、航天专用硬盘分别代表了不同的商业模式。**因此，总成本领先、差异化、集中化是三种对产品的定位方法，属于商业模式定位的内容。将产品定位贯彻下去，逐渐商业模式做成了，**

产品定位就代表着一种商业模式。而这个将产品定位贯彻实施下去，形成及不断优化商业模式的策略过程，就是笔者前文提出的新竞争战略。

产品定位如何转变为行得通的商业模式？波特提出了价值链理论。例如：如何实现总成本领先？就是将价值链的采购、制造、组装、销售等各个环节都设法降低成本。现在，价值链理论已经属于商业模式的内容了。在T型商业模式中，创造模式中的增值流程近似价值链。现在实现总成本领先、差异化、集中化等产品定位的方法，就是将这些定位贯彻到T型商业模式的三大模式及13个要素中。更进一步，还可以将这些产品定位贯彻到T型商业模式的三大飞轮效应中。从T型三端的3个垂直维度再叠加三大飞轮效应的3个旋转维度，这样长期构建而成的商业模式就很难被模仿了。例如，喜茶从2012年创立，当时只是一个差异化产品定位，商业模式需要依赖“新竞争战略”来完善。以设想的商业模式为中心，经过一年又一年制订并执行竞争战略，至今，喜茶的商业模式已经成熟了。

波特还有一个说法：在产品定位上，要么总成本领先，要么差异化，企业不能做左右摇摆的“骑墙派”。蓝海战略的提出者金伟灿、莫博妮两位学者就对波特的这个提法不以为然，他们认为蓝海战略就可以实现总成本领先与差异化的完美统一。T型商业模式已经从产品定位上升到产品组合定位，理论上总成本领先、差异化、集中化可以集成到一个商业模式中。例如，智能手机、乘用车及手表行业常常采用的金字塔产品组合：低端产品以低成本、低价格守护边界，扩大客户基础，获得私域流量；中端产品主打差异化，是利润主要来源；高端产品通常采用集中化定位与定制化模式，针对特定群体，塑造品牌。

铁路警察，各管一段。如图4-5-1所示，传统上归属于竞争战略的理论，例如：波特的总成本领先、差异化、集中化三大战略，蓝海战略，品牌理论，定位理论，平台战略，爆品战略等，在新竞争战略中被一分为二：它们中的定位与模式部分归为商业模式，如何实施的策略、路径归属为新竞争战略。关于这个划分，《商业模式与战略共舞》第1～2章有更具体的阐述。

新竞争战略有五个显著特色，其中之一是“以商业模式为中心”。以上谈及的这些产品定位方法，都是以商业模式为中心的重要理论思想。如前几节所阐述的，通过战略规划，将这些产品定位方法带入企业的经营场景，然后落地到战略DPO过程模型，形成战略指导方案，转变为运营计划。

2 500年前，中国老子的《道德经》就说：“道可道，非常道；名可名，非常名。”

道可道，非常道：人世间的道理也在变革中前进，需要不断修正、裂变或升级。原来言必称战略，今天我们要将原来战略理论中属于商业模式的内容分离出来，并将竞争战略升级为新竞争战略。

名可名，非常名：如果认知有所改变，原来的道理有所改变，那么原来的名称也就不太适合了。所谓名不对则言不顺。三种竞争战略、蓝海战略、爆品战略、平台战略等，这些名称也应该改变一下，怎么变呢？历史形成的东西都有棘轮效应，改变名称是非常难的。

4.6 见树又见林：企业如何从核心有机扩张？

重点提示

※ 多元化经营可以看成一个商业模式吗？

※ 加盟连锁商业模式的底层逻辑是什么？

※ 你的公司有没有根基产品组合？

遥想2013年，海航集团（简称“海航”）曾对外宣称：“2020年，海航将进入世界500强前100名左右，营业收入在8 000亿人民币到10 000亿人民币。”

然而，到了2020年初，在7 000多亿人民币负债的重压下，海航已经渐进“归零”。在2020年的第60天，海南省人民政府牵头成立了“海南省海航集团联合工作组”，全面协助、全力推进海航集团风险处置工作。

1993年，海南省从财政资金中划拨1 000万元，组建海南省航空公司，尔后改制为股份制公司。海航要做起来，就要不断买飞机。银行因负债率高不肯放贷，海航领导人就跑去了美国华尔街融资。令人意想不到的是，金融大鳄索罗斯以2 500万美元现金购买了海航1亿股外资股。索罗斯之后，各路资本“闻风而动”，海航很快就完成了首期30亿元的私募。

海航也因此成为业界的“资本高手”。此后，海航先后在上海证券交易所、香港联合交易所完成数轮融资，不仅得到充足的资金支持，还借此完成了集团跨越式发展，综合实力大增。

2008年，全球金融危机，海外股市大幅度缩水，海航领导人却在此时看准国外并购的机会，迅速拉开了海航大规模国际化、产业多元化的帷幕。

2016年，是海航集团并购最为疯狂的一年。据普华永道统计数据显示，在2016年前10大海外并购交易中，“海航系”占据了3席。经过一系列超级收购战，海航已从单一的地方航空公司逐步壮大为覆盖航空、酒店、旅游、地产、零售、金融、物流、船舶、科技等多行业的巨无霸，集团总资产也迅速飙升至10 155亿元，业务遍布世界各地。海航集团旗下共有9家A股上市公司、7家港股上市公司和1家“A+H”上市公司。

但是，急速下坡的“过山车”行情很快就来了。2017年下半年，海航总负债规模已高达7 500亿元，资产负债率高达70%，资金链岌岌可危。2018年，海航快速清理海内外大大小小300多家公司，甩卖超过3 000亿资产，创造了一家企业一年处置资产的世界之最。“这不是全部，”海航集团董事长称，“海航将聚焦主业健康发展。后续还有千亿资产在出售的路上。”

有人感叹道：头两三年海航“买买买”名动江湖，可以说是不可一世；2017年以后，又遇到如此巨大的流动性困难，债务逼门，“卖卖卖”又出尽了洋相。

参考资料：二水，从1 000万起家到负债7 500亿，海航董事长自曝没钱发工资，环球人物网

企业战略分为三个层次：总体战略、竞争战略和职能战略。本章前几节重点讲了新竞争战略的五个显著特色，以补充传统竞争战略在企业经营场景应用与落地的不足。职能战略包括营销战略、财务战略、人力资源战略和研发战略等，它们主要支撑及服务于竞争战略，常常包含在竞争战略中，形成一个不分开的整体。

总体战略以竞争战略为基础，属于竞争战略之上的战略。如果以“20/80原则”看，中外教科书中80%的部分都在阐述总体战略，只有不

足20%的部分讨论竞争战略。翻开一些战略教科书，除了开始部分例行的宏观环境分析，其余大部分篇章的内容是一体化战略、多元化战略、国际化战略、收购兼并战略、合作与合资战略、全球市场战略、转型与再创业战略等所谓的总体战略。究其缘由，也许总体战略方面，激动人心的宏大叙事性案例比较多，媒体传播广泛，比较容易撰写，讲授的人也能侃侃而谈。

现实的应用中，超过99%的企业重点在竞争战略，只有不到1%的企业可能用到总体战略。即使用到总体战略的企业，如果竞争战略不够扎实，总体战略往往给企业带来灾难性经营后果。上述案例中，海航从"买买买"到"卖卖卖"，据说背后的操盘手都是一些毕业时间不长但是学过一些总体战略的硕士或博士生。在2018中国品牌论坛上，海航集团董事长说："海航赶上了中国高速成长的好时代，但没有摆脱野蛮生长，粗糙发展的路子。我们经验不足，自以为真正有这种把握全球企业和世界级品牌的能力，所以近两年来，我们偏离了主业，扩张速度太快，心太急。总而言之，我们自身没有准备好，所以就出现去年在江湖上'买买买'，好家伙，海航没有不能买的，今年又'卖卖卖'，又创世界资产处置之最。"

大家都知道，加盟连锁是一种商业模式。例如：肯德基在全球拥有1万多家门店，每个门店可以看成是一个小公司，它们的商业模式基本相同。像海底捞、必胜客、喜茶、星巴克等，也是如此。这些企业可以看成一个集团公司，拥有几万个小公司，理论上就是几万个商业模式，但是这些商业模式基本相同，可以共享T型商业模式中的创造模式、营销模式及资本模式，所以加盟连锁这种集成型的商业模式比较容易成功。竞争战略，说白了就是如何打造一个好产品的战略。由于这些加盟连锁企业基础性的竞争战略比较扎实、优秀，所以它们的总体战略层面像国际化战略、收购兼并战略、合作与合资战略等，也是比较容易成功。

2017年之前，海航集团通过"买买买"在全球收购了几百上千家子公司。每个子公司有自己的商业模式，都有一个共同的“母”公司。但是它们的商业模式之间，在创造模式、营销模式及资本模式方面共享的区间极少，只是因为价格便宜就“拉郎配”，杂乱堆放在一起，如图4-6-1的Ⅰ图所示。

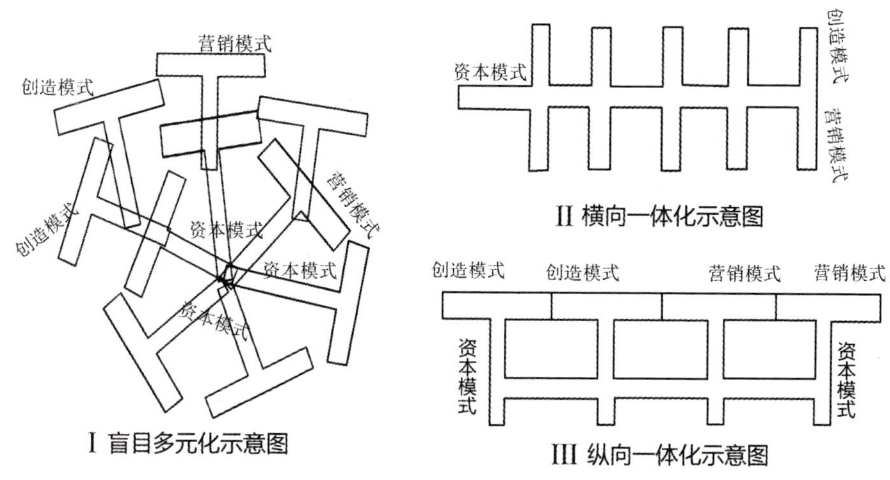

图 4-6-1　以 T 型商业模式示意盲目多元化、横向及纵向及一体化

图表来源：李庆丰，“企业赢利系统”理论

按照系统论，部分形成整体时，就会涌现出原来的部分中未曾有的特征。与加盟连锁这种商业模式类比一下，其实所谓的一体化战略、多元化战略、国际化战略、收购兼并战略、合作与合资战略等，都可以看成由很多商业模式、按照某个连接关系集成组合在一起而涌现形成的新商业模式。

如图4-6-1的Ⅱ图和Ⅲ图所示，横向一体化战略就像肯德基的商业模式，将基本相同的商业模式连锁在一起；纵向一体化战略，就是创造出一种沿着产业链连锁的新商业模式。所以，实施一体化战略的企业，都是要构建一个连锁类型的集成式新商业模式。多元化战略就是将一些共享程度不高的商业模式堆积在一起，可以称之为多元化模式。其他像国际化战略、收购兼并战略、合作与合资战略等，只是另一种分类方法，更加丰富了总体战略的内容。

我们说过，99%以上的企业重点应该在制订与贯彻竞争战略，它们的产品不够好，没有什么竞争力，与德国、日本成千上万家隐性冠军企业、老铺企业差距较大。德国管理学家赫尔曼·西蒙最早提出隐形冠军企业，是指那些不为公众所熟知，却在某个细分行业或市场占据全球领先地位，拥有核心竞争力和明确战略，其产品、服务难以被超越和模仿的中小型企业。德国共有1 400多家这样的企业，是世界“隐形冠军”数量最多的国家，接近全球的一半。日本有超过10万家以上的老铺企业，它们在家族内部传承，用骨子里的匠人精神将一个产品或一项服务做到极致。隐性冠军或老铺企业都算，只要寿命超过了200年，就是长寿企业。根据《世界最古老公司名单》，全球经营超过200年的公司有5 586家，其中日本有3 146家，德国有837家。

还有大约1%不到的企业，蠢蠢欲动，或早或晚需要有总体战略。这些企业中，有像华为这一类，基本不搞收购兼并，走内涵式扩张之路。有像格力、美的、海尔这一类，主业比较强大，适度多元化搞一些合资或收购，有点失误也不会伤筋动骨。还有像阿里巴巴、腾讯、百度、美团、京东等之类，企业有了核心竞争力，便可以围绕“核心”构建多元化生态圈。在实施总体战略的企业中，其中失败率最高的就是那些盲目多元化及国际化的企业，像海航集团、春兰集团、南德集团、乐视集团……××资本系等。

《基业长青》里所说的“保存核心，刺激进步”，今天可以理解为企业应该围绕主业进行扩张与发展。《回归核心》的作者克里斯·祖克说：建议多元化企业回归核心，然后从核心扩张，以核心业务为基础，向外进行一层层的有机扩张，并适时修正自己的核心业务。祖克及其团队通过多年对全球巨量企业的深入研究和分析，发现那些企业经营中最惨痛的毁灭性灾难，超过75%是由多元化经营失败引起的。

如何“保存核心，刺激进步”？如何“回归核心，从核心扩张”？在

图4-6-2中，左图来自本书章节3.4的图3-4-2。章节3.4以SPO核心竞争力模型及T型同构进化模型，介绍了奢侈品公司爱马仕围绕根基产品组合的扩张与进化之路。根基产品组合就是一个企业的业务核心。更多的例子："淘宝+支付宝"组合是阿里巴巴的根基T型产品组合。以此出发，在扩张期阿里巴巴执行履带战略，接续繁衍了天猫、菜鸟物流、阿里云、天猫国际、银泰百货、闲鱼等几十个产品或产品组合。台积电成立30多年来，坚持专一化产品组合进化模式，台积电的根基产品组合（芯片制程）特别强大。在此之上一个接续一个同构T型逐渐叠加。至今，台积电为全世界客户生产近万种芯片，连续多年在芯片制造领域排名世界第一。

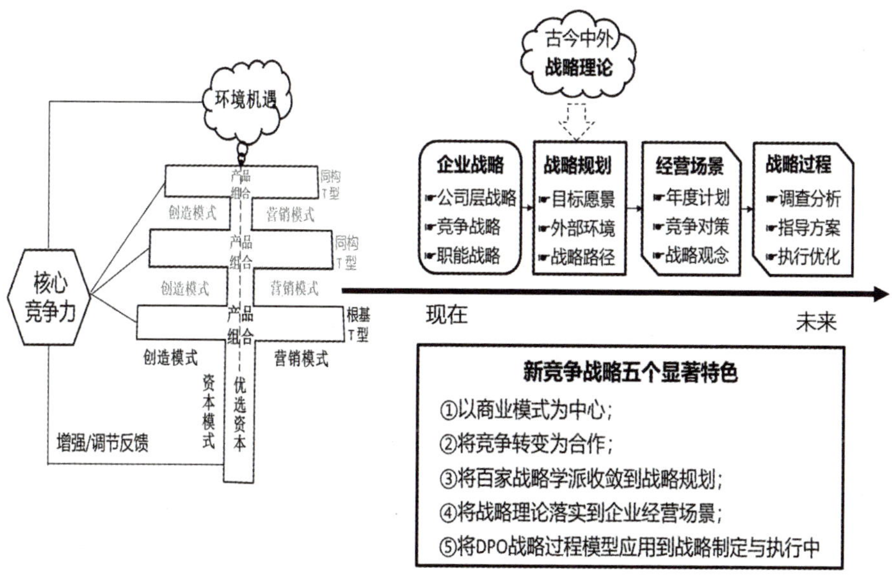

图 4-6-2 总体战略的根基 T 型产品组合及如何在企业中落地示意图

图表来源：李庆丰，"企业赢利系统"理论

总体战略以竞争战略为基础，属于竞争战略之上的战略。从基本属性讲，总体战略也是一种关键性计划，应该通过战略规划在企业落地，如图4-6-2所示。所以，新竞争战略的五个显著特色也适用于总体战略。总体战略如何通过战略规划在企业落地？同样，如前几节所阐述的，通过企业战略规划，将总体战略的相关理论思想，带入企业的经营场景，然后落地到战略DPO过程模型，形成战略指导方案，转变为运营计划。

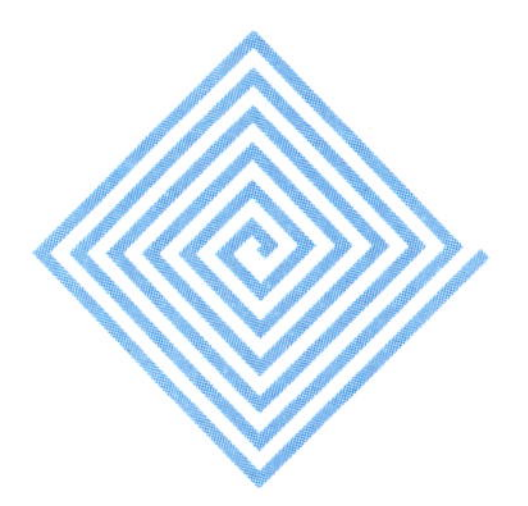

第5章

管理体系：

组织能力×业务流程×运营管理

本章导读

因为管理出效益，所以大家都在谈管理。众多App里的文章在谈管理，媒体网站在谈管理，汗牛充栋的书刊资料在谈管理，商学院的中外学子在谈管理……时代在进步，知识平台和媒体增加了很多，懂管理的知道主义者越来越多，而能搞管理的人却增加不多，为什么？

用碎片化的管理知识直接指导实践，带来的失败风险比较大！大禹治水能成功，在于他不轻信流传的碎片化知识，不是夸夸其谈的知道主义者。“管理”要通过管理体系才能发挥系统性作用。所以，我们要认真理解这样一个公式：管理体系=组织能力×业务流程×运营管理。

为什么弹丸之地的希腊城邦能够屡次战胜强大无比的波斯帝国？打胜仗不在人多，而在组织能力！为什么在宫廷乐队吹了多年竽的南郭先生连夜逃跑了？齐宣王的儿子继位后改变了乐师演奏的业务流程。为什么将“把信送给加西亚”奉为圭臬、强调“请给我结果”的企业越来越少了？因为它们忽视了运营管理的前提条件、过程和步骤。

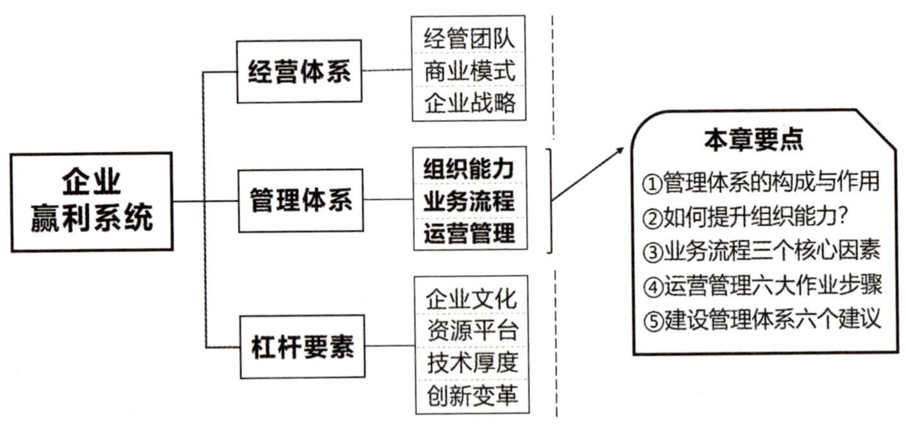

第 5 章要点内容与企业赢利系统的关系示意图

5.1 懂很多，乱如麻！如何厘清管理？

重点提示

※ 为什么福特的T型车可以做到同行售价的三分之一？

※ “管理始终为经营服务”这句口号如何落地？

※ 为什么说只有通过管理体系，“管理”才能发挥系统性作用？

古今中外的月亮一样圆，但是古今中外造“针”的方法大不一样。“只要功夫深，铁杵磨成针”这个励志警句，顺带着一个故事：中国唐代大诗人李白小时候不专心念书，溜到山涧旁玩耍，屡次看到一位老婆婆拿着一根大铁棒在石头上磨。李白忍不住好奇，便问老婆婆在做什么？老婆婆说她在磨一根绣花针。李白大吃一惊，铁棒这么粗，什么时候能磨成绣花针呢？老婆婆说水滴石穿，愚公移山，只要我功夫下得深，铁棒也能磨成针！老婆婆说完，又低下头继续磨针。李白深受启发，从此开始用功读书，经过日积月累的努力，尔后写出了许许多多名垂千古的经典诗篇。

在中国这个励志故事发生大约1 000年后，英国出现了一位经济学家亚当·斯密，他在著作《国富论》中首次提出了分工理论。他说：一个劳动者全凭自己制造衣服上的扣针，按从头干到尾的传统方法完成所有步骤，在当时的机械工具条件下，一天也制造不出一枚扣针。但是，如果更换一种方法，把制造扣针的过程分解为抽铁丝、拉直、切截、削尖……涂漆、包装等18个操作步骤，分别由18个专门的工人完成，那么生产效率就会大大提高。一个实际的例子是，这18个步骤是由10个工人完成的，有人可以兼做2~3个步骤。实际测算下来，这10个工人一天可以制造48 000枚扣针，平均每个工人一天可以产出4 800枚扣针。

因为分工可以极大地提高生产效率，所以亚当·斯密的理论在当时发挥了很重要的作用。分工带来专业水平提升，也导致新工具不断被发明出来。

尔后，拿破仑在法国执政期间多次对外扩张，对火枪、火炮的需求大大增加。有一年，拿破仑需要制造1 000支火枪，这在当时算一个大工程。有人建议采用亚当·斯密的分工理论，把火枪拆分成几十个零件，让不同的技师分别专业化制造，最后再组装在一起。最后，拿破仑没有采纳这个建议，他说："如果这样生产的话，那做枪师傅的手艺岂不是丢了？"

进入20世纪后，美国人亨利·福特深受分工理论的启发，又吸收了泰勒的科学管理思想后，他把职能与劳动分工、制造模块化与流程化、生产线整体运营等这些先进的管理方法全部应用在了他的汽车工厂。管理真正能出效益！福特公司的T型车售价降到每辆260美元——大约是同类汽车售价的三分之一，仍然有不错的利润。从1908—1927年的19年时间里，福特T型车共卖出了1 550万辆，约占同期世界汽车总销量的50%。

通过理论结合实践，100年前亨利·福特摸索出的这一套管理体系今天依然有生命力。按照现在的术语体系来说，笔者总结认为管理体系主要包括组织能力（Organizational Capabilities）、业务流程（Processes）、运营管理（Operation）三个部分，为了简化表达及阐述，将它称为管理体系OPO模型，如图5-1-1所示。**此模型可以用一个公式表达：管理体系=组织能力×业务流程×运营管理，转换成文字表述为：企业以组织能力执行业务流程，推动日常运营管理，周而复始地达成现实成果。**在公式中，之所以用"×"连接三个部分，是因为三者必不可少，缺一不可。三者达到均衡时，乘积最大。

企业赢利系统的经管团队、商业模式、企业战略（目标和愿景、外部环境和战略路径）即经营三要素，构成了企业的经营体系。它们之间的关系可以用一个公式表达：经营体系=经管团队 × 商业模式 × 企业战略，转换成文字表述为：经管团队驱动商业模式，沿着企业战略的规划路径进化与发展，持续实现各阶段战略目标，最终达成企业愿景。

经营体系给出了一个企业赢利、成长、进化的逻辑。本书第1章曾讲到“管理始终为经营服务”，它不应该只是一句漂亮的口号。以OPO模型为指导而构建形成的管理体系，为经营体系服务，将企业赢利、成长、进化等相关经营逻辑“多快好省”地转变为日常运营及现实成果。

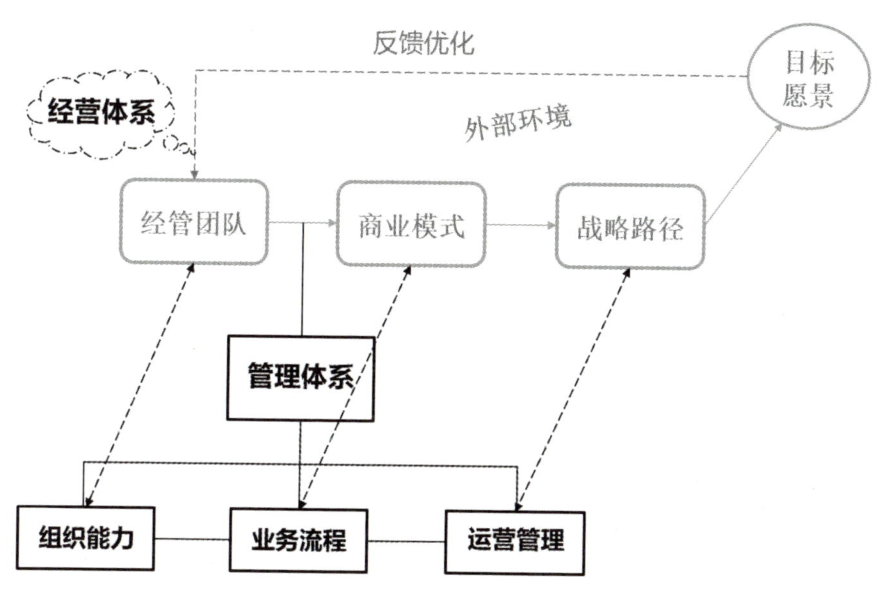

图 5-1-1 管理体系 OPO 模型示意图
图表来源：李庆丰，“企业赢利系统”理论

经营体系是管理体系的前提，管理体系是经营体系的派生。它们之间的关系可以这样理解：经营体系好比是前面的“1”，而管理体系好比是后面的“0”。当前面的“1”不存在时，后面再多的“0”也没有意义。也就是说，经营思路不对，管理再好也扭转不了乾坤。当后面的

“0”不存在或打了折扣时，前面的“1”就几乎成了孤家寡人。也就是说，管理搞不好，经营再好也难做大。从商业发展的历史轨迹看，远古时代就出现了商人、以货易货的商业模式、做生意的策略等经营三要素，而管理体系是在福特“T型车”时代逐渐涌现出来的。

在现代企业中，经营体系与管理体系一唱一和、形影相随，好似一对虚实结合的双胞胎。图5-1-1中，管理体系三部分与经营体系三要素之间具有相互对应的匹配与承接关系。管理体系中的组织能力与经营体系中的经管团队相应对，经管团队是组织能力的源泉与核心，而组织能力是经管团队能力的放大与扩张；管理体系中的业务流程与经营体系中的商业模式相对应，商业模式是业务流程的总纲构成和原理依据，而业务流程是商业模式的逐级展开及执行步骤；管理体系中的运营管理与经营体系中的企业战略相对应，企业战略为运营管理提供指导方案，而运营管理将企业战略转变为现实成果。

前文说，组织能力是经管团队能力的放大与扩张，那主要凭借的工具是什么呢？答案就是组织设计，其重点内容之一是组织结构设计。通过组织设计进行分工协作，企业可以有序集结更多的高层、中层、基层管理人员及所需员工。“人多力量大”是组织能力扩大的基本途径。例如：中国工商银行约有45万名员工，通过组织设计，他们可以在一个组织结构下集结在一起，彼此之间分工与协作，形成比较强大的整体组织能力。除此之外，关于组织能力，本章第2节将进一步阐述：组织能力的构成；培育与提升组织能力；组织设计的主要内容；矩阵制结构具有的普遍适用意义等。

业务流程是商业模式的逐级展开及执行步骤。商业模式第一问是：企业的目标客户在哪里，如何满足目标客户的需求？所以业务流程也必须以客户为中心，围绕产品组合逐级展开。大多数企业适合采用矩阵制组织结构，这也是以客户为中心、满足目标客户需求的必然选择。矩阵制组织或流程型组织，都源于商业模式构建，它们都是商业模式中心型组织在管理体系中的表现形式。关于业务流程，本章第3节将进一步介绍：业务流程的层级与分类；流程图实例及六个构成要素及三个关键因素；业务流程中蕴含的管理职能；上游流程与下游流程、外显流程与隐含流程、紧流程与松流程等。

在OPO模型管理体系中，运营管理将企业战略转变为现实成果。像"寿司之神"小野二郎的寿司店，全世界仅此一家，订单供不应求，维持规模不变，不搞连锁发展，这类企业重点是做好例行的日常运营管理。像海航集团、乐视集团等把企业当成了物品，先是频繁"买买买"，然后迅速"卖卖卖"，这类企业似乎战略规划内容非常多，通常人财物资源捉襟见肘，所以运营管理也会比较忙乱。

大部分企业并不像小野二郎的寿司店，也不像海航集团或乐视集团，它们要走专一化成长与发展之路。这些企业战略规划具有连贯性，每年战略调整的例行或例外内容也会比较多。运营管理必须与企业战略相匹配，所以这类企业运营管理工作中有每年例行的部分，也有许多根据企业战略需要新增加的部分。

坊间有说，一个优秀公司的经管团队通常是"1个CEO+3个COO"的组合。除了一个首席运营官（COO）之外，财务总监（CFO）及人力资源总监（CHO）也是首席运营官。为什么这么说呢？财务总监、人力资源总监都需要精通公司业务并努力成为运营管理方面的专家，否则纯粹的财务管理及人事管理就成了"空中楼阁"，非常不利于公司的成长与发展。关于运营管理，本章第4节将进一步说明：日本工业奇迹的幕后推手；业务流程管理与运营过程管理的区别；基于PDCA及管理职能，运营管理六大作业步骤。

众所周知，管理出效益，所以大家都在谈管理。如果舍本逐末，那么与管理相关的碎片内容就太多了。众多App里的文章在谈管理，媒体网站在谈管理，汗牛充栋的书刊资料在谈管理，商学院的中外学子在谈管理……呈现的结果是，懂很多、乱如麻！如何厘清管理？用碎片化的管理知识直接指导实践，带来的失败风险比较大！管理通过管理体系才能发挥系统性作用。所以，我们要认真理解这样一个公式：管理体系=组织能力×业务流程×运营管理。

本章第5节的标题引用了德鲁克的一句话："管理不在于知，而在于行！"简要讨论了无为而治、自组织等颇有争议的概念及理论，并给出了企业建设管理体系的六个建议。

组织能力、业务流程好比是管理体系的"土壤"，而运营管理更像是在此基础之上结出的"果实"。麦当劳在全世界有3万多家餐厅，经管团队依靠日积月累、不断更新修订的一整套管理体系，就可以让如此庞大的企业集团"几十年如一日"井然有序地运转。隔壁老汤夫妇经营一家快餐厅近30个年头了。他们两个"几十年如一日"全年无休，每天早晨6点起床去集贸市场采购，忙到晚上11点才能回家。为什么老汤夫妇如此忙碌辛苦，但生意一直做不大？原因之一是他们缺少一套管理体系。

5.2 组织能力：人少打胜仗，人多干大事

重点提示

※ 做生意、办企业“同行不同利”的主要原因是什么？

※ 如何将众多个体能力集成化、系统化，以形成强大的组织能力？

※ 为何一些学者喜欢过度解读矩阵制的“一仆二主”等所谓的缺点？

希波战争是2 500年前波斯帝国为了扩张版图而入侵希腊的战争。

那时的希腊，一共兴起了几百个以城市为中心的城邦国家，其中雅典、斯巴达这两个城邦发展较为迅速和强大。而那时的波斯帝国，统一了全国货币，修筑道路、开通运河、修建水库，建立了中央集权制度，巩固了对征服地区的统治，是一个横跨亚洲、非洲和欧洲三大洲的大帝国。

希波战争前后持续了半个世纪，强大的波斯帝国曾三次大规模入侵希腊。

公元前490年春，波斯帝国派5万远征军第一次入侵希腊，于当年9月登陆雅典城外40千米的马拉松平原。雅典城邦派出1万重装步兵前往迎战。这场发生在马拉松平原的大战很快结束，雅典军队大获全胜。

马拉松会战获胜后，雅典军中的长跑健将斐力庇第斯跑回雅典传信。他极速跑了42.193千米，报捷后便倒地身亡，这就是马拉松长跑的来源。马拉松会战成为古代战争史上以少胜多的范例之一。马拉松战役中，雅典军只有192人阵亡，而波斯军则损失了

6 400多人。

尔后，波斯帝国又发动了第二次、第三次对希腊的入侵，一次比一次出动军队更多，并派出数以千计的战船。而雅典、斯巴达这些城邦国家一次又一次能够以少胜多、克敌制胜。例如：在温泉关战役中，斯巴达300勇士与其他城邦的7 000军民共同顽强抵抗波斯帝国100 000陆军的进攻。在这次战役中，仅斯巴达300勇士就杀敌数万。

希波战争最终以希腊获胜，波斯惨败而告结束。如此强大的波斯帝国怎么就败在了希腊的雅典、斯巴达这些城邦国家手上了呢？除了占据天时、地利外，希腊军队能够屡战屡胜，就更多是人和的原因了。

（1）那时的希腊军队采用了一种方阵式“组织结构”。他们的步兵会排成8～12排的方阵，相当于一个一个的“人肉装甲车”。作战时整个方阵一点点往前移动，如果前排士兵牺牲了，后排士兵必须顶上去，直到全部阵亡。为了应付突发情况，方阵一般都呈正方形，在遇到侧面或后方威胁时可以自由转向。

（2）当时，虽然世界处在奴隶制时代，但是希腊各城邦国家中已经有了民主政治，其中主权在民是基本原则。在民主政治下，公民为了保持人身自由、维持自身尊严，保家卫国、抵御外敌，即使付出生命代价也在所不惜。

（3）希腊的重装步兵来自城邦中的贵族和富裕市民。他们有充足的财力购买精良的装备，同时还拥有较高的素质，在战斗中能够做到步调一致、令行禁止。在作为主力的重装步兵行动时，弓箭手、标枪手和轻骑兵等由贫民和奴隶组成的辅助部队将对其提供一定程度的火力支援和侧翼掩护。

从现代观点来看，虽然波斯远征军在人数上更占优势，但是人多势众仅仅是资源占优。如果人力资源不能转化为组织能力，那么保有更多人力将增加管理复杂度，消耗更多物质补给，优势反而转化为劣势。希腊城邦的军队虽然人数少，但是通过恰当的组织结构、作战流程、激励制度与文化、优良的装备及相互协作，组织能力上反而更胜一筹。

管理企业也是如此，由于组织能力上的较大差异，有“同行不同利”之说。同一个行业的诸多企业，几乎相同的产品、类似的商业模式，随着行业集中度提高，通常仅有几家能持续赢利，而其余大部分处于亏损状态或消失不见了。例如：1987年，华为在深圳初创时注册资金只有2万元，主营业务是代销香港一家公司的电话交换机，从中获取差价。当时全中国搞这样倒买倒卖电子产品的公司很多，规模比华为大几倍甚至上百倍的公司也有不少，但是华为的组织能力更胜一筹。30年间，华为通过持续吸引一流人才加盟，不断增加技术研发投入、优化升级管理体系等，逐渐成为一家世界知名的通信行业领导型企业。

至今，对于组织能力的认知与讨论莫衷一是。例如：战略理论中有能力学派。核心竞争力是能力学派的重要成果之一，但是如何打造核心竞争力，该学派的学者们并没有系统地阐述清楚。日本学者藤本隆宏提出“表层竞争力”和“深层竞争力”这两个概念，并认为深层竞争力才是一些行业领导企业的关键性能力。显然，深层竞争力与核心竞争力有些类似。再一个是杨国安先生提出的“组织能力杨三角”，包括员工能力、员工思维模式、员工治理方式三个方面。“组织能力杨三角”的讨论焦点是普遍意义上的员工，与能力学派侧重于战略性核心能力有明显的差异化特色。民国时期清华大学校长梅贻琦说：“所谓大学者，非谓有大楼之谓也，有大师之谓也！”如果这句话用在企业界，那么就可以强调企业家在组织能力中扮演着举足轻重的角色。

在管理体系OPO模型中，管理体系=组织能力×业务流程×运营管理。简单来讲，组织能力就是企业的能力总和，其大小或强弱取决于以下三个方面：

（1）员工个体能力是组织能力的根本保障。这个好理解，百丈高楼也是由一块块材料垒起来的。人才是企业最宝贵的资源。苹果首席设计师乔纳森·艾维离职的消息刚一公布，苹果的市值就应声蒸发了90亿美元。谷歌公司对入职员工的能力素质非常挑剔，前来应聘者平均要参加多达20次面试，录取率只有0.25%。激发员工的学习积极性、职业进取心及开展企业培训、合作交流等都是提升员工个体能力的有效途径。

（2）组织设计是组织能力建设的“放大器”。通过优秀的组织设计，将人与人连接、人与事组合，形成1+1＞2的协同效应。金刚石与石墨皆由碳原子组成，只是连接方式不同，一个异常坚硬、价值千金，另一个松软易折、随处可见。组织设计的内容主要包括：组织结构、组织手册、员工手册。它们都是组织能力的基础性构成内容。

随着公司规模扩大，商业模式趋于更复杂、业务内容更丰富，必然需要设置更多的层级、配置更多的部门、衍生出更多的业务岗位。虽然“人多力量大”是组织能力扩大的基本途径，但是应该通过组织结构设计、组织手册、员工手册等，将人与人有序连接、人与事正确组合，将众多个体能力集成化、系统化，从而形成强大的组织能力。

组织结构表明了企业设置的部门与商业模式的业务活动之间相互对应、分工协作、管理层级与隶属关系等。组织结构设计要重点考虑工作专业化、部门化、命令链、控制跨度、集权与分权、正规化等六个关键方面。通常用一张组织结构图来简明扼要地可视化表达企业中部门与业务之间的各种结构关系。

组织结构有直线制、职能制、直线职能制、矩阵制、事业部制等多种形式。如果不是纯粹讲授知识的话，就要问哪一种更常用，哪一种更有利于培育与提升组织能力？几个人的小作坊或工作室，通常有一个管理人员就够了，重要的事项都经由这个人拍板，所以比较适合直线制组织结构。像通用电气这样的特大型多元化企业，子公司规模足够大，子公司之间的产品几乎没有什么关联，所以可以采用事业部制组织结构。

而处于两者之间的企业大部分以专一化经营为主，企业的产品组合之间有很强的关联性及相似性，所以适合采用矩阵制组织结构。

组织手册是组织结构功能作用的具体展开与说明，是企业中各部门单位开展工作的依据。组织手册的内容包括组织结构说明书、管理原则与制度、工作标准与规范、各部门职责范围、内部协作关系、职位说明、定岗定编等。

员工手册是员工的行动指南，它分为通用化部分与个性化部分。员工手册的通用化部分是企业规章制度、企业文化与企业战略的浓缩，是企业内的“法律法规”，同时还起到了展示企业形象、传播企业文化的作用。员工手册的个性化部分包括该员工的岗位说明书、职业生涯规划、学习与成长计划等。

（3）组织能力在经营管理活动中获得持续增强与提升。组织能力沿着赢利系统构成要素展开，包括团队合作能力、商业模式创新能力、战略规划能力、管理体系建设能力、文化塑造能力等；沿着商业模式的业务活动进一步展开，包括研发能力、技术创新能力、营销能力、市场竞争能力、资本运作能力等；沿管理职能展开包括计划能力、组织能力、领导能力、控制能力等。这些组织能力的构成内容不是在企业创立之初就有的，也不能指望“天上掉馅饼”，它们都是在企业经营管理过程中得到持续提升的。组织能力不是静止的，逆水行舟，不进则退。在企业生命周期中，官僚主义及“部门墙”极有可能出现，它们是组织能力提升的巨大障碍。此时，组织能力中的变革创新能力就显得尤为重要。

组织能力是众多个体能力的集成化、系统化。人与人应该如何连接，人与事应该如何组织？前文提到矩阵制结构适合绝大部分以专一化经营为主的企业。下面就这个问题进行一些简要阐述。

矩阵制组织结构有点像一个纵横交叉的渔网。纵向是共享的专业职能管理轴线，而横向上是个性化的客户或产品轴线。例如，A企业生产X、Y两种产品，其中X产品面向国内市场，Y产品面向国际市场。在商业模式方面，除了市场营销有较大差异外，X与Y产品的增值流程基本相似，都是由研发、采购、制造、组装等环节组成，辅助的财务、人事等职能也是共享的。矩阵制组织结构的简要形式，如图5-2-1所示。

如果一个公司的产品种类不多，例如苹果公司，图5-2-1所示的矩阵制组织结构会更扁平化，类似于职能制结构。这样扁平化的矩阵制结构，就需要一个强大的经管团队或一个有威望的领带人来协调横向客户（或产品）轴线与纵向专业职能轴线的业务流程交叉问题。

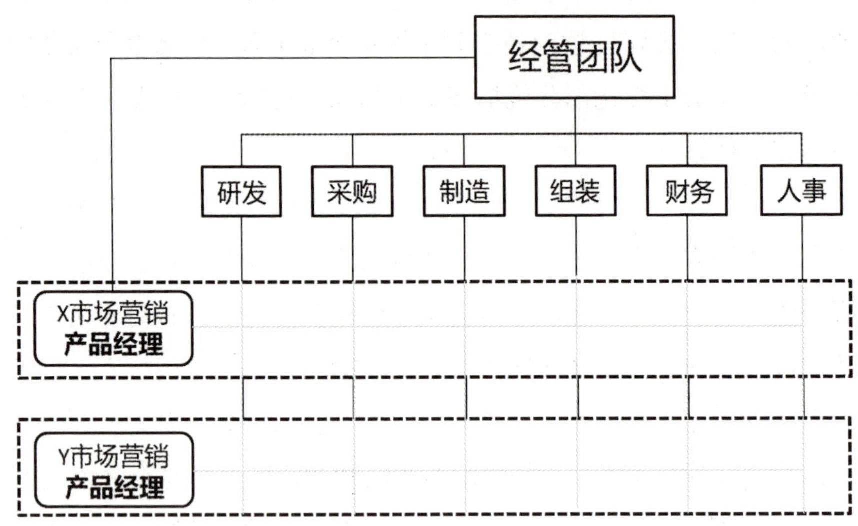

图 5-2-1　矩阵制组织结构简要示意图
图表来源：李庆丰，“企业赢利系统”理论

连锁企业大部分是非常“窄化”的矩阵制组织结构。例如，麦当劳有3万家快餐店，分布在世界各地。参考图5-2-1，这些店处于横向的区域客户轴线，负责成品烹制、客户服务、安全清洁等直接面对顾客的大部分增值流程，同时它们共享采购、中央配送、研发等总部负责的纵向专业职能。对于非常“窄化”的矩阵制组织结构，总部就要向各横向分部（或分店）充分授权，以服务好区域内的目标顾客。

像华为、IBM等这样产品众多并关联紧密的超大型企业，它们往往采用区域客户、产品划分等多重矩阵组织结构。所谓“小前端、大中台”——名称上换了个“马甲”，实质上也属于矩阵制组织结构。诸多“小前端”直接面对客户提供个性化产品，属于矩阵制的横向轴线；“大中台”就是纵向的专业职能部门的集成与共享。

有人会说，矩阵制组织结构存在“一仆二主”“双重领导”等不可避免的缺点。顺便说一句，矩阵制组织就是流程型组织，否则流程型组织就好像是创造出来的一个不能落地的概念。企业的各层次业务流程上规定了活动的承担者，所以“一仆二主”“双重领导”等引起冲突需要协调的工作内容并不多。如果企业在业务流程建设方面处于一片“荒芜”或杂乱无章状态，出现了“一仆二主”“双重领导”以外的诸多问题，那么再好的组织结构设计也会沦为一个摆设。每一种组织结构运转起来，都有一些需要协调的工作内容。协调也是领导者或管理者的日常工作职能之一。

之所以大部分企业应该采用矩阵制组织结构，是因为横向轴线可以充分满足产品个性化特色及客户满意度提升的需求，有利于为企业培养综合性经营管理人才，持续提升组织能力；纵向轴线共享专业职能可以降低成本，减少重叠的机构设置，也就降低了管理复杂度，既有利于发挥整体的协作效应，也有利于持续提升组织能力。

5.3 业务流程：增一分则肥，减一分则瘦

重点提示

※ 在管理体系中，业务流程发挥什么作用？

※ 从业务流程角度分析，为什么说“海底捞，你学不会”？

※ 哪些属于紧流程，哪些属于松流程？

1992年，尼克·里森被英国巴林银行派往新加坡任期货交割主管。不久，他“毛遂自荐”，又兼任交易主管。如果一人身兼交易和交割主管两职，则会使银行内控流程的相互制约功能丧失。里森为了获取更高的个人收入和提高自己在银行内部的地位，采用虚假账户、伪造票据等手段隐瞒交易亏损，并持续投入巨额资金的错误赌注。

1995年1月17日，日本神户大地震，日经指数大幅下跌。里森手里所有的交易策略都遭受了巨额损失。由于出现了亏空，维持正常交易的保证金需要重新补足。这在风险管理流程中，本来应该迅速核查造成如此严重问题的来源。可是，英国的巴林银行总部，选择了确信远在新加坡的里森可以力挽狂澜，立马就批准了3.54亿美元的追加保证金。拿到了新资金的里森，不甘心就此认输。他开始豪赌，想凭一己之力力挽狂澜，于是他持续买入更大份额的期货多头合同，盼着日经指数上涨。在这个过程中，被蒙在鼓里的巴林银行陆续又给予里森8亿美元现金支持。最终，里森一个人造成的损失高达14亿美元。因为巨额亏损无法抵补，曾经辉煌了233年的巴林银行就这样倒塌了。

参考资料：HiFinance，巴林银行是如何倒闭的？知乎/百度百科

至今还有不少人讨论“巴林银行是如何倒闭的”。有人说，1995年时里森也才28岁，肯定是年纪轻、胆大妄为造成的。有道是，自古英雄出少年，巴菲特8岁就开始投资股票了。有人说，里森出身中下层阶级，虚荣心重、太自私、缺少道德感。这种说法也不对，难道高贵出身的人就不自私、不虚荣，道德高尚吗？反例太多了。

导致巴林银行倒闭的最根本原因是合规或风控流程存在严重漏洞及不认真执行已有的相关流程。例如：里森身兼交易、交割主管两职，既是运动员，又是裁判员。日经指数大幅下跌多日后，巴林银行总部却继续给予里森多达10亿美元的资金支持。里森常年采用虚假账户、伪造票据等手段隐瞒巨额交易亏损，一直没有被发现及问责，反而获得了更多的分红奖励及授权信任。

合规或风控流程都属于企业的业务流程，尤其被金融类企业所重视。在管理体系OPO模型中，管理体系=组织能力×业务流程×运营管理。一个企业的业务流程之所以重要，是因为它让商业模式及战略指导方案可落实与执行，转化为可供日常运营的具体行动步骤。在T型商业模式中，有一个创造模式的公式：产品组合=增值流程+合作伙伴+支持体系。这里的增值流程就是为形成产品组合，企业必须开展的业务流程，它通常是一个企业的主干流程。不仅创造模式，而且让营销模式、资本模式转变为可执行的活动，同样也需要依赖一系列的业务流程。

一个企业的业务流程可以简要划分为产品增值流程和辅助支持流程。产品增值流程主要对应T型商业模式中的“增值流程”，是面向目标客户需求形成产品组合的一系列连贯性活动，它包括主干流程及其分支流程。辅助支持流程主要对应T型商业模式中的支持体系等相关要素，例如：技术创新流程、财务管理流程、人事行政管理流程等。

举例来讲，某风险投资机构围绕产品增值流程的主干流程为融资、投资、管理、退出四大类活动——从业者将其简称为“融投管退”；其中每一大类活动都可以再分解为分支流程；分支流程的某些活动步骤还可以进一步展开为再下一级的分支流程，如图5-3-1所示。在图5-3-1中，是将“投资”活动展开为下一级的分支流程，主要包括项目接触、调研评估、投资决策、协议签署、付款交割等五项基本活动。为了进一步说明，又将“协议签署”这项基本活动进一步展开为具体的业务流程——协议签署流程图。

图5-3-1下半部分所示的协议签署流程图，从商务谈判到协议存档等，是一系列预先规定好的“关于如何操作与执行”的步骤。按照管理学对计划的定义，流程（或叫程序）是计划的一种形式——流程是在执行之前预先制订的，所以可将流程图看成是一种业务如何执行的计划文件，是管理中计划职能的体现。管理有四大职能，除了计划职能之外，还有组织、领导及控制职能。按照流程图执行业务流程，要及时组织所需要的人、财、物及信息，这是发挥管理的组织职能。流程执行中出现了例外情况，例如，新来的员工出现了工作失误，就需要领导出面纠正及协调，这是发挥管理的领导职能。假如有员工消极怠工或徇私舞弊，相关管理人员还要及时检查、审计，这是发挥管理的控制职能。这里需要指出的是，业务流程的执行属于企业运营管理的范畴。

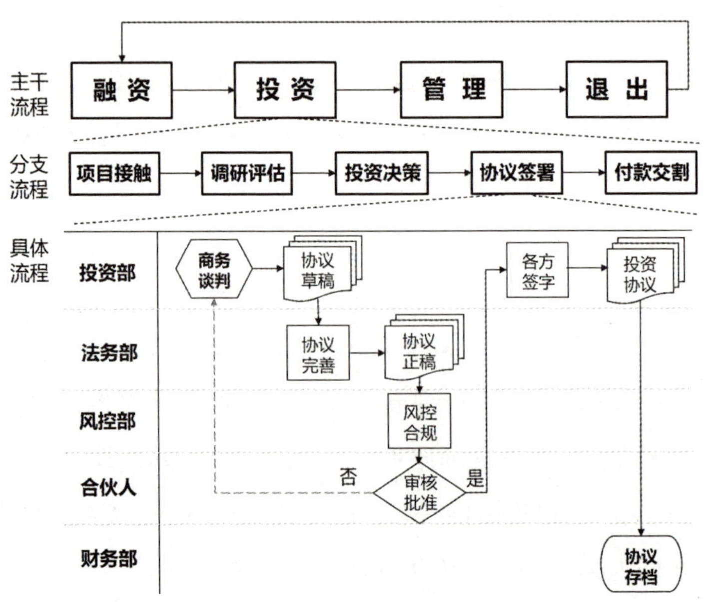

图 5-3-1　某风险投资机构的主干流程、分支流程及其展开的具体流程图

图表来源：李庆丰，“企业赢利系统”理论

需要说明的是，虽然流程图等业务流程管理文件属于计划类文件，但是它们与组织设计类的文件一样，都是相对固定可以重复使用的管理文件，已经转变为了企业运营管理所能依托的“基础设施”。一个企业的“基础设施”好，运营管理才通畅，管理体系才能真的好！

按照教科书的说法，一项具体的业务流程通常包括六个要素：

（1）客户，是指流程服务的对象，对外来讲是企业的目标客户等利益相关者，对内来讲是流程输出结果的接收者。

（2）价值，是指流程运作的功能作用及为客户带来的好处，例如，保障产品质量、提高运营效率、降低费用或成本、增强风险控制、减少推诿扯皮及提升协作水平等。

（3）输入，是指运作流程所必需的资源，不仅包括传统的人、财、物等有形资源，而且包括信息、关系、计划等无形资源。

（4）活动，是指流程运作的各个步骤环节。

（5）连接关系，是指活动之间的相互关系，把流程环节从头尾串联起来。

（6）输出，是指流程运作的结果，它通常承载着流程的价值。

虽然以上业务流程六要素的说法比较全面，还具有普适性，但是实践中要关注具体、关键的因素，才能把工作做好。在图5-3-1中，协议签署流程应该重点关注承担者、实现方式、作业标准三个因素，这三个因素应该归属于流程六要素中的“输入”。

在具体流程中，明确谁是活动的承担者很重要：一来可以明确责任，增加工作者的积极主动性；二来减少推诿扯皮，让人与事对应，促进承担者提高专业水平。在图5-3-1中，明确了投资部负责拟定协议草稿，负责项目的投资经理平时就非常有必要提升这方面的专业水平，并在商务谈判中将具体协议条款逐项落实到位、表达清楚。

实现方式在具体流程中也非常重要，常常可以协助突破流程中的瓶颈环节，并使之成为流程关键点。在图5-3-1中，如果该投资机构的风控部建立了协议风险点数据库，并采用人工智能进行自动比对，那么该流程中风控合规的审核效率及质量都会大幅提高。

作业标准为流程活动承担者提供了一个清晰的结果导向的工作样板或标准。在图5-3-1中，如果该投资机构长期以来一直采用比较简要且本土化的协议文稿，且将历史协议文稿归纳整理，已经形成了法务部的作业标准，那么一位新入职的法务人员就会很快改掉其习惯的冗长拗口的“国外翻译体”的协议文稿风格。

并且，对于通常的具体流程来说，承担者、实现方式、作业标准这三个业务流程关键因素具有普适性，可以用于解决流程关键点的困扰及瓶颈问题，同时有利于业务流程的优化迭代。例如，在中国成语典故“滥竽充数”中，新继位的齐湣王更改了御用乐团的演奏流程，让乐师们一个一个独立表演吹竽。这让人与事相互对应，落实到具体承担者，所以不会吹竽的南郭先生不得不溜之大吉，而技高一筹的乐师就会由此脱颖而出。现在，各企业都在使用移动互联网客户端召开视频会议。这是开会的实现方式变了，所以就能突破传统会议流程的时空及物质条件限制。为什么日本“寿司之神”小野二郎的寿司店能够捏出享誉世界、别具一格的美味寿司？在产品增值流程中具有独特的作业标准是一个重要原因。

对于大部分制造型企业，产品增值流程（通常也是主干流程）一般包括研发、采购、制造、组装、销售、售后等若干大类活动步骤。就像长江水系的上中下游，各大活动步骤之间是上中下游的串联关系。在串联连接关系的流程中，上游的问题将会累积到中下游。甚至由于牛鞭效应，上游活动的质量、工期、成本严重制约着中下游活动的质量、工期及成本。例如，如果奶制品企业在上游的采购环节出现严重的监控疏忽，导致原奶被掺了杂质，即使后续的生产包装流程采用了先进的无尘无菌洁净车间及全球领先的智能化生产线，那么该企业最终也不可能生产出合格的奶制品。

由于线下服务类产品涉及人与人之间的更多接触与沟通，所以业务流程中承担者的积极主动性、创造创新性将成为企业的竞争优势。例如，在海底捞就餐排队时，提供擦皮鞋、修指甲的服务，还提供水果拼盘和饮料，还能上网、打扑克、下象棋等，这些全部免费！打了一个喷嚏，服务员就吩咐厨房做了碗姜汤送来。很多但不限于餐饮企业，经常到海底捞实地学习取经。这些企业最终为海底捞贡献了收入，但就是学不会，模仿不来。究其原因，海底捞“变态”服务外显流程的背后有诸多隐含流程。例如：创始人坚持善待下属，能够有效指导管理层成长。管理层成员坚持以身作则，能够长期成为员工效仿与学习的服务榜样。企业舍得付出代价为一线服务员提供舒适的生活环境等。海底捞别人学不会，是因为这些隐含流程别人学不会。如果再挖掘隐含流程背后的原因，那是因为大部分企业不具备这方面的基因。

根据流程中各项活动的严谨程度，有紧流程与松流程之分。对于紧流程，像高档零部件的精密加工流程、高危业务的作业流程、金融产品的交易及风控流程等，通常有齐备的业务流程管理文件，例如：流程图、作业标准、第三方检查制度等，活动承担者要不折不扣地严格按照流程管理文件操作与执行。对于松流程，流程管理文件只是指导性的或者就不太需要。这样可以给活动承担者很大的发挥空间，例如：市场营销人员去拜访一位老客户、设计师对产品包装进行设计、客服经理去处理一起非常棘手的客户纠纷等。

所谓创建流程化组织，就是以客户或产品为中心，设计与优化组织结构（通常是矩阵制），构建主干流程与各分支流程等健全的业务流程体系。所谓流程变革或优化升级，就是打破官僚型企业的“部门墙”，采用数字化、智能化手段，建立以客户为中心快速响应的市场化流程体系。

5.4 运营管理：企业应该有多少个首席运营官？

重点提示

※ 为何一些管理者喜欢将“把信送给加西亚”奉为圭臬？

※ 戴明协助日本产品“咸鱼翻身”的方法论是什么？

※ 为什么说每个管理人员都是自己的首席运营官？

小说《把信送给加西亚》讲述的是美国陆军中尉罗文，将一封重要书信，成功送达古巴岛起义军首领加西亚的故事。

19世纪末，西班牙殖民地军队对古巴起义军的残酷镇压，已经损害了美国在古巴的经济利益。1898年2月15日，美国派往古巴护侨的军舰“缅因”号在哈瓦那港爆炸，美国遂以此事件为借口，要求惩罚西班牙。两个月后，美国与西班牙两个国家相互宣战，美西战争终于爆发。

战争开始，当时的美国总统麦金利急需将一封决定战争命运的书信，秘密送到古巴起义军首领加西亚手里。但是，加西亚是一个被西班牙军队恨之入骨的人。由于被西班牙军队到处追杀，加西亚躲进了古巴的山区丛林中，居无定所，行踪不定，没有人能知道他的确切地址。当时也不像现在，120多年前根本没有任何无线电通信设备。

美国情报局长瓦格纳对书中主人公罗文说：“你必须把总统的这封信送给加西亚。你能够在古巴东部的某个地方找到他。你必须自主计划行动。这个任务是你的，你必须独自完成。”在没有任何护卫的情况下，年轻的罗文孤身一人就立刻出发了。他没有任何推诿，不讲任何条件，历尽艰险，多次突破敌人的重重包围，走过危机四伏的战火之地。徒步三周后，他以绝对的忠诚、责任感和创造奇迹的主动性完成了这件“不可能的任务”——把信交给了加西亚。

在过去的一段时间里，很多企业老板将“把信送给加西亚”奉为圭臬，培训或开会就对员工大谈“忠诚、责任感、创造奇迹”等。“像罗文那样，不要为过程中的困难找借口，请给我结果！”一些老板如是说。

20世纪50年代，一些日本工厂开始在第二次世界大战后的废墟上重建。大家普遍认为，日本员工忠诚，有责任感和工匠精神。而当时的日本产品价格低廉、粗制滥造，被世界认为是“垃圾产品”的代名词。一些日本企业把工厂开到美国乡村，以便让产品能贴上“美国制造”的标签。

十来年后，奇迹发生了，日本产品全面翻身，逐渐成了质量优异的代名词。到20世纪80年代，日本制造的汽车、机床、电视、摩托车、相机等成千上万种产品成功地行销全球。日本制造全面超越美国，竟然把美国货挤兑得没有还手能力。

谁是日本产品“咸鱼翻身”的幕后推手？美国管理学家戴明。1960年，日本天皇将日本的“瑞宝奖”颁发给美国人戴明，理由是：“日本人民把日本产业得以重生并成功地行销全球，归功于戴明在此的所作所为。”

1950年，戴明对日本工业振兴提出了以较低的价格和较好的质量占领市场的战略思想。随后，戴明提出并在实践中完善的PDCA管理改善理论及管理14条原则在日本企业中获得了全面持续的贯彻。

PDCA循环强调在企业产品形成过程中持续改善质量、降低成本。因此，日本企业在第二次世界大战后得以全面振兴，能够长期在世界市场占有重要的一席之地。其实推广用之，PDCA循环也是企业运营管理的基本内核。PDCA循环包括四个阶段，即Plan（计划）、Do（执行）、Check（检查）和Action（处理）。在企业运营管理中，四个阶段不停顿地、周而复始地运转，促进运营质量不断改善、运营成本不断下降、运营绩效不断提升。

运营管理向上对接于企业战略，将战略指导方案转化为日常运营。在管理体系OPO模型中，管理体系=组织能力×业务流程×运营管理。企业的运营管理就是以目标客户为中心，通过产品组合为目标客户创造价值的过程，也是商业模式的创造模式、营销模式、资本模式构成要素协同一体形成飞轮效应赢利循环的日常化与具体化过程。在管理体系中，运营管理基于组织能力和业务流程等空间维度上的要素存在，主要表现为在日、周、月、季、年等时间周期维度上对企业的相关业务进行周而复始的过程管理。

如何搞好运营管理？以前，很难找到一个统一的说法。通常来说，运营管理包括业务流程管理、运营过程管理两大方面。业务流程属于企业各相关部门涉及的具体业务内容。教科书谈到的供应链管理、生产管理、产品开发管理、销售管理、财务管理、人力资源管理等，是关于该学科涉及的业务模块构成及相关知识的理论体系，例如：人力资源管理可以分成人力资源规划、招聘与配置、培训与开发、绩效、薪酬福利、劳动关系六大业务模块。业务模块展开为一系列与企业特点密切相关的具体业务流程后，才能应用于企业运营管理实践中。这些内容，上一节（章节5.3）已经简要阐述。在管理实践中，肯定不能玩虚的，而是要追求在一定时间周期内持续形成赢利绩效、实现经营目标，所以运营过程管理应该是关注的重点。

为了便于实践操作，运营过程管理应该划分成若干个作业步骤。结合PDCA循环、管理职能及现代运营管理理论，笔者将企业的运营过程管理划分为目标分解、计划落实、精益执行、指导监控、绩效考核、持续改进六大作业步骤，简称为“运营管理六大作业”，如图5-4-1所示。

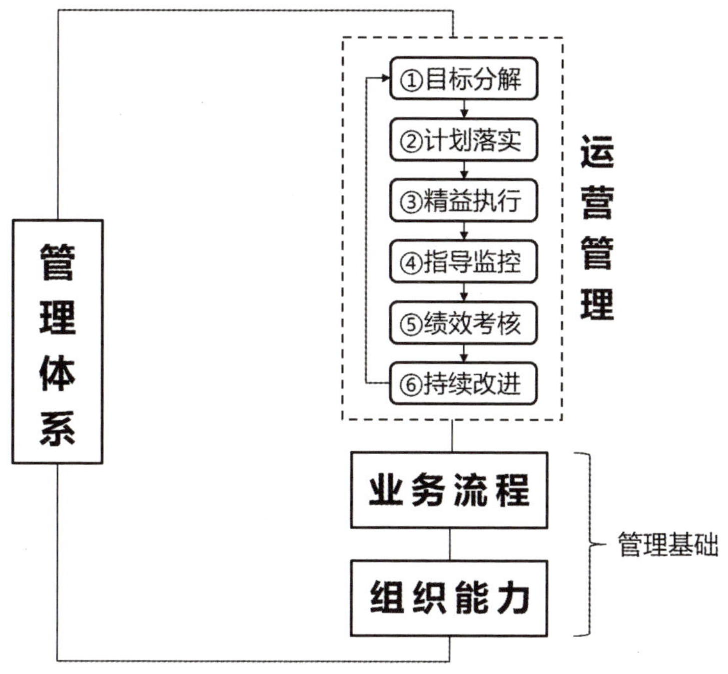

图 5-4-1　运营管理六大作业步骤示意图
图表来源：李庆丰，“企业赢利系统”理论

（1）目标分解。管理学的理论认为，目标属于计划的一部分。俗话说，目标刻在石头上，而计划写在沙滩上。目标不要轻易改变，而计划可以有所调整。运营管理的目标主要是指运营周期的总体性目标、关键性指标。目标分解有两个方向：一个是沿着年、季、月、周时间维度展开，另一个是沿着公司、部门、班组、个人展开。现在各大科技、互联网公司纷纷采用的OKR（Objectives and Key Results，目标与关键成果）工作法，就是一种目标分解的方法。OKR工作法，不仅设定了目标，而且也明确达成每个目标所需要的、可衡量的关键成果。这些关键成果勾勒了实现目标的大致路线图，并且根据内外环境因素的变化，定期对路线图进行一些必要的校正。一直以来，有些公司采用KPI（Key Performance Indicator，关键绩效指标）绩效考核，为了结果考核时有据可依，也需要事先进行目标分解。

（2）计划落实。计划落实有两重含义：其一是计划制订，指每个运营管理周期开始，企业相关人员参与制订计划的活动；其二是形成计划文件，指形成用文字、图表等格式表述计划内容的管理文件。计划制订遵循一定的程序或步骤，属于业务流程管理的一部分。制订计划时，可以参考“5W2H”“SMART”（Specific：具体的，Measurable：可以衡量的，Attainable：可以达到的，Relevant：具有相关性的，Time-based：有明确的截止期限的）、“WBS”（Work Breakdown Structure，工作分解结构）、时间四象限法等一些相关工具。“凡事预则立，不预则废。”《孙子兵法》里讲“多算胜，少算不胜，况无算乎”。计划文件就是做事之前的思考与准备，包括对人、机、料、法、环及检测等相关资源的输入、使用、输出的具体落实与安排，在运营管理过程中必不可少。因为计划文件中含有目标的详细展开、相关工作策略、预算方案、采用的政策、相关的程序与规则等，所以计划文件不仅是计划职能的书面体现，也是组织、领导、控制职能的书面体现。

（3）精益执行。由精益生产扩展到精益管理，它们都属于精益执行的一部分。精益生产重点在现场问题解决，是源自丰田生产方式的一种现场管理哲学。通过不断创新总结，现在精益执行已经积累了诸多管理工具，包括看板管理、层级会议、根本原因分析、8D法、5Why分析法、5S管理、Andon（安灯）系统、可视化管理法、消除七大浪费等多达几十种。稻盛和夫说：“答案在现场，现场有神灵。”任正非说：“让听到炮声的人呼唤炮火！”科学恰当地采用各种管理工具，不断解决现场问题，坚持改善改进，是精益执行的核心内容。

（4）指导监控。领导应当是教练，多指导少命令。员工是企业的智力资本，靠自己赢得信任但要接受检查。《高效能人士的七个习惯》的作者柯维曾说，一个教练式领导会问员工五个问题：工作进展如何？你在学习什么？你的目标是什么？我能帮你做什么？我作为一个帮助者做得怎么样？监控属于管理中的控制职能，对于计划执行、现场管理不可或缺，尤其对于涉及重点、关键、高危、高风险业务的流程或过程管理更加重要。控制包括事前、事中及事后控制。对于运营管理，通过事前控制，可以防患于未然；通过事中控制，及时纠正偏差与失误；通过事后控制，发挥亡羊补牢的作用，及时总结经验教训。

（5）绩效考核。已经在目标分解、计划落实作业中设定了细化的目标要求，才能执行好对结果的绩效考核。像平衡计分卡、KPI、OKR等既是目标分解的工具，也是绩效考核的工具。作为运营管理的重要作业步骤之一，绩效考核必不可少，但也常有不少副作用。索尼前常务董事天外伺郎在《牛津商业评论》发表的文章中写道，绩效主义毁了索尼。但又有人说，绩效主义成就了华为团队、阿里铁军，让亚马逊、特斯拉取得了巨大成功。绩效考核没有错，关键在如何考核。抱怨KPI、绩效主义没有用，而在于经管团队是否肯下功夫，不断探索与持续改进，找到适合企业的绩效考核方法。

运营管理是对过程的管理，从目标分解→计划落实→精益执行→指导监控→绩效考核，是一个前者影响及决定后者的“串联电路”，并建立在持续提升组织能力、不断改进业务流程等基础管理之上。像前文提到一些企业老板存在的心智模式——“不要为过程中的困难找借口，请给我结果！”如此这般的企业，它们远离了运营管理的真谛。《把信送给加西亚》描述的是执行一个简单任务的艰险历程，是一次极具偶然的成功。它可以是一个企业文化故事，但并不适合广泛地应用于企业运营管理场景。如果忽视了运营管理的前提条件及过程步骤，过分依赖所谓的激情、忠诚、责任感，那么管理绩效和结果常常会令人失望，企业的竞争优势终究难以建立。

（6）持续改进。其实，前述运营管理的五项作业都需要持续改进。之所以将持续改进再列为第六大作业，是因为在每一个运营周期的结束要有一个总结活动，称为复盘。它不仅是对以往持续改进的一个归纳总结，更重要的功能为了“下一个更好的开始”。德国大众的KVP（持续不断改进）、中国法士特集团的KTJ（科学改进、提高效率、降低成本）、日本丰田的Kaizen（改善）小组活动等，都为持续改进提供了一些优秀的参考样板。

企业运营管理有公司、部门、班组等很多个层级。它们应该分别采用多长时间的运营周期，是否都要贯彻以上六大作业步骤呢？一般来说，对于公司层的运营管理，至少要有向董事会汇报的年度运营周期，以上运营管理六大作业步骤必不可少。部门层适合采用季度或月度的运营周期，以上六大作业可以适当简化。对于班组的操作层来说，例如机床操作工、计件组装工等，通常要细化到每周/每天的运营周期，根据以上六大作业步骤的核心思想，可以设计一个简要的、标准化的运营管理作业流程。

以上六大作业步骤，既适用于公司层的总体运营管理，也适用于产品开发、采购、制造、营销、财务、人事等部门或班组的运营管理，经适当简化后也可以用于个体的自我运营管理。从这个意义上说，总经理是公司层不可推责的首席运营官，各部门负责人都是本部门的首席运营官，每个管理人员都是自己的首席运营官。

5.5 德鲁克：管理不在于知，而在于行

重点提示

※ 怎样才能近似地实现无为而治？

※ 企业搞自组织的前提条件是什么？

※ 为什么人们成了"知道主义者"，但不去连贯地行动呢？

大约4 000年前，神州大地经常洪水泛滥，广大百姓时常流离失所。通过各部落首领的举荐，当时的部落联盟首领尧将治水的任务委任给了鲧。鲧这个人有知识、懂得多，备受尊敬，但是经常消极怠工，不肯到一线实地调研，而是根据"兵来将挡，水来土掩"这些流传下来的碎片化知识指导治水。有洪水的地方，鲧就命令当地百姓取来土石、木块等材料去堵水。鲧负责治水九年，洪水不仅没有消退，而且每次堵水过程中，都会死伤很多人。后来，舜接替尧，成了新的帝王。鲧治水无功且有过，被舜革职流放了。

舜将治水的任务重新委托给了大禹。虽然大禹是鲧的儿子，但是他并不教条地接受父亲所传授的知识，而是带领几位助手，跋山涉水，风餐露宿，走遍了各地。大禹经常左手拿着准绳，右手拿着规尺，走到哪里就测量到哪里。在实践中，大禹发明了一种"涝季观测、旱季施工"疏导治水的新方法。他将中国先分成九个州，看成一个整体进行治水，通过疏通水道的方法，使得各江河水系都能够顺利地东流入海。大禹治水13年，三过家门而不入。咆哮的大水被驯服，昔日被淹没的农田变成了米粮仓。那些

流离失所的百姓又能筑室而居，终于过上了幸福富足的生活。

老子的《道德经》有讲“无为而治”。如果曲解了它，就会像大禹的父亲鲧那样，抱住一些历史积累的碎片化知识，便认为自己什么都懂，以纸上谈兵代替现场的调查测量，把消极怠工看成“无为而治”。现在，一些专家对“无为而治”有不同的解释：第一，管理企业不可强为，要顺其自然；第二，企业制度就是“道”，领导不要乱加干涉，应该以制度约束员工的行为；第三，领导要充分发挥员工的创造力，做到自我实现，走向崇高与辉煌；第四，只要不违背客观规律，遵循规律顺势而为，企业就能所向披靡。

这样的解释，有点像“兵来将挡，水来土掩”“管理就是管好人心”“管理就是管得在理”“管理就是劳累别人”等，听起来有些道理。鲧就是拿着这类碎片化知识去治水的，结果是一败涂地。**笔者认为，如果真能实现“无为而治”的话，应该像大禹治水那样，之前必定要付出艰苦卓绝、披荆斩棘的“笨功夫”。**况且，我们现在处于“VUCA”时代环境，与老子那时“数千年如一日”的稳定环境已经大有不同，所以“无为而治”越来越难实现。

我们不追求“无为而治”，但是通过建立管理体系，可以一定程度地实现管理“自动化”。

大约2013年，笔者曾去霍尼韦尔上海工厂考察霍尼韦尔运营系统（HOS）。回忆当时，上午9点开始上班，首先是15分钟班组层会（内部简称“T1”层会）。霍尼韦尔的班组层会，并不是组长训话，而是全体班组成员每人拿一个文件夹，站在一个2米×1.5米大小布满图表挂板的看板前讨论问题。组长更多是倾听记录，而员工轮番积极发言，讨论的问题包括：昨天A产品出了质量问题，主要原因是什么；B-2物料没有及时送到，应该让采购部督促一下；今天C产品额外增加了6个制造任务，需要从其他班组借调2名员工等。霍尼韦尔的运营层会共有公司、部门、班组三个层次，分别简称为T3、T2、T1。T3、T2层会与班组的T1

层会形式上差不多，只是时间顺延半小时。这样T1（班组）层会的问题就会在T2（部门）层会及时得到关注，T2层会累积的问题就会在T3（公司）层会及时得到讨论。

当时我就在想，这有点像传说中的“自组织”或自动化管理，中小企业也可以这样搞。次年，传说很快变成了现实，启盈运营系统（EOS）出现了。EOS脱胎于HOS，是由康永生先生创立并逐步完善的。康永生从霍尼韦尔离职后，致力于协助离散制造类中小企业建立EOS，经过5年的创业拼搏，先后服务了10多家中国中小企业。尽管初步取得了一些成绩，但是也有一些问题困扰着康永生。其中最主要的问题是，通过6个月努力，这些民营企业都能初步建立起EOS。但是，康永生的服务团队离开几个月后，有几家企业的EOS就不能正常运转了，甚至再过1～2年，个别企业又退回到原来的运营状态，那些看板、层会、图表挂板等几乎形同虚设。

究其原因，是中小企业基础管理薄弱。根据OPO管理体系模型，管理体系=组织能力×业务流程×运营管理。而EOS或HOS更多聚焦在运营管理六大作业的第三步骤——精益执行，通过突破长期困扰企业的现场管理瓶颈，带动企业整体运营水平的提高。这也不能说成是“橘生淮南则为橘，生于淮北则为枳”。事实上，HOS是建立在其优秀的管理体系基础之上。霍尼韦尔创立于1885年，起家产品是发电机及自动控制产品，已经有近百年管理体系的建立、优化与完善历史。而我们的中小企业，平均寿命3～5年，像组织成长、业务流程、运营管理这三个管理体系的构成部分，都是比较初级或仍然处在从零开始阶段。

现在，也有专家在倡导自组织，常常引用的例子有：一群南飞的大雁，自发地排列成整齐的“人”字形；上百万只蚂蚁可以非常有秩序地组织起来，搜索与传送食物……但是，人是高等级动物，受教育水平越来越高，精致的利己性普遍存在，已经不太可能激发出本能反应式超级简单的自组织行为。

德国学者赫尔曼·哈肯（H.Haken）认为：如果一个系统靠外部指令而形成组织，就是他组织；如果不存在外部指令，系统按照相互默契的某种规则，各尽其责而又协调地自动形成有序结构，就是自组织。依据他组织与自组织的区分，换一个角度看，市场是一只看不见的手，市场经济下的企业就近似一个自组织。

每个企业像生物体一样都有生命，都是一个相对独立的系统。企业从零开始逐渐成长，并不是依靠外部指令，而是依据经营管理的一些原理及规律。笔者提出的企业赢利系统，就是对这些经营管理原理和规律的一个系统化归纳。依据企业赢利系统的相关原理，转化为企业全员各尽其责而又协调自动的经营管理行动，就是在接近自组织地促进企业进化与发展。

我们把企业赢利系统的构成图做一个变形，更方便讨论经营体系与管理体系及它们的构成要素之间的关系：经营体系三要素包括经管团队、商业模式、企业战略，管理体系三个构成部分包括组织能力、业务流程、运营管理，如图5-5-1所示。

本章第1节已有阐述，经营体系决定了管理体系，管理体系为经营体系服务，并且讨论了经营体系三要素与管理体系三个构成方面之间的相互对应关系。企业的进化首先是经营体系的进化，然后管理体系跟随这个进化。企业是商业模式中心型组织，商业模式是整个企业赢利系统的中心，也是经营体系的中心。当一个企业的商业模式变了，不仅经管团队要相应改变，一定时间段内的企业战略要有改变，并且管理体系的组织能力、业务流程、运营管理都要随之做出相应改变。例如：2019年，阿里巴巴公司发布了新商业模式——阿里巴巴商业操作系统，显然与20年前“阿里铁军”时代的商业模式已经有很大不同。商业模式变了，企业赢利系统的其他方面必然要随之调整与变革。阿里巴巴的CEO张勇曾说：“每年一次调整，商业设计与组织设计是企业一号位（‘一把手’）不可推卸的责任。”其中商业设计主要是指商业模式设计，而组织设计可以理解为整个管理体系的设计。

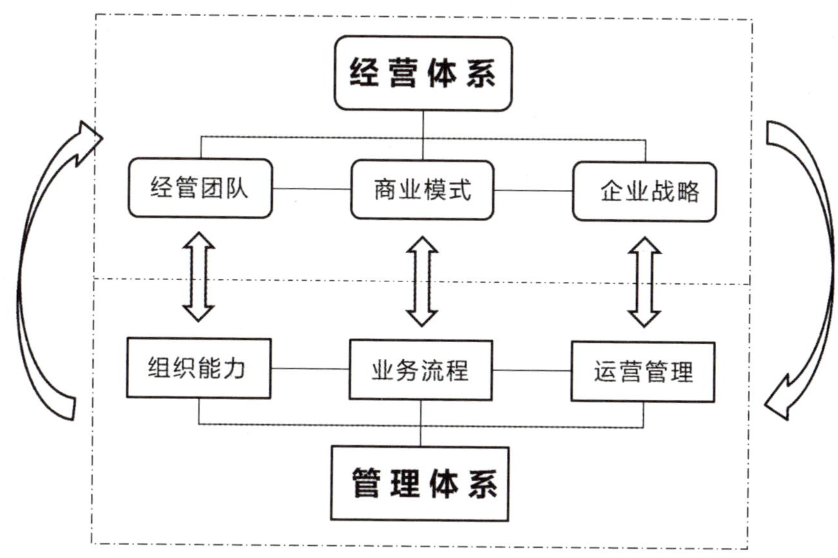

图 5-5-1 管理体系与经营体系相互促进及组成要素相互对应示意图
图表来源：李庆丰，“企业赢利系统”理论

经营体系为管理体系指明改进方向，管理体系也反作用于经营体系。乘用车行业有100多年历史，已经是非常成熟的行业。由于全球范围内经营要素的自由流动及霍特林法则导致的模仿博弈，各厂商的经营体系（经管团队、商业模式、企业战略）逐渐趋同。在乘用车行业，经营体系为管理体系指明的主流改进方向是持续提升功能与质量、管控成本。在此方针指导下，日本丰田汽车用近70年时间建设而成的以精益生产为特色的管理体系日臻完善，反作用于经营体系后，让企业涌现出了强大的竞争力和赢利能力。相比于美国、欧洲国家的老牌汽车厂商，丰田汽车能够后来居上，产销量全球范围数一数二，赢利能力更胜一筹。

如何建设企业的管理体系并让它日趋完善与强大？下面给出六个概要性建议。

（1）构建优秀的经营体系是建设好管理体系的重要前提。经营体系的三要素：经管团队、商业模式、企业战略（新竞争战略），分别在本书第2、3、4章进行了具体讨论。

（2）根据本章重点讨论的OPO管理体系模型公式：管理体系=组织能力×业务流程×运营管理，企业应当持续提升这三个构成部分的建设水平，加强它们之间的协作关系。

（3）将传统管理体系向数字化管理体系转型。

（4）为管理体系引进自组织理念，开展自组织管理活动。像HOS的层级会议那样，通过运营系统的特定设计，让各级员工主动参与到企业管理活动中来。

（5）借鉴与学习知名企业的管理体系或相关模块内容，例如：丰田生产方式（TPS）、西门子的工业4.0、通用电气的六西格玛管理、华为集成产品开发（IPD）体系、法士特的KTJ、霍尼韦尔运营系统、启盈运营系统、海尔全方位优化管理法（OEC）、IBM流程管理体系、江森商业运营体系（BOS）等。

（6）建设管理体系需要连贯性持续行动。管理体系的三个构成部分——组织能力、业务流程、运营管理，理解起来并不复杂，但想要高效运转，就需要连贯性持续行动。早在20世纪50年代，在美国管理专家戴明的指导影响下，丰田公司开始建立自己的管理体系，直至今日一直在连贯性持续行动。管理类各科教科书中通常集合了古今中外内容齐全的各种知识模块，让我们了解到一个又一个相关“知识总成”。对照本章谈及的OPO管理体系模型，这些诸多内容浩瀚的“知识总成”能否指导企业建立管理体系？**时代在进步，传播媒体和知识平台增加很多，懂管理的人越来越多，而能搞管理的人却增加不多。德鲁克说：管理不在于知，而在于行！**

大禹治水能成功，在于他不轻信流传的碎片化知识，不是夸夸其谈的知道主义者。大禹治水13年，三过家门而不入，他一直在连贯性持续行动。丹麦哲学家克尔凯郭尔曾说：大多数人不具备关于他们自己的意识，不具备连贯性的观念。他们不是依据精神特质而存在，却是让“随意发生的事情”掌握自己，主导自己的行为。

经营体系三要素“经管团队、商业模式、企业战略”，是本书谈及的重点内容。本章用5节篇幅所简述的管理体系，必定存在挂一漏万。这只是抛砖引玉，供大家实践参考并批判改进。

第6章

杠杆要素：

企业文化+资源平台+技术厚度+创新变革

本章导读

为什么说企业文化就是老板文化？在水晶球企业文化模型中，老板是企业"第一号"结构洞人物，企业中几乎每一个与他"连接"的人，都会被他的价值观所影响。企业中有一个像电磁场一样的赢利场，它能让资源平台发生演变与跃迁，涌现出更多智力资本，持续增强企业竞争力。

为什么说"做大做强"为企业带来的副作用越来越大？一个持续提升技术厚度、不断创新变革的企业，经管团队才能真正享有熊彼特提出的"企业家三乐"：成功的快乐、创造的快乐、建立一个理想国的快乐。

杠杆是能够省力、以小力撬重物的有效工具。企业文化、资源平台、技术厚度、创新变革，它们是如何发挥杠杆作用的？

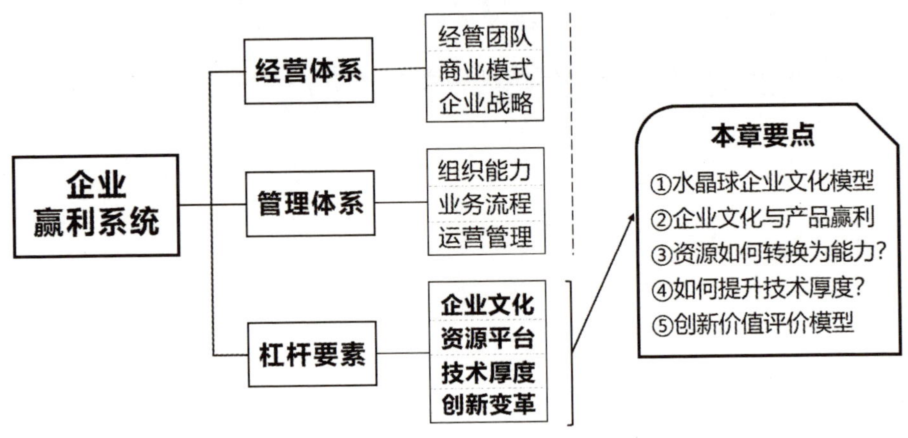

第 6 章要点内容与企业赢利系统的关系示意图

6.1　企业文化：结构洞上的人物有多重要？

重点提示

※ 企业文化形成的原因、功能和作用是什么？

※ 为什么说老板是企业最重要的结构洞人物？

※ 为什么阿里巴巴要搞价值观考核与奖惩？

※ 为什么说建设企业文化，就是要持续打造一个好产品？

帕蒂·赫斯特出生在美国的洛杉矶，是世界传媒大亨威廉·赫斯特的孙女，是一位令无数人艳羡的千金名媛。1974年，19岁的帕蒂在加州大学伯克利分校读大二。一个午夜，帕蒂和她的男朋友在学校公寓里被三个陌生人打晕带走了。

一个反政府恐怖组织“共生解放军”（SLA）随后宣称，是他们绑架了帕蒂。SLA开出了释放人质的条件，其中之一是：要求赫斯特家族提供8亿美元的赎金，并给加州贫困者免费发放食品。当时的8亿美元可算是一笔巨款，赫斯特家族不能马上办到。

2个月之后，SLA派人给赫斯特家族送来一盒录音带和几张照片。在录音里，帕蒂语气平静地说：“我已加入共生解放军，和队友一起为人民和自由而战。”在附带的照片里，帕蒂戴着贝雷帽，手拿机关枪，站在共生解放军的横幅前。几天后，帕蒂参与了一起SLA策划的银行抢劫案。监控清晰地录下了她的身影，帕蒂手持枪械，协助这些极端分子作案。

短短2个月时间，帕蒂从千金名媛变成了银行抢劫犯，其间，发生了什么？

她被蒙着眼睛，关在SLA总部的衣橱里，重复听着SLA成员激进的信仰和死亡威胁，不时遭受到SLA各类人物非人般的蹂躏。经过一系列不见天日的日夜“洗脑”与摧残，帕蒂的心理防线彻底崩溃，最终成了犯罪分子的帮凶。

由于屡次制造恐怖事件，帕蒂与SLA成员都成了美国FBI的通缉要犯。没多久帕蒂被捕了，被判有期徒刑35年。后来，经过家人的努力斡旋，帕蒂刑满2年就出狱了。再后来，帕蒂嫁给了自己的一位保镖，生了两个女儿。多年后，帕蒂成了一名作家，她的女儿又长成了一代名媛。

参考资料：英国报姐,《从巨富千金到银行劫匪，天使被逼成了精神病》

仅仅2个月时间，帕蒂从巨富千金变成了银行劫匪，虽然是在胁迫之下，但也可见恐怖组织“洗脑”文化的威力。一些传销性质的组织采用“洗脑”文化，让成员不断招募新人，让一个又一个人上当受骗，甚至倾家荡产。

其实，文化的正向作用非常强大。人类从茹毛饮血的原始社会发展到精神与物质财富极其充足的现代社会，归根结底是先进文化起到了促进作用。**现在是创业维艰、奋勇争先的商业时代，多少人生逆袭，多少企业从小到大，背后都有优秀文化的支撑与凝聚作用。**

2000年时阿里巴巴还处在创业期，由于生养孩子几年没有工作的童文红，通过应聘成了阿里巴巴的前台接待。虽然前台接待工作看起来很简单，但是再就业不易，童文红还是相当珍惜这份工作。为了能尽快熟悉这份工作并做出特色，她常在闲暇时刻总结工作心得，不断提高工作质量。有同事要出差，她会提前准备好交通信息；来访客户有疑问，她会努力帮助解答；哪个部门缺人手有困难，她都是尽心尽力去帮助和解决。有句话说：你足够好，才能得到上天的垂青。童文红从前台接待起步，经过10多年时间，一步一步做到阿里巴巴集团首席人力官、菜鸟网络董事长，并成为阿里巴巴27名合伙人之一。

从前台接待到集团高管，童文红的成长之路，有幸运、机遇及自己的奋斗，更离不开阿里巴巴优秀的企业文化。有人说，阿里的文化太强大了，其貌不扬的马云带领团队造就了一个世界排名前十的互联网企业。有人说，阿里巴巴的文化太牛了，不仅吸收及培养了几百个像蔡崇信、王坚、童文红那样出类拔萃的人才，而且离开的“阿里人”中至少有200名成了中国500强企业的高管。还有人说，马云为维护企业文化也是拼了，坚持搞价值观考核，多次掀起内部反腐风暴，不念私情“挥泪斩马谡”，对功勋卓著的集团CEO、公司总裁等人物也坚持追责到底。

一直以来，企业文化“管辖”的范围很广泛，经营管理中的任何事情都可以与文化挂起钩来。例如，对于华为的成功，有学者总结了八大文化：狼性文化、床垫文化、工号文化、压强文化、危机文化、服务文化、服从文化和自我批判文化。后来又有学者补充说，华为还有军队文化、客户至上文化、奋斗者为本文化等。提起乔布斯，人们说他为苹果打造了产品至上的文化。说到海底捞，人们将其称为“变态”服务文化的开创者。美国3M公司以创新文化著称，西南航空是仆人领导力文化，谷歌的文化特色是办公区内安装了很多滑梯，中国联想公司的文化是不能称呼高管领导为××总，等等。

因为语言、文字就是文化，所以学者们研究起“文化”来，就可以无所不包。关于什么是文化，已经有了200多条定义，这似乎还不足够。**但是，如何创建一个优秀的企业文化？回答好这个问题，对于企业家及创业者，才具有实际意义。**

我们借用黄金圈法则来探索一下。西蒙·斯涅克提出的黄金圈法则可由三个同心圆表示，如图6-1-1所示。

最外层是What——企业文化的行为或表现是什么？前文中列举的帕蒂、童文红等，其实介绍的是一些文化行为或表现，回答的是What层面“现象”类问题。对于“现象”类问题，虽然可以东施效颦地进行一些模仿，但是并不能真正地帮助企业创建一个优秀的企业文化。

黄金圈的中间层是How——用什么模型或方法塑造企业文化？后文将给出“水晶球企业文化模型”。

黄金圈的最内层是Why——探索企业文化形成的原因，它有什么功能与作用？常听到说，企业文化就是老板文化。这个说法有一定道理，后文的水晶球企业文化模型会谈到，老板是重要的结构洞人物，几乎与企业的每一位员工“连接”，一言一行都会对企业文化产生影响。但是，老板带头盲目地建设企业文化，常常也是令人啼笑皆非的。有这样两个见诸报端的消息：①2017年末，江西南昌某公司年会上，老板推出了一个企业文化团练项目。他让全体员工集体跪地，一对一地轮番互相打耳光，美其名曰“培养员工狼性文化”。②2015年9月，沈阳某火锅餐饮公司的几百名员工，在广场上一排一排地轮番为管理层、老板下跪，口中喊着“感谢企业给了我们工作机会”等响彻云霄的口号。后来记者采访这家公司，负责人说他们每天早晨都这样安排（员工下跪及喊口号），为的是增强企业凝聚力。

建设企业文化有什么功能和作用？标准答案是：导向作用、凝聚作用、约束作用、激励作用、调适作用、辐射作用等。这样的回答，通常也是考题，全答对了的学生就是“学霸”。这样教科书式的回答，虽然言简意赅，也言之有理，但就是不接地气，对于实践几乎没有指导意义。

关于企业文化形成的原因、功能和作用，图6-1-1下面的简图都表示出来了：员工→文化→产品→客户→持续赢利→员工→文化……企业文化是原因，也是结果，它是一个不断循环的过程。企业文化是为了持续打造一个好产品；好产品才能不断创造顾客；顾客盈门，企业才能持续赢利；企业持续赢利，员工不断增加收入，才有持续建设企业文化的积极性；企业有了文化，才能做出一个又一个好产品……这样不断循环，通过日积月累，优秀的企业文化就形成了。

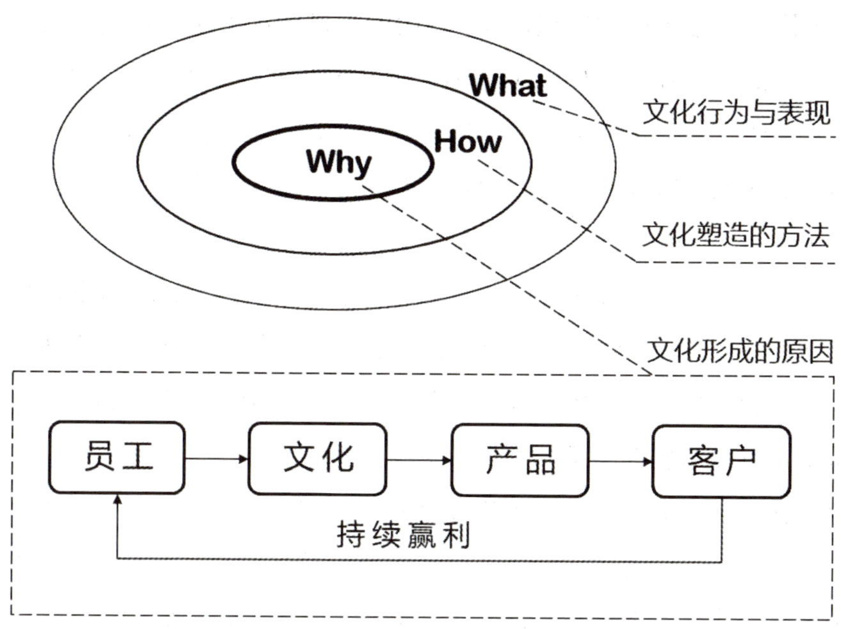

图 6-1-1　企业文化的 Why-How-What 黄金圈法则示意图
图表来源：李庆丰，“企业赢利系统”理论

如果让“企业文化就是老板文化”这句话更有道理的话，那么老板们就要深刻认识到：建设企业文化的主要功能作用或者说“首因”，就是要打造一个好产品。好产品自己会说话，客户至上也才能落到实处。员工参与创制好产品、积极服务客户，本身就代表了企业文化。员工不断增加收获，他们就会积极建设企业文化。“以客户为中心，以奋斗者为本，长期坚持艰苦奋斗”，任正非的这句金科玉律，是华为的核心价值观，就基本代表了企业文化建设的精髓。

企业文化是企业赢利系统的杠杆要素。企业文化建设活动，发挥以一当十的杠杆作用，直接或间接地必须与打造产品、创造顾客建立起连接，这才是康庄大道。我们不断重复的商业模式第一问：企业的目标客户在哪里？如何满足目标客户的需求？其实也是将产品、客户放在第一优先级的顺序上。**从这个角度说，建设企业文化就是经管团队带领全体员工，众志成城、上下同欲，持续打造一个优秀的商业模式。**

再回到黄金圈的中间层How——用什么模型或方法塑造企业文化？可以用水晶球企业文化模型（简称“水晶球模型”），如图6-1-2所示。它主要参照美国学者特伦斯·迪尔与阿伦·肯尼迪共同提出的企业文化五种要素学说，这五种要素分别是：企业环境、价值观、企业英雄、风俗和礼仪、文化网络。

与两位美国学者的理论有所不同的是：第一，水晶球模型将核心价值观放在了中心位置，而其他五个类似的要素围绕核心价值观而展开，都是为了维护、传播、说明、践行核心价值观。笔者认为，企业文化建设的内容不能太广泛，一鸟在手胜过双鸟在林，能够搞好核心价值观就足够好了。第二，将企业英雄改成结构洞人物。企业英雄是指那些让全体员工学习的榜样。虽然说榜样的力量是无穷的，但是让人才走个性化发展之路也很重要。而且，企业英雄不常有，也不好判断。结构洞人物是指那些在企业的组织结构或人际网络中起到关键性连接作用的人物。看一下企业的组织结构图可知，除了老板、相关高管是关键结构洞人物之外，像公司前台、人事经理、财务出纳、总经理助理等诸多岗位人员，他们与企业的每一个部门甚至每个人都会有业务接触（连接），都可能是重点结构洞人物，他们的一言一行对企业文化的影响很大。第三，增加了一个要素——文化考核与奖惩。这一项确有必要，来自实践启发，也是实践的需要。像阿里巴巴的价值观考核与奖惩就比较成功，对建设企业文化大有裨益。继阿里巴巴之后，很多企业以不同形式也在践行价值观考核与奖惩。至于为什么叫作水晶球模型？答案是：其一，总要有个好听易记的名字。其二，外面五个要素围绕处于中间的核心价值观，具象上似一个球体——称为水晶球，对应企业文化无处不在的空间氛围特性。其三，比喻企业文化像水晶球那样晶莹、透明，还有点神秘感，更需要用心维护。

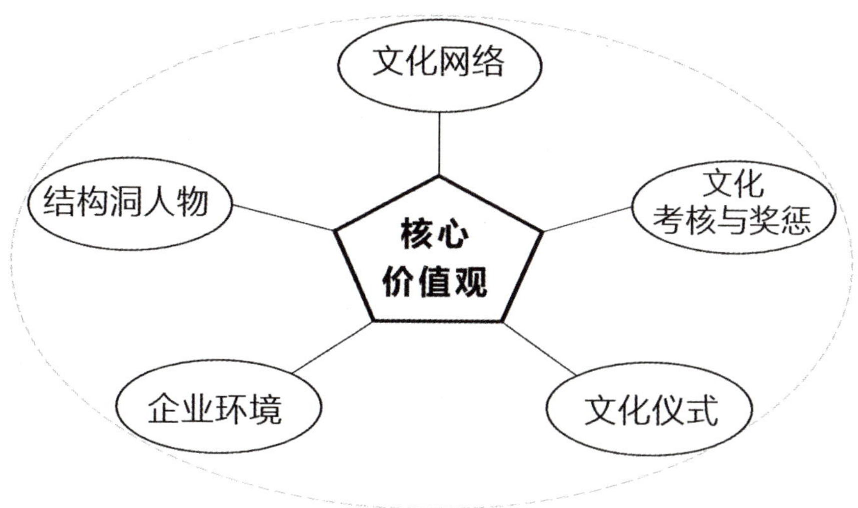

图 6-1-2　水晶球企业文化模型示意图
图表来源：李庆丰，“企业赢利系统”理论

参见图6-1-2，下面对水晶球企业文化模型的六个构成要素进行一些简要的解释与说明：

（1）核心价值观。核心价值观是企业文化的中心要义。美国学者菲利浦·塞尔日利克说：“组织的生存，其实就是价值观的维系，以及大家对价值观的认同。”价值观是企业生存、发展的内在动力，是企业行为规范与制度的基础，是把所有员工联系到一起的精神纽带。

市场瞬息万变，新技术不断涌现，产品要经常更新换代，社会鼓励人才流动。**我们常讲，以不变应万变！那么，什么是企业中相对不变的精神信仰呢？企业不是一个宗教类团体，但是又必须打造团队，众志成城，上下同欲，所以核心价值观应运而生。**

价值观与核心价值观有什么区别吗？两者是等同的。笔者更喜欢用核心价值观这个概念，因为：实践中为了方便传播与考核，价值观的内容不能太多，一般不要超过七条。如果企业价值观的条数太多，那么水晶球文化模型“管辖”不过来，就可能低效或失效。

核心价值观与产品、客户有什么关系？通常企业的核心价值观可以分为三个层次：第一层次，对员工有哪些要求？例如，阿里巴巴六脉神剑核心价值观（下文简称“六脉神剑”）中有三条：诚信、激情、敬业。第二层次，对团队集体有什么要求？六脉神剑中有一条：团队合作。第三层次，如何对待产品与客户？六脉神剑中有两条：客户第一、拥抱变化。其中“拥抱变化”展开的含义就是“适应环境变化，不断提升自我、不断进行业务与产品创新”。这三个层次是一个金字塔结构。第三层次“如何对待产品与客户”是基于第一层次和第二层次基础之上的。

（2）结构洞人物。前面说到“结构洞人物对企业文化的影响很大”。所谓企业文化就是老板文化，因为老板是企业“第一号”结构洞人物。雷军是小米公司最关键的结构洞人物。柳传志虽然退休了，“子弹”总会飞一会儿，所以他依旧还是联想最关键的结构洞人物。任正非自称是华为的文化教员，他写的相关文章不仅对华为，甚至对整个中国企业的文化建设都产生了不小的影响，所以任正非是华为当之无愧的“第一号”结构洞人物。

结构洞人物应该是企业核心价值观的执行带头人和维护者，但是一些企业不仅没有明确的核心价值观，而且重要结构洞人物的所作所为常常不利于企业文化建设。例如：A企业的财务出纳是创始人小姨子，人事经理是创始人小舅子。这两兄妹仗着自己属于“嫡系部队”，经常插手公司采购、基建业务，对于员工前来办理财务报销或人事业务更是吹毛求疵、横加指责。老薛曾是B公司的二号人物，之前做过重要贡献，深受老板敬重。现在老薛退休了，但是利用自己的影响力，常常组织B公司骨干人员聚会。逐渐他成了公司的“第二人事部及宣传部”，干涉人事及传播小道消息，多次让公司“一把手”的工作陷入被动局面。老魏是C科技公司创始人的大学同学，从事业单位离职后来到C公司任职行政总监。老魏积极肯干，也爱张罗校友、同学的事，不仅通过各种手段往C公司安排了30多个老校友、同学的子女，而且又说服人事部从母校招收了一大批毕业生，并在C公司内成立了母校的校友分会，经常利用工作时间组织一些校友联谊活动。

（3）企业环境。从广义上说，企业环境包括所处的宏观环境、行业环境及微观环境等。这里重点是指企业的文化环境，包括所处的地域位置、厂容厂貌、企业形象等重点内容。对于企业环境的选择和设计，应该有利于传播和维护企业核心价值观。

（4）文化网络。文化网络是指与传播、弘扬及维护企业价值观相关的文化传播渠道、连接网络及相关内容资料的统称，通常包括内刊、网站、企业微信群、内部论坛、移动办公软件、例会、培训、通知文件、培训资料、信息简报等。文化网络广泛存在于企业之中，不仅起到了上下左右、内外交错的渠道作用，而且承载着企业的核心价值观，并为各层次各部门以及全体员工所共享。

（5）文化仪式。文化仪式是指企业内的各种表彰与奖励活动、聚会及文体游玩活动等。它可以把企业中发生的某些事情戏剧化和形象化，来生动地宣传和体现企业的核心价值观。通过组织这些生动活泼的活动让全体员工领会企业文化的内涵，起到“寓教于乐”的作用。企业文化不能没有仪式感，但是不能为了仪式感而搞一些花哨无用的仪式。

（6）文化考核与奖惩。文化考核与奖惩，其重点就是核心价值观的考核与奖惩。很多企业的价值观都是流于形式，成了挂在墙上的口号。马云曾经说过，价值观不是虚无缥缈的东西，是需要考核的。在企业文化建设方面，阿里巴巴、华为、京东等诸多企业都有价值观考核与奖惩。

在2003年前后，阿里巴巴开始把价值观和绩效考核结合起来，虚事实做。当时，阿里巴巴人力资源部将六脉神剑核心价值观中的各项内容细化成5个行为等级，共30项考核细则，并且价值观考核和绩效考核各占50%权重，考核结果用于奖金和晋升。华为建设企业文化的源头可以追溯到《华为基本法》的制订，通过制度、流程把企业文化变成每个人的自主行动，从此使每一个华为人都明显带有企业的DNA。华为将核心价值观“成就客户、艰苦奋斗、自我批判、至诚守信、开放进取、团队合作”纳入职位或岗位考核，并且尽量多采用绝对量化指标进行评价。如果读者对华为、阿里巴巴的价值观考核与奖惩有进一步了解的兴趣，请网上搜索“价值观考核”，可以查阅到很多详细资料。

京东创始人刘强东在一次讲话中曾经谈到企业的用人与考核原则。他表达了这样一个观点：企业中有一类员工，能力非常强，业绩非常好，但是他的价值观跟企业的价值观不匹配。这类人可以称为“铁锈”，企业要在第一时间干掉“铁锈”。如果有一天他对公司进行破坏，会造成很大的影响力和杀伤力。对于“铁锈”，不管公司业绩有多大的损失，一分钟都不留！

企业文化是企业赢利系统的一个杠杆要素。结合前文的阐述，核心价值观的三个层次皆有助于建设企业赢利系统，有助于经管团队带领全体员工，众志成城、上下同欲，持续优化、创新商业模式，在企业战略各个阶段致力于构建长期竞争优势，如图6-1-3所示。

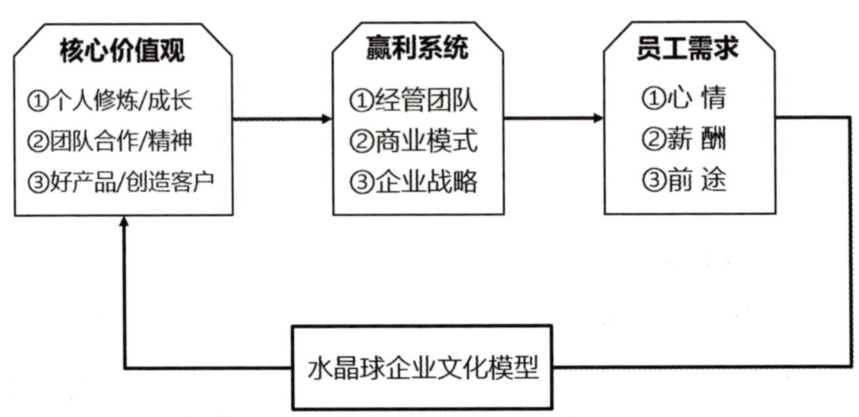

图 6-1-3　核心价值观因果循环示意图

图表来源：李庆丰，“企业赢利系统”理论

哲学家康德说：“人是目的，而不是工具。”通过水晶球模型，全体员工积极践行与维护企业核心价值观，持续构建优秀的企业赢利系统。

这对企业员工有什么益处，他们为什么要这样做呢？一个优秀的企业赢利系统、企业文化可以满足员工的三大基本诉求：心情、薪酬、前途。对应而言，员工的工作心情与经管团队的沟通方式、人际能力等密切相关；员工薪酬高低与企业的商业模式直接相关；员工的职业前途与企业战略发生关联。图6-1-3就是图6-1-1下面虚线框图的详细展开版，从核心价值观→赢利系统→员工需求→水晶球企业文化模型→核心价值观……践行与维护核心价值观就是塑造企业文化。这既是原因，也是结果，是一个不断循环的过程。

6.2 资源平台：人脉广、圈子多，有利于企业发展吗？

重点提示

※ 为何“资源整合”很难成为一个可持续的商业模式？

※ 用“鹅肝效应”说明为什么资源太多会坏事。

※ 在企业“赢利场”的作用下，内外资源怎样转变为核心竞争力？

在很久以前，三个士兵离开战场后，又在不见人烟的荒岭小道连续赶了两天的路，来到了一个小村庄，他们又饿又渴。当时兵荒马乱年代，这里的村民见到三个士兵后，纷纷把吃的东西全藏起来了。

尽管三个士兵都懂点厨房的手艺，在行军打仗时常为军阀头头们做饭，但是怎奈“巧妇难为无米之炊”。眼看天要黑了，再不吃东西，恐怕就要饿死了，士兵们被逼出了一个绝招。他们弄来一些洗净的彩色石头，对着远处的村民说：我们要煮一锅全世界最好喝的石头汤。这种石头汤非常美味，是官家贵族吃饭的配方，不仅可以强身健体，而且能治风湿病、关节痛。如果谁能贡献一口大锅，他就可以品尝一大碗美味石头汤。

有一位村民很好奇，也希望让孱弱的孩子有机会喝上一碗石头汤，身体变得好一些，就率先回应道：我愿意把家里的大锅拿出来。

三个士兵把石头和山泉水都放进了大锅里，开始熬制起来，稍后又对村民说：如果这汤里加一些胡萝卜和土豆，这汤就会更好喝。还是老规矩，谁能贡献一些胡萝卜和土豆，谁就有机会喝上一大碗石头汤。

很快就有村民拿来了上等的胡萝卜和土豆。如法炮制——村民们或许为了好奇、为了强身健体或为了治风湿病、关节痛，也许就是从众心理作怪！不多一会儿，村民们贡献的牛肉、卷心菜、大麦、牛奶、盐、胡椒等各种上好食材及佐料已经放满大半锅了。

一个多小时以后，美味的石头汤就做好了。三个士兵信守诺言，让参与贡献的村民都喝上了美味的石头汤。这么一吃一喝，三个士兵与村民们消除了距离，晚上就在这个村子安全地住了下来。

后来，三位士兵说服了几个富裕的村民拿钱入股，在附近的城镇上开了一家小餐馆。再后来，三位士兵把餐饮酒店生意做得非常大，连锁分店遍布海内外。

参考资料：[法] 马西娅·布朗，《石头汤》故事书

就像这三位士兵，多数成功的创业者或企业家也有类似经历，当资源短缺、限制条件苛刻时，反而唤醒了他们沉睡的创造力，在种种限制中找到了解决问题的线索。

企业就是一个资源平台。办企业需要人才资源、资金资源、客户流量资源、供应商资源、信息资源等。当你足够好，资源便纷至沓来。不必放眼全球！仅2020届中国高校毕业生就有874万人，这些是潜在的人力资源。中国有3万多家风险投资机构，资金资源充沛，民间热钱汹涌，就是很难找到优质的企业可以投资。至于供应商资源、客户资源、信息资源等，中国有14亿人口、3 000多万家中小企业、数以千万计的媒体信息平台。

发现周边资源多了，有人就想做个资源整合者。一个令他们兴奋的故事是：一个聪明的商人通过一番巧妙包装，说服比尔·盖茨将女儿嫁给了自己儿子，又以这个身份让儿子当上了世界银行的副总裁。事实上，比尔·盖茨比那些投机分子要聪明且谨慎得多；即便有世界银行，也不会“这样”招聘副总裁。这本来是杜撰的一个笑话，很多人却深信

不疑，走上了资源整合之路，都期望着突然就整合进来一个冤大头，然后从他身上大赚一笔。这样搞的一些人，比较勉强的成果是，一些资源整合者确实是“人脉广、圈子多”，但是浪费了大量时间，一事无成，维护这些资源还需要成本。如果迟迟不能变现的话，资源就成了“烫手的山芋”。也有更差的结果，例如：有个叫张三的资源整合者，整合进来一个更厉害的“资源整合者”，不仅让张三倾家荡产了，而且他还摊上了法律纠纷。

也有人将“一手好牌”，打得稀烂。海航集团、乐视集团等也许因为资源太多，能够不断从股市上融资，人才也不缺，合作者接踵而至，最后把各方资源都坑了，自己也难独善其身。

马云有一个创业真经，是说“钱太多会坏事”。1999年10月时，蔡崇信帮马云搞定了高盛、软银共2 500万美元融资。突然有了2亿元人民币，穷小子往往是沉不住气的。那时的阿里巴巴立即在香港和英国设立了办事处，在硅谷成立了研发中心，在日本、韩国等国家成立了合资公司，还把总部搬到了香港。不到半年，获得的2亿融资就花掉了一大半。资源见底了，马云彻底慌了。有了资源约束限制和紧迫感，阿里巴巴团队才激发出了创造力，然后“阿里铁军”诞生了，淘宝、支付宝先后出现了……

为什么资源太多会坏事？一个解释是“鹅肝效应”：在硅谷模式中，从天使轮→A轮→B轮→C轮……融资确实能协助企业快速成长，但是喂了太多资本而承受不了超高成长的压力，最终企业会崩溃。**就像鹅肝好吃，实际上是填充式喂养导致的脂肪肝。这些年有大量IPO失败、独角兽死亡案例，根源都在于“鹅肝效应”。**

另一个解释是《逆转》书中提出的倒U形曲线理论：最开始的时候，增加资源有利于企业发挥优势。就像一个倒置的U，资源增加到临界点（倒U形顶点）附近时，资源增加带来的优势就逐渐减少了，然后增加的资源反而会给企业带来劣势。

有人说，我们资源极度短缺，尤其是缺钱，有了钱就有了一切。有人会问，如何能更好地利用资源？有什么可以参考的理论吗？

社会上人、财、物及信息等各种资源很丰富。短缺资源的企业可以先从自身找问题，对标先进或标杆性企业，然后进行一下自我批判，也许会有解决方案。关于资源管理方面的理论，有些高校会开一门选修课叫作“企业资源管理”，讲一些资源管理的概念与内容、任务和原则、意义和影响、新变化和新趋势方面的内容。另外可供参考的就是战略资源学派、能力学派提出的一些学说。持续50多年了，研究这两个战略学派的学者很多，至今资源与能力的概念及区别还没有讨论清楚。

每个企业都需要人才、资金、客户流量、供应商、信息等多种资源，所以每个企业都可以看成是一个资源平台。在企业赢利系统中，资源平台是其中重要的杠杆要素。杠杆是能够省力及以小力撬重物的有效工具，资源平台如何发挥杠杆作用呢？

就像电磁场，企业也有一个场，叫作企业赢利系统场（简称“赢利场”），如图6-2-1所示。赢利场可以看作经营体系三要素、管理体系、杠杆要素等相互作用、发生非线性反应而综合在一起的能量场。**外部的各类相关资源进入企业后，在赢利场的持续作用下，一部分转变为物质资本或货币资本，还有一部分转变为智力资本。并且，有些智力资本还可以进一步跃迁升级，成为企业竞争力或核心竞争力。**

“天下没有免费的午餐”，无论是股权激励、股权融资、货币购买，还是资源互换等，外部输入企业的人才、资金、客户流量、供应商、信息等多种资源都是有成本的。并且，如果企业获得或拥有的相关资源不能及时转换为资本，它们还会发生存储成本、贬值损失，甚至归零变负，造成损失。

企业拥有的各种资源是企业家手中的牌，而智力资本是打牌的水平。资本是能够为企业带来增值的各种资源或能力，包括物质资本、货币资本、智力资本三大类别，其中物质资本及货币资本的增值也依赖智力资本的水平，所以企业应该重点关注所拥有的资源如何转化为智力资本。

美国学者托马斯·斯图尔特认为智力资本是“公司中所有成员所知晓的能为企业在市场上获得竞争优势的事物之和”。他提出了智力资本的“H-S-C”结构，就是企业的智力资本价值体现在企业的人力资本、结构资本和客户资本三者之中。参照中国学者李平的文章《企业智力资本“家族”及其开发》，对人力资本、结构资本和关系资本简要解释如下：

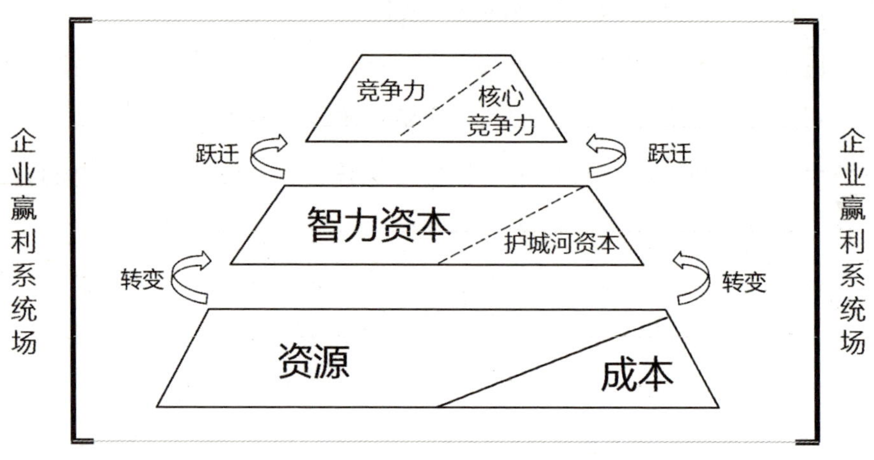

图 6-2-1　资源、智力资本及核心竞争力在赢利场中的转换、跃迁示意图
图表来源：李庆丰，“企业赢利系统”理论

企业人力资本由企业家资本、经理人资本、职员资本和团队资本构成。具体到知识或能力等表征现象，则主要体现为管理能力、创新能力、技术诀窍、有价值的经历、团队精神、协作能力、激励程度、学习能力、员工忠诚度和受到的正式教育和培训等。

组织资本（原文中叫作结构资本）是指当雇员离开公司以后仍留在公司里的知识资产，它为企业安全、有序、高效运转以及职工充分发挥才能提供了一个平台。它主要由组织结构、企业制度和文化、知识产权、基础资产构成。其中，企业制度和文化体现为组织惯例、工作流程、制度规章等；知识产权体现为专利、著作权、设计权、商业秘密、商标等；基础资产体现为管理信息系统、数据库、文献服务、信息网络技术的广泛使用等。

关系资本是指企业与所有发生联系的外部组织之间建立的关系网络及其带来的资源和信息优势。关系资本表现为两大类：一是指企业与外部利益相关者之间建立的有价值的关系网络；二是在关系网络基础上衍生出来的外部利益相关者对企业的形象、商誉和品牌的认知评价。组织间的关系网络一般由企业与股东、消费者、供应商、竞争对手、替代商、市场中介、政府部门、高校和科研机构等组成。

概括来说：人力资本附着在员工身上。当某员工离职了，他（她）的人力资本也就离开企业了。组织资本是指当员工离开公司以后能留在公司里的共享知识资产，即员工带不走的智力资本。组织资本是结构资本的另一个名称，笔者认为用“组织资本”更贴切一些。关系资本主要是由与企业相关的客户资源、供应商资源、股东资源、高校科研单位资源等转化而来的智力资本。企业与它们形成了密切合作关系，在优秀的赢利系统下，关系资本可以不断为企业带来增值及赢利。企业外部的广泛客户资源相当于通常说的流量，而回头客组成的私域流量基本等同于关系资本。

优秀的企业赢利系统就是能将更多的内外部资源转变为企业的智力资本，而智力资本是形成T型商业模式中飞轮效应（或复利效应、指数增长等）的核心要素，也是企业能够持续赢利的最重要驱动力。

巴菲特有个护城河理论，包括“供给侧的规模经济、需求侧规模经济、品牌、专利或专有技术、政策独享或法定许可、客户转换成本”等六个方面，这里称它们为护城河资本。它们要么属于组织资本，要么属于关系资本，都是企业的智力资本，如图6-2-1所示。

从前文谈及的智力资本构成可知，各类经营管理能力也属于智力资本。根据市场竞争或企业发展需要，将一些重要能力从智力资本中挑选出来，加以重点培育，最终打造成为企业的竞争力。诸如此类的企业竞争力包括：产品竞争力、服务竞争力、品牌竞争力、质量竞争力、成本竞争力、营销竞争力、创新竞争力、资本竞争力等。例如：消费者难以分辨饮料的利弊，所以饮料企业通常重点培育品牌竞争力。全国有百万家火锅店，口味、装修难分胜负，海底捞就搞服务竞争力。格兰仕及奥克斯，避开格力、美的与海尔，在家电行业重点塑造成本竞争力。在创业阶段，滴滴出行依靠资本竞争力杀出了重围。

在诸多企业竞争力中，最值得关注的是核心竞争力，本书章节3.4已经有简要的阐述，书籍《商业模式与战略共舞》第4章可以找到具体、详细的阐述。

6.3 技术厚度：做大做强有何副作用？如何成为长寿企业？

重点提示

※ 为什么中国大部分企业并不适合“做大做强”？

※ 让产品更有技术厚度，能给企业及企业家带来什么好处？

※ 从企业赢利系统角度分析，如何让产品更有技术厚度？

在2019年举办的一场艺术品拍卖会上，画家冷军的作品《肖像之相——小姜》最终以7 015万元成交。这幅油画是冷军于2011年创作的作品。从事绘画40年来，冷军作画肯下慢功夫，对待艺术相当“苛刻”和严谨，并且一年只画一幅油画，绝不“超产”。

冷军的绘画风格是超写实。例如《肖像之相——小姜》这幅画，冷军通过油画的方式，把女子穿着那件毛衣的各种细节极端逼真地呈现出来了。大家看到这幅画，都不知道冷军是如何画出来的。

冷军的油画作品非常逼真，如果不细看大家都以为是照片呢！这就是超写实油画的风格。关于冷军的油画，还有这样一段逸事：2001年，冷军个人画展在深圳美术馆展出时，举办方曾被一位美术老师的观众投诉：“画家把一些油画拍成照片开展览，画展成了摄影展，我们观赏者感觉受了欺骗！”听说此事，冷军哈哈大笑。

冷军油画里的人与物，有灵魂、有风骨，艺术地再现了人眼看到的真实，而不是相机拍到的真实。由于对当代题材与内容的切入，冷军用普通的画笔，把颜料和思想混合，透过层层油彩，带给观赏者的是沉默、冷峻和深刻。他的作品画面丝毫毕现，形象精致入微，让观赏者精神上形成全面的张力，心灵受到震颤，感受到一种惊心动魄的力量。

冷军走精品创作路线，一幅油画可以卖7 000多万。而在中国油画第一村——深圳大芬村，油画是通过“流水线”画出来的，会砍价者100元就可以买三幅低端一些的仿制世界名画。显然，大芬村走的是规模与范围路线，200多家画廊、2 000多名画家和画工，每年生产及销售到国际市场的油画达到了100多万张。

我们引进一个概念叫作“技术厚度”，来表达一个企业其产品的“精品化”程度。对比于大芬村批量出产的“大路货”油画，冷军“一年只画一幅”的油画技术厚度更深。

技术厚度的含义与技术壁垒不太一样。技术壁垒的官方正式含义是：为了保护本国产品的竞争力，一个国家的海关对国外产品进入本国所设置的各种技术标准、参数要求而形成的障碍与关卡。技术壁垒的另一个含义是指“企业产品中含有的让竞争对手很难模仿的技术”。

技术厚度的含义与核心竞争力的含义也不一样。技术厚度侧重于描述或衡量产品的技术含量多寡、档次高低等精品化程度，而核心竞争力是指企业能够在市场上持续成功地扩张产品组合的能力。

在技术厚度即将成为新一代经营管理指导方针之前，创业者、企业家一直都希望将企业“做大做强”。“做大”是指产品品种多、销售规模大；“做强”是指产品的技术含量高、竞争力强。鱼和熊掌不可兼得，能兼得者寥寥无几。“做大”与“做强”经常相互矛盾。因为心智模式，以及历史、文化的惯性，我们为了“做大”长期忽略“做强”。中国是制造业大国，而非制造业强国。

中国经济进入“新常态”后，伴随着经济增长速度的下降，大部分中国企业再去一味地追求“做大”，已经非常不划算。首先，绝大部分追求“做大”的企业，寿命非常短，收不回投资本金就死亡了。其次，确有一些依靠历史机遇而“做大”的企业，但它们面临着“8亿件衬衫换一架波音飞机”的赢利困境。由于利润率低，经受不住人工、材料价格的波动，这些企业经常也面临着现金流不足、恶性竞争的困局。熊彼特在《经济发展原理》中说，企业家有三大快乐：成功的快乐、创造的快乐、建立一个理想国的快乐。而一味追求“做大”的企业，老板们一直处于“创业难，守业更难”！很难享受到熊彼特所说的“三大快乐”。

撇开“做大”，单说“做强”也存在不少问题。理论及传媒界将“做强”阐述为科研投入大、产品竞争力强、进入国际市场。企业界认为“做强”就是“秀肌肉”：盖一些高大上的办公楼和厂房，买一些先进装备，引进一些高端人才，搞一个研发中心。做这些事的企业家，还是靠谱的。另类一些的“做强”，他们的操作就有些离谱了。例如：不择手段设法打垮竞争对手。老板名片上一大串“高端”社会职务或头衔，经常在媒体上描绘企业的未来，像海航那样不断搞兼并收购、战略合作。

鉴于以上这些问题，撇开传统的所谓“做大做强”，笔者将技术厚度也作为企业赢利系统的杠杆要素之一。大部分企业不应该去追求“做大做强”。那是千军万马一起去挤独木桥，结果一定是桥下凄凉一片，哀鸿遍野！应该长期持续地提升产品的档次和精品化程度，打造有技术厚度的产品，成为一个有技术厚度的企业。因为有技术厚度的产品生命周期长，所以让企业比较长寿。

一个行业的友商企业多如牛毛，只能有几个佼佼者或一个领导者。“不谋万世者，不足谋一时；不谋全局者，不足谋一域。”受此启发，经管团队再讨论企业愿景时，要减少使用我们公司“要成为××行业领导者”这样的表述，而应该优先考虑技术厚度或寿命持久这个方向。有一个网络用语叫作“活久见”。引用高等数学的微积分理论来说，有几十年以上寿命的企业，其积分后的总赢利也是相当可观的。

通常来说，产品的技术厚度与企业寿命是正相关的，如图6-3-1所示。**并且，根据能量守恒定律，在一段时间内，企业一门心思提升产品的技术厚度时，就要限制产品在规模与范围方面的“奢望”。**

日本的一些中小企业，甚至一些作坊类企业，更注重产品的技术厚度。根据相关专家的观点，这源于日本企业中的职人精神。如何诠释职人精神？日本“寿司之神”小野二郎有一段著名的感悟：“我一直重复同样的事情以求精进，总是向往能够有所进步。我继续向上，努力达到巅峰，但没人知道巅峰在哪。即使到我这年纪，工作了数十年，我依然不认为自己已臻至善，但我每天仍然感到欣喜。我爱自己的工作，并将一生投身其中。”日本有许多长寿企业，其产品具备更深的技术厚度，源于这种“要把一件事情（或产品）做到极致的态度”。

技术厚度不仅是中小企业的“专利”，大企业的产品同样可以有优秀的技术厚度。台积电联席CEO魏哲家在2019年6月的一次行业论坛上说：“台积电过去5年投资了500亿美元用于半导体工艺研发、生产。”台积电已经于2020年成功量产5nm芯片，领先其他世界知名厂商；台积电的3nm工艺晶圆厂已经在建设中了，预计2021年启用；已经启动2nm工艺的研发，计划2024年投入生产，这是要挑战硅基工艺极限！

如图6-3-1所示，大部分有技术厚度的企业将沿着比较狭窄的“规模与范围”通道向前发展。也存在一类企业，当产品的技术厚度从*A*点提升到临界点*E*时，就可能迎来需求规模的爆发性增加。相当部分的《财富》世界500强企业起初的规模都比较小，它们总有一个时期在持续提升产品的技术厚度。当技术厚度到达临界点*E*时，就可能迎来需求规模的爆发性增长，然后是产品范围的逐渐扩大。

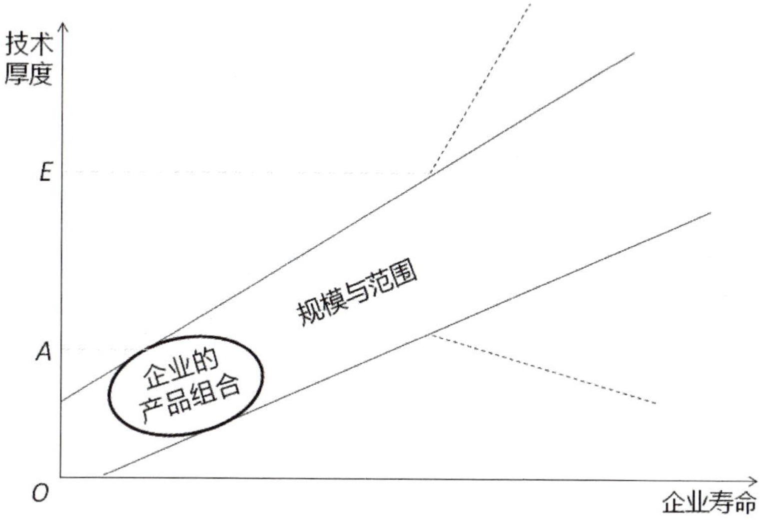

图 6-3-1 产品技术厚度与企业寿命正相关示意图
图表来源：李庆丰，“企业赢利系统”理论

在产品方面长期积累的技术厚度更有利于企业形成核心竞争力。例如，本田公司在发动机产品所积累的技术厚度，更有利于形成核心竞争力，让企业能够成功进入摩托车、汽车、割草机、发电机、轻型飞机等不同的终端产品市场。再如富士公司，利用自身在影像胶片领域70年的技术厚度积累，成功进入了化妆品和医药产品领域。这样的中外企业还有很多，例如英特尔、华为、微软、IBM、阿里巴巴等。

简单表述来说，技术的不断创新、优化、叠加、应用就是技术厚度。什么是技术？技术是解决问题的方法、技能和手段的总和。根据联合国的相关定义，技术是关于制造一项产品，应用一项工艺或提供一项服务的系统知识。所以，技术不仅是指与产品开发相关的科技及工程技术，企业赢利系统的相关组成内容中都含有技术。

最能为一个企业长期代言的“形象物”，不是演艺及体育明星，也不是企业家或“大咖”，而是它经久不衰的产品。我们说一个企业有技术厚度，往往指它的产品有技术厚度，而产品的技术厚度蕴藏于企业赢利系统中。

如何构建企业赢利系统，让企业的技术厚度更深?

首先，就经营体系三要素来说，经管团队中要有“技术派”；商业模式中的产品组合要有较高的技术含量，企业战略要聚焦于技术厚度的提升，而非一味地追求规模和范围。

经管团队中要有“技术派”，并非指其中要有资深的技术专家。虽然乔布斯不是技术专家，大学肄业也不是理工科学生，但乔布斯是不折不扣的“技术派”。“技术派”通常是技术至上主义者，打造客户喜欢的好产品是他们最重要的核心价值观。像前文所述的日本职人就属于“技术派”。德国隐形冠军企业中，其经管团队中，“技术派”也是不可或缺的。

另外，经管团队中的“第五级经理人”有利于企业提升技术厚度。柯林斯在《从优秀到卓越》中曾写到“第五级经理人”有三大特征：①公司利益至上；②拥有坚定的意志，要有永不放弃的决心，无论遇到多大困难和阻力，也要千方百计实现目标；③保持谦逊的个性，从不居功自傲，也不喜欢抛头露面、招摇过市。

商业模式是赢利系统的中心要素，而产品组合是商业模式的核心内容。回答商业模式第一问“企业的目标客户在哪里？如何满足目标客户的需求？”，就是打造有技术厚度的好产品，超越目标客户的期望。有些产品本身就具有较深的技术厚度，例如：半导体芯片、民航客机、高端机床、自动驾驶车辆等，技术厚度的提升似乎永无止境。有些产品本身技术厚度就不深，例如：咖啡、果汁、文具纸张、服装鞋帽等。企业赢利系统中的技术厚度能否发挥杠杆作用，的确与企业选择的商业模式及其产品组合有极大的相关性。不可否认，持续打造产品的技术厚度也不是适合所有的企业。但是，众多平庸者中，总有出类拔萃者。同样是开一间咖啡店，星巴克就有更深的技术厚度。到星巴克臻选上海烘焙工坊看一下，里面琳琅满目的“物件”及服务还是有一定技术厚度的。开一个卖米的传统店铺似乎很简单，台塑集团创始人王永庆在16岁时，就将

这门生意做到了无人企及的技术厚度。

如果产品组合确定了，那么持续提升技术厚度就要依靠T型商业模式中的创造模式、营销模式、资本模式共13个要素及相关模型与理论。关于这方面内容，本书第3章及笔者的相关商业模式书籍中都有具体的阐述。

前文有所阐述，企业战略要长期聚焦于提升产品的技术厚度，而不再一味盲目地追求“做大做强”。对于绝大多数企业来说，企业战略的重点是竞争战略。竞争战略主要回答“企业在一个经营领域内怎样参与竞争？”持续提升产品的技术厚度就是最好的答案之一。第4章重点阐述了新竞争战略，其中如何制订各层次战略指导方案是重点内容，所以提升产品技术厚度的相关战略也要列入这些重点内容中。

其次，在管理体系三个构成部分中，组织能力持续增强、业务流程不断优化迭代、运营管理越来越精细化等，都会有利于增加产品的技术厚度。本书章节5.3中曾讲到，业务流程优化迭代时，应重点关注承担者、实现方式、作业标准三个因素。例如，像心脏手术、芯片制程、航天器登陆火星等产品或服务，其技术厚度不断增加，与相关业务流程中的承担者能力持续提升、实现方式（例如：工艺软件、技术装备）越来越先进、作业标准越来越精细化等都有非常密切的关系。

最后，回顾本章讲到的企业文化、资源平台及预习下一节阐述的创新变革，它们也与提升产品的技术厚度密切相关。从常识上就可以理解，优秀的产品背后通常有优秀的企业文化、优质的人财物资源平台、“靠谱给力”且不断提升的创新变革能力。

“做大做强”为企业带来的副作用越来越大，而关于技术厚度的讨论只是一个开始。**一个持续提升技术厚度的企业，不仅能获得可持续赢利及成为一个长寿企业，而且这些企业的掌门人真正在追求熊彼特提出的“企业家三乐”：成功的快乐、创造的快乐、建立一个理想国的快乐。**

6.4 创新变革：路走对了，就不怕远

重点提示

※ 为什么说企业赢利系统的各要素都不能单独存在？

※ 如何用三端定位模型评价一个企业创新？

※ 创新与变革有哪些联系与区别？

20世纪90年代，摩托罗拉公司那个耗资高达60亿美元的铱星计划，起源于公司工程师巴里的妻子的一个抱怨——巴里的妻子说，她在加勒比海度假时，无法用手机联系到客户。

之后，巴里与另外两名工程师想到了一种创新方案来解决这个问题：由77颗近地卫星组成一个星群系统，让用户从世界上任何地方都可以打电话。后来，这个方案被当时摩托罗拉的决策部门批准了，并被称为铱星计划。实施后的铱星系统与原有方案稍有不同的是，卫星总数降到了66颗。

1998年11月1日，铱星系统正式投入使用时，命运却和摩托罗拉公司开了一个很大的玩笑。由于技术进步、用户基数激增导致的成本和资费下降，原来采用地面信号传输系统的手机已经全面普及。大家都知道，在尚不久远的功能机时代，手机越做越小，商家为了赚取通话费，纷纷无偿赠机。而依托于铱星系统的卫星移动电话，由于本身存在诸如“手机个头大、特别笨重、运行不稳定、价格昂贵、不能在室内和车内使用”等不足，导致该项目从开业到申请破产保护，在全球也只发展了5.5万用户。

创新是有一定风险的。即便像摩托罗拉这种有完善的决策机制、众

多一流专家顾问的跨国巨头公司，创新项目最终失败所付出的代价也是非常惨重的。

创新也是有极大价值的。熊彼特说，创新是企业家对生产要素的重新组合。创业往往意味着要有一个创新的商业模式，然后持续不断地更新迭代。成熟企业面对同质化竞争，也只有通过技术与产品创新，才能找到差异化成长与发展之道。同时，创新还可以提高企业管理效率，降低运营费用和成本。

创新与变革有所不同，也有紧密联系之处。创新是指为了获得收益而改进原有或创造出新的事物，变革侧重于改变原有事物。通过创新替代了旧事物，也是一种变革；通过变革去掉旧事物，也需要新的事物补充。由此看来，创新与变革又难舍难分地紧密联系在一起。在企业赢利系统中，将创新与变革合在一起讨论，合称为“创新变革”。本节将侧重于阐述创新的部分。

在企业经营管理活动中，创新变革必不可少，如何趋利避害？创新变革发挥了像杠杆一样的作用，促进了企业赢利系统优化迭代、成长与发展，所以称之为企业赢利系统的杠杆要素，如图6-4-1所示。事实上，企业赢利系统的各个构成内容也都与创新变革相关——可能自身需要创新变革或为创新变革提供支持。企业有自身的生命周期，所以企业赢利系统是一个生命系统。在一个生命系统中，部分是不能单独存在的，部分与部分相互关联，有机地连接在一起。就像人体有运动、消化、呼吸、泌尿、生殖、内分泌、免疫、神经、循环等九大子系统，它们互相关联，有机连接成为一个“整体的人”。人体系统中的某个子系统不能单独分离出来，也就不能独立存在。同样，创新变革是在企业赢利系统范围内的创新变革，与其他“子系统”相关的创新变革，它不能被单独分离出来，也不能独立地存在。

图6-4-1分为四个部分，Ⅰ与Ⅱ部分是分别表示创新变革和企业赢利系统，Ⅲ部分是T型商业模式“三端定位模型”，Ⅳ部分表示企业的

目标和愿景。可以这样理解：从企业赢利系统出发进行创新变革，它应该符合T型商业模式“三端定位模型”，并为实现企业的目标和愿景服务。

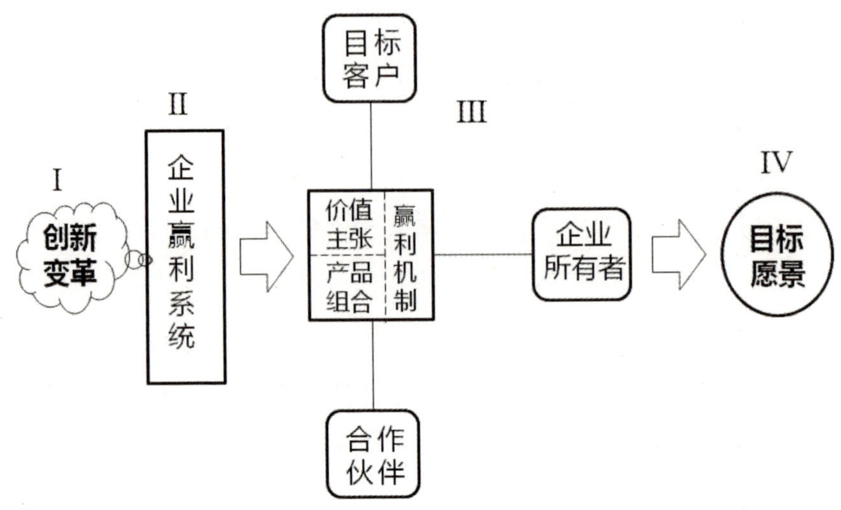

图 6-4-1　创新变革与企业赢利系统、三端定位模型、目标和愿景的关系示意图
图表来源：李庆丰，“企业赢利系统”理论

创新与创意、发明、创造等概念有所不同。创新依赖创意、发明、创造，但创新是为了获取商业化收益，并为组织的成长做出贡献。经常有企业老总说“我的公司有××件发明专利”。发明专利不等于创新，如果不能商业化，只是费用负担，或有一点点广告宣传的价值。也有一些企业，经常通过喝茶聊天、头脑风暴激发创意，如果发现了好创意，老板们会非常激动，以为发大财的机会来了。前文摩托罗拉的铱星系统，起源于一个创意，其中有很多发明专利，实施过程中有方方面面的创造，但是铱星系统不能商业化应用，不能获得收益，所以不是一个成功的创新。

创新能够带来巨大的商业化收益，所以一直是大热门话题。研究创新的学者很多，关于创新的课程培训比比皆是，书籍文章汗牛充栋。如何评价一个创新？也许理论方法已经有很多了，图6-4-1再给出一个新方法——用三端定位模型评价一个创新。如果大家再复习一下本书章节3.2后半部分的三端定位模型及图3-2-2的相关内容，那么将非常有助于理解下文的相关阐述。

以前文的铱星系统为例，我们用三端定位模型分析如下：它所提供的卫星移动电话，不仅信号差、速度慢、存在延迟，而且设备价格贵，资费很高。从产品组合的价值主张来说，它不能很好地满足目标客户的需求。如果市面上没有替代品，喜欢尝鲜者或必需者还可以接受。如果市面上出现了像诺基亚那样价廉物美的功能手机或现在具有操作系统的智能手机，铱星系统的客户只会越来越少。从产品组合的制成过程来看，当时微电子技术处于萌芽成长期，能够提供卫星设备、卫星发射、移动电话、通信设施等制造或服务的合作伙伴非常稀少，而且价格相当昂贵。这样的条件下，目标客户不满意，合作伙伴不好找且价格昂贵，赢利机制必然不成立，企业所有者就会为这个创新付出巨大代价。

之前曾讲到，三端定位模型主要用来评价商业模式创新或新产品创新。我们知道，一个企业的创新活动包括很多方面。在企业赢利系统范围内，除了商业模式创新之外，还有战略创新、管理创新、文化创新等。这些创新是否也可以用三端定位模型评价？

企业是一个商业模式中心型组织，企业赢利系统的中心内容是商业模式。**企业的一切创新都是围绕商业模式展开的，最终反映在目标客户的价值主张或企业的赢利机制等这些商业模式要素方面。**例如，甲企业要请A咨询公司做一个管理创新项目。为了评价这个管理创新项目，甲企业的经管团队可以用三端定位模型问三个问题：A咨询公司提供的管理创新能否对产品组合有所贡献？它是否提升了让目标客户受益的价值主张？是否改善了甲企业自身的赢利机制？采用5Why工具，对这三个结构化问题追根溯源，就可以一定程度上杜绝“为了创新而创新”。本书第4章主要谈企业战略，新竞争战略的相关内容就是一种企业战略创新。本章第1节重点阐述了企业文化创新。为了解决目前企业文化建设形式僵化并与经营管理脱节的问题，我们创新地提出了水晶球企业文化模型。该模型聚焦于建设、优化和维护企业核心价值观，而核心价值观的第一要务就是坚持“产品制胜，客户至上”。

T型商业模式有三大部分13个要素，涉及的创新内容很多，例如：创造模式创新、营销模式创新、资本模式创新及其进一步展开的产品组合创新、价值主张创新、赢利机制创新、增值流程创新、供应链创新（或合作伙伴创新）、技术创新（或支持体系创新）、资本机制创新、营销组合创新等。在使用还原论将一个事物细分成“碎片”的时候，我们不能忘记“聚焦到核心”和用系统化思维评价。三端定位模型就是这样一个“聚焦到核心”和系统化评价的工具。商业模式局部或要素层面的创新，都要用三端定位模型评价一下。

参见图6-4-1，从Ⅰ创新变革到Ⅳ目标和愿景，中间有一条核心轴线，代表企业的核心业务。可持续成长的企业都需要一个核心业务为基础，通过创新变革逐渐培养核心竞争力，进行一系列沿着“核心轴线”的扩张。无独有偶，克里斯·祖克在《回归核心》和《从核心扩张》中指出：什么是企业的最佳成长路径？专注于一个强大的核心业务，从各个方向和各个层面创新开发其最大潜力；以核心业务为基础，创造一套可重复运用的扩张模式，向周边领域进行一步一步地扩张，让企业有机增长；选择适当的时机，通过创新来重新界定自己的核心业务。

华为、阿里巴巴等企业之所以有今天，是因为它们以核心业务为基础，持续沿着“核心轴线”发展，不被诸多的“时代机会”诱惑，专注于实现自己的目标和愿景。

创立于1932年的乐高积木是全球著名的玩具品牌。2000年左右，乐高公司整套积木系统的专利过期，很多仿制品冒出来了，乐高遇到了生存危机。随后，乐高开始一系列业务创新：大幅扩充产品线，做了很多新玩具，比如：婴儿玩具系列、模仿芭比娃娃系列、玩偶玩具系列等。

除此之外，乐高公司开办了乐高培训教育中心；模仿迪士尼，建设起了乐高主题乐园等。

几年之后，乐高公司的这些创新业务不但没有任何进步，而且给公司带来了严重的现金流问题。新任CEO上任后，下决心砍掉那些偏离核心的所谓创新业务，坚持“回归核心”——从核心业务出发，沿着“核心轴线”创新。路对了就不怕远，很快乐高公司就起死回生了。当时新任CEO说了这样一句话：我们非常容易忽略的是“乐高的独特性”。乐高的独特性或者讲乐高的核心竞争力是什么？它独有的“积木搭建系统”。

杰弗里·摩尔所著的《公司进化论》内容重点是：在企业生命周期内，如何进行创新管理。《公司进化论》的英文版名为Dealing with Darwin，意即“达尔文主义的经营”。达尔文主义的理念就是持续进化、适者生存。自然界的进化是被动的、缓慢的，而企业的创新与进化是主动的，且速度越来越快。外部环境从来都是变化的，所以企业的创新与进化一直在持续，永远不停歇。

本节讲创新变革，侧重点在企业创新的范围、评价、路径及目的。至于如何变革，可以重点参考约翰·科特所著《领导变革》一书中的变革八步法：①制造强烈的紧迫感；②建立一支强有力的指导团队；③确立正确而鼓舞人心的变革愿景；④沟通愿景，认同变革；⑤更多地授权，促进成员采取行动；⑥取得短期成效，以稳固变革的信心；⑦拒绝松懈，推动变革进一步向前；⑧固化变革成果，形成企业文化。

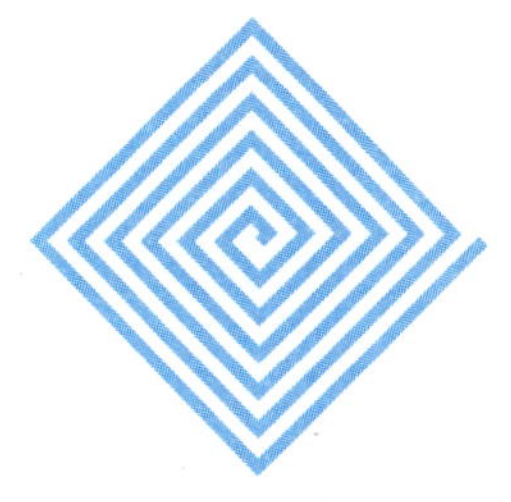

第7章

系统思考：

如何让2+2=苹果?

本章导读

过去，乘上中国经济发展的“电梯”，很多企业成功了。现在，客户强势及竞争者强大，经营企业像在平衡木上表演。新一代企业家、创业者应该学会系统思考，紧盯关键变量、右手增强回路、左手调节回路、踩准因果链，持续反熵增，与企业全员一起，在实践中创新与涌现。

1988—1997年、1998—2008年、2007年—2018年，前后三段十年左右的时间，华为的年营业收入分别增加了88亿、1 110亿、6 000亿，差值特别大，这就是非线性增长。为此，需要一个优异的耗散结构，一个持续强劲的增强回路和调节回路。任正非善于系统思考，不断反熵增、远离平衡态、有效耗散赢利……既能挥舞企业家的豪情万丈，又不逾越保守主义边界。

凯文·凯利在《失控》中说，在系统涌现的逻辑里，有可能2+2=苹果。像华为、阿里、苹果那样，我们的企业如何涌现，才能成为行业领导者？

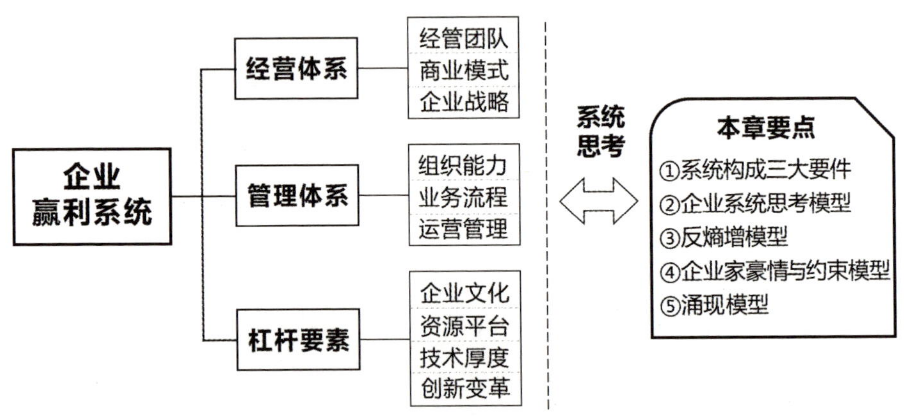

第 7 章要点内容与企业赢利系统的关系示意图

7.1 赢利地图：不要用琐碎的忙碌，掩盖系统上的无知

重点提示

※ 从系统思考角度，企业实现稳健成长的机理是什么?

※ 为什么说“菩萨畏因，众生畏果”?

※ 如何将战略指导方案绘制成一张赢利系统地图?

研究系统动力的丹尼斯·舍伍德在其著作《系统思考》中讲了这样一个故事：

一个欧洲小国的女王，试图促进国家经济繁荣，一位大臣给了她四个建议：①向邻国发动战争；②尝试亚当·斯密的经济理论；③推广喝早茶及下午茶的风俗；④给城市中多生孩子的家庭提供补贴。女王应该选哪一个？财富是由人创造的，人口越多则经济越繁荣，所以国王选择了④。

结果怎样呢？这位女王等待了20年，也没有看到期待中的经济繁荣。而邻近国家的一个海港城市经济却一直在高速增长。女王苦闷之时，来到这个海港城市做客，市长给她端上来一杯茶……合乎逻辑的“补贴生育”，没有效果；毫无道理的“茶文化”，却带来了经济繁荣。这还有天理吗？

我们用系统思考的方法来分析此事的蹊跷之处。一个系统包括三个构成要件：要素、连接关系、目标或功能。系统中的要素很多，我们将对目标成败有重要影响的因素称为关键变量。系统中的连接关系有因果链、增强回路、调节回路、滞后效应等。

①关键变量。“经济繁荣”是女王这个国家系统追求的目标，

她选择了“城市人口”作为关键变量。

②因果链。系统中因素很多，它们之间有因果联系，可以用因果链来表达这些因果联系。例如：生育补贴带来人口增加；经济繁荣，导致城市移民增加。另一方面，人口增加导致居住空间拥挤，又造成了疾病蔓延、死亡人数增加。

③增强回路。增强回路又叫作正反馈，指因与果之间相互促进，因增强果，果反过来又增强因，形成了一个相互增强的回路，一圈又一圈地循环增强。例如：生育补贴增加了城市人口，更多人创造财富，促进经济繁荣；经济繁荣，吸引外来移民，再创造更多财富……因增强果，果增强因。

④调节回路。调节回路又叫作负反馈，是指某个输出结果，反过来抑制了原因的输入，抵抗系统变化或让增强回路失效，促使系统趋于稳定。例如：城市人口增加，导致过度拥挤；过度拥挤，造成疾病蔓延；疾病蔓延，降低了出生率，增加了死亡率，又反过来减少了城市人口。

⑤滞后效应。原因与结果之间有个时间差，导致了反应延迟，这就是滞后效应。孩子出生，20年后才能再生孩子；新增人口，几十年后才会死亡。因果之间，相差几十年，让迷失在现象中的女王，难以做出准确判断。

我们似乎找到了问题的关键。“生育补贴”刺激人口增长，这是增强回路；“疾病蔓延”抑制人口增长，这是调节回路。因为忽视了“疾病蔓延”这个调节回路，又由于滞后效应，最终让女王白白浪费了20年的努力。

可是，为什么“茶文化”这个听上去不靠谱的选项，能给那个海港城市带来经济繁荣呢？

因为当时的欧洲的城市排污系统很落后，市民喝的生水都很不卫生，导致病菌传播和疾病增加，所以死亡率居高不下。而喝茶，首先要把水烧开，这个步骤就杀死了很多病菌，提高了公共卫生水平，抑制了疫病的流行。后来，那个海港城市所在的国家，大力推广“茶文化”……逐渐成了称霸世界的“日不落帝国”。

参考资料：《刘润·商业洞察力30讲》

企业是一个赢利系统，抽象来看也包括三个要件：要素、连接关系、目标或功能。企业赢利系统的构成要素包括：经营体系三大要素（经管团队、商业模式、企业战略）、管理体系、杠杆要素（企业文化、资源平台、技术厚度、创新变革），如图7-1-1所示。连接关系与前文相同，常用的有因果链、增强回路、调节回路、滞后效应等。目标或功能对应企业赢利系统的“目标和愿景”。针对特定的目标和愿景，我们从所在的企业赢利系统中找到一个或几个关键变量，作为统领系统运动变化的“先锋官”，也是分析或建设一个系统的重要入手点。

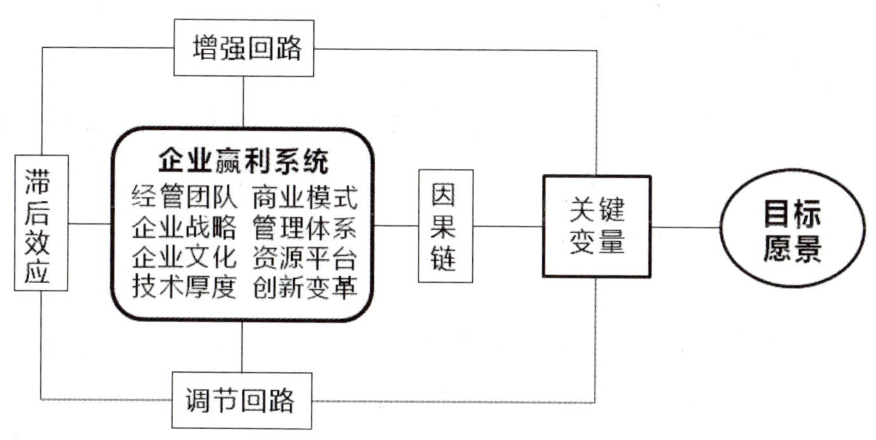

图 7-1-1　企业赢利系统的要素、连接关系、功能或目标等构成要件示意图
图表来源：李庆丰，“企业赢利系统”理论

下面对企业赢利系统的要素、连接关系、功能或目标等构成要件进行一些简要的解释和阐述。

（1）目标和愿景。它在系统三大要件中的说法是“目标或功能”。企业赢利系统的功能是“通过持续创造顾客赢利”，最终体现在一个又一个企业目标的实现。企业的目标向上升级，各阶段战略目标连接起来，就是企业愿景。企业的目标向下展开，是两组目标体系：其一，从长期到短期的战略或战术目标，例如：五年战略目标、年度目标、季度目标、月度目标；其二，从上至下，公司整体、部门、班组、个体的目标逐级展开。

（2）关键变量。为实现企业目标，先要找到一个入手点，从企业赢利系统中找到一个或几个关键变量。俗话说，贪多嚼不烂，通常找到一个最关键的变量即可。企业赢利系统的功能是创造顾客及赢利，所以绝大部分情况下，关键变量都应该在商业模式的构成要素范围内寻找。

讲到亚马逊的案例，混沌大学创始人李善友说：贝索斯把所有资源都投入在不变的事物上。哪些是亚马逊认为的“不变”呢？目标客户有长期不变的三大需求：第一，无限选择；第二，最低价格；第三，快速配送。亚马逊为实现战略目标挑选关键变量时，通常从这三个“不变”圈定的范围中选择。

与亚马逊的三个“不变”类似，对于电商企业来说，目标客户的需求不外乎“多、快、好、省”——品种多、物流快、产品好、价格低。针对自身特色、所处阶段，电商企业可以从中挑选一个或几个作为关键变量。

在企业实践中，针对不同的企业目标、战略对策目标或部门目标，对应的关键变量也是大相径庭，有可能是重复购买率、顾客满意度、客单价①、净利润，也有可能是合格率、产出量、融资额、留存用户数或月活用户数等。

（3）因果链。为实现目标，从关键变量出发，通过构成结构，找

① 顾客平均购买商品的金额。

出因果相关变量因素，并画出一系列因果链。有人说："白痴让事情变得更复杂，智者让事情变得更简单。"沿着因果链，顺藤摸瓜，找到与之相连的"原因变量"，然后驱动原因，解决问题。这就是：菩萨畏因，众生畏果。

例如：甲企业质量部门有一项年度目标是，A类新产品的质量合格率从90%提升到97%，并选定配置×设备为这个质量改善系统的唯一关键变量。以×设备为入手点，沿着设备获得因果链顺藤摸瓜，找到设备供应商、工程安装公司、购置资金、银行贷款、担保企业等一系列相关原因变量，再沿着设备运转因果链，找到操作人员及培训、附属设备及工具、材料供应、业务流程、环境达标及场地准备等相关原因变量。厘清因果链后，后续就是协调各部门配合，共同驱动原因、解决问题，获得结果、实现目标。

（4）增强回路。对于实现目标，如果需要某一个或多个关键变量因素连续增长，这就用到增强回路。像月活用户数、营业收入、利润等关键变量，都是需要连续增长的，所以其中要设置增强回路。咖啡饮料、网约车等服务企业，都会用到裂变营销来增加留存用户总数或月活用户数。裂变营销就含有至少一个增强回路。例如：顾客小欣购买了一次这类服务，同时她还获得几张下次购买此服务的优惠券。如果她推荐一位好友购买此服务，不仅她的好友享受免单待遇、几张优惠券，而且她本人还可以再获得一次免单机会。她推荐的好友越多，她获得的免单机会就越多。她推荐来的好友，也同样享受如此"裂变"带来的免单或优惠待遇。

增强回路与复利效应、滚雪球、指数增长、飞轮增长、赢家通吃、马太效应等叫法不同，它们背后的数学原理是相似的。在企业赢利系统中使用增强回路，找到关键变量及后面的原因后，下一步就要为它们配置人才、资金、物料等相关资源。

（5）调节回路。笔者刚参加工作时就在想，企业是如何从"小不点”逐渐做大做强的？笔者的师父给出的答案是“狠狠地挣钱，慢慢地花钱”。“狠狠地挣钱”用到增强回路，而“慢慢地花钱”就用到调节回路。企业的成本费用要控制好，不能盲目地快速增长；现金储备不能过少或突然骤降，防止出现经营危机；员工队伍、股权结构要稳定等，这些都用到调节回路。人的体温为什么能一直保持在37℃？因为调节回路在发挥作用。当人体的温度低了，身体就会增加代谢，提供需要的热量；当温度高了，身体就会排汗，带走热量。就像体温调节，企业的调节回路如此循环不断地发挥作用，就能控制住那些不应该盲目增长或下降的指标了。

（6）滞后效应。开一个小吃店，早晨买菜，中午卖饭，只用半天现金就回笼了，资金的滞后效应不明显。如果像华为海思那样搞芯片研发，投入很多年，每年投入几十亿上百亿，迟迟看不到利润，这就有相当明显的资金回笼滞后效应。像新品开发、人才培养、产品制造、股权投资等，企业经营管理的诸多活动都会存在滞后效应。滞后效应有一定的副作用，克服的方法有：提前预测，尽早启动可能滞后的活动或项目；建立资金、人才、物料的安全储备或缓冲池；缩短因果链，减少滞后；采用工业4.0或工业互联网等科技手段，减少滞后效应。

图7-1-1可以作为企业的一张系统赢利地图，从系统思考的角度协助经管团队做到“狠狠地挣钱，慢慢地花钱”。避免用琐碎的忙碌，掩盖系统上的无知！它尤其有益于协助企业各层面制订战略指导方案，根据实际状况和需要绘制，然后挂在墙上，成为经管团队能看到的“作战”地图。

7.2 企业是一个耗散结构系统，如何避免熵增？

重点提示

※ 加拿大北电网络破产后，华为是如何“抢”人才的？

※ 智力资本与反熵增有什么关系？

※ 企业如何才能做到有效耗散？

曾经的独角兽公司熊猫直播倒闭了。2019年12月，熊猫直播与数十位投资人达成协议，近20亿元巨额投资损失全部由项目实控人承担。熊猫直播倒闭的原因可以总结为经营失败与管理混乱的“双杀效应”。

倒闭之前，熊猫直播的经营失败表现在：经管团队内耗、“佛系”、不作为。在直播平台这个发展迅猛的行业，熊猫直播已经逐渐掉队，与主营业务相关的各项数据不增反降，在排行前100的主播中找不到一位熊猫直播的主播。

关于熊猫直播的管理混乱程度，我们听听它的主播怎么说。主播阿超说：“熊猫的主播是所有直播平台里最舒服的。我们平时就播四五个小时，人气掉了也不管。等到月底疯狂补时长，然后拿全额薪水。一个事走程序少则半个月，多则一两月，还不定有结果。”主播颜丢丢说：“大部分员工上班就是打游戏。一部分员工早上10点到公司打卡，但没有到公司上班，而是回家继续睡觉，到了晚上6点再打一次，一天的工作就结束了。”另外，主播外出做活动，费用不仅报销，而且随随便便就能报好几万……一个赶上了直播风口、资金雄厚、老板自带流量的大公司，硬生生变成了

“养老院”。

经营失败与管理混乱都会让企业熵增。熵是衡量系统混乱程度的度量，熵增，表示系统变混乱。如果一个企业持续熵增，混乱到一定程度，那么它就走向死亡。如何反熵增？有两条路径：一条是通过经营发展引进负熵流，另一条是通过管理提升持续减熵值。

1998年，亚马逊成立才3年，规模还很小，创始人贝索斯就在致股东信中明确提出：我们一定要反抗熵增。至今，亚马逊在全球拥有75万员工，企业市值达到1.34万亿美元（2020年6月26日）。贝索斯是如何反熵增的？网上有很多相关媒体报道或研究资料，简要归纳为：其一，从经营发展上引进负熵流，重视“自由现金流”和“可选择权”，以电商平台为依托，沿着核心业务不断扩张，开辟一个又一个新事业。其二，从管理提升上，有这样一些减熵的做法：①抵制形式主义；②小团队，整个亚马逊都要按照不多于10人的“两个比萨团队”模式进行重组；③保持系统开放。

自由学者王东岳说：“随着时间的推移，任何组织一定会变得涣散化、官僚化、失效化并最终走向死亡，这中间最大的力量就是因为组织的熵增。”

物理学家薛定谔说：“自然万物都趋向从有序到无序，即熵值增加。而生命需要通过不断抵消其生活中产生的正熵，使自己维持在一个稳定而低的熵水平上。生命以负熵为生。”

管理学家德鲁克说：“管理要做的只有一件事情，就是如何对抗熵增。在这个过程中，企业的生命力才会增加，而不是默默走向死亡。”

企业家任正非说：“华为发展的过程就是对抗熵增的历程，组织的发展就是建立一系列耗散机制，化解熵增，即熵减。否则组织越来越臃肿庞大，而效率则会越来越低下。”

本书前面几章重点阐述了企业赢利系统，其中有很多内容相关于经营发展，也有内容相关于管理提升，它们都是反熵增的重要方法或手段。在诸多企业的反熵增实践中，还有很多非常有效的做法，笔者将它们概括总结为：稳健成长、提升智力、开放优化、有效耗散，如图7-2-1所示。

（1）稳健成长。稳健成长就是沿着核心业务有机扩张，不能盲目多元化，不能冒进。奥卡姆剃刀原理说，“如无必要，勿增实体”。增加实体，看起来有利益，但是还带来了持续的熵增。如果企业开辟的新业务太多、太散，还期望它们高速成长，这时资源或能力就可能跟不上，那么它们不仅不会带来负熵流，而且会让企业熵增、陷入经营管理混乱。

通过总结国内外企业案例，学者张潇雨认为，企业不能稳健成长而最终导致失败有以下五大原因：①产品没人要；②无法保持专注；③增长不能量化，如果依靠稀疏的客户随机购买，那么产品销售就具有较高的不确定性；④没有预算及投资回报意识，随意乱花钱；⑤动机错误，如果长期为了钱而办企业，那么更容易去投机，经受不住所谓“机会”的诱惑而偏离自己的核心能力。对照来看，这五个方面都不能为企业带来负熵流，反而不断带来熵增让企业消亡。

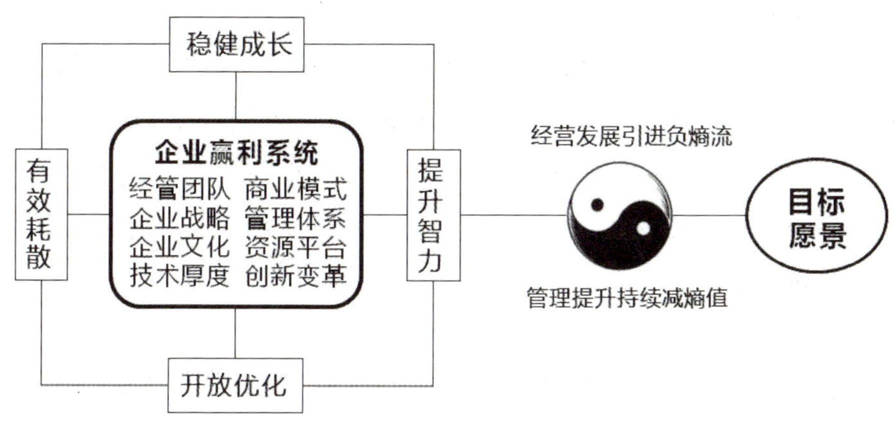

图 7-2-1 企业赢利系统的反熵增模型

图表来源：李庆丰，“企业赢利系统”理论

（2）提升智力。提升智力就是持续增加企业的智力资本。举个极端的例子，如果让一群狼来管理一个很好的企业，这个企业很快就完蛋。在经营管理方面，人比动物强大，是因为人有智力。同理，同一个行业中好企业与坏企业的差别，更多是企业之间智力资本的差别。提升企业的智力资本，可以持续改善经营业绩，为企业引进负熵流；促进管理水平提高，不断减熵值。智力资本包括人才资本、组织资本和关系资本。如何提升智力资本呢？可参照章节6.2的相关论述。下面列举一个华为引进人才，提升公司人才资本的案例。

2009年，加拿大北电网络公司申请破产，诺基亚和爱立信拼命争抢它的资产、设备、技术、专利等。而这一切，华为什么都瞧不上。

北电网络的一个工程师拖着疲惫的身体回到家里。所在公司破产了，他觉得自己的未来一片黑暗。

这时，一个猎头公司的高级合伙人来到他家里，拿出一份录用通知对他说，中国华为公司对他非常敬重，希望他到华为工作。他现在的年薪是12万美元，华为给他24万美元，另加3万美元特别津贴，一共是27万美元。他所在的办公室是在二楼靠窗的一个位置。愿意的话，明天就可以去上班，现在就签合同。

（3）开放优化。当系统趋于封闭时，熵增会变得更严重。所以，避免熵增的有效方法就是，建立一个能和外界不断进行能量、物质、信息交换的、流动的开放系统。这样的开放系统叫作耗散结构系统，是由一位叫普利高津的科学家提出的。他也因为提出这个理论获得了1977年的诺贝尔化学奖。生命体属于耗散结构系统，企业属于生命体，所以企业赢利系统也是耗散结构系统。

只有与外部环境频繁进行人才、资金、物质、能量与信息交换，才能为企业持续引进负熵流、避免熵增。首先，企业要保持人才培养方面的开放性，包括人才的吐故纳新、内部轮岗流动、消除“部门墙”与官僚主义、引进外部优秀人才等。其次，企业与利益相关者之间保持开放性，包括持续迭代产品以超越客户期望、不断探索新的细分市场、持续吸纳优秀供应商、通过私募股权融资等。最后，企业要保持与外部环境信息沟通的开放性，包括跟踪竞争者的发展动态、了解宏观经济动态、洞察行业发展趋势及相关科技创新进展、持续向外界学习等。

开放系统的内部也需要不断自我优化。对于企业赢利系统来说，包括对经管团队、商业模式、企业战略、管理体系（组织能力、业务流程、运营管理）、企业文化、资源平台、技术厚度、创新变革等相关内容的持续优化与提升，让经营管理的空间结构及时间次序更有序、更规范、更精益。

（4）有效耗散。对于企业这样一个耗散结构系统来说，一边从外界吸收能量、物质及信息资源，一边在内部发生各种新陈代谢反应，通过吐故纳新，持续促进自身进化与发展。前者是一个吸收过程，后者是一个耗散过程。耗散促进成长与进化，也为了更好地吸收。如此不断循环，就是生命体的成长与发展。

华为创始人任正非说："公司长期推行的管理结构就是一个耗散结构。我们有能量一定要把它耗散掉。通过耗散，使我们自己获得一个新生。什么是耗散结构？你每天去锻炼身体跑步，就是耗散结构在发生作用。为什么呢？你身体的能量多了，把它耗散了，就变成肌肉了，变成坚强的血液循环了。当多余的能量被消耗掉了，糖尿病也不会有了，也不会肥胖了，身体也苗条了、漂亮了，这就是最简单的耗散结构。"

通过企业耗散结构系统的有效耗散，华为把赢利耗散于技术创新、人才培养和引进；炸开人才金字塔的塔尖，敢于探索科技领先的"无人区"；开放合作，厚积薄发，让企业持续获得新生。

企业是一个生命体，而生命以负熵为生！企业将引进的外部资源及自身赢利，持续耗散到人才资本、组织资本和关系资本等智力资本中，让经营更有成效，让管理更有秩序。通过有效耗散，既避免了熵增，也有利于持续为自身引进负熵流。

7.3 公司进化：企业家的万丈豪情与赢利系统的保守边界

重点提示

※ 企业家的“豪情万丈”有哪些利弊？

※ 如何理解非平衡态、非线性与企业成长、进化的关系？

※ 乐视集团提出的“生态化反”，为什么有些不靠谱？

华为的一位高管回忆说：“在1993年，有一段时间，华为连工资都发不出来，任老板（任正非）给我们打白条，说我们会成为中国最大的通信企业。我们当时都笑话他，怎么可能，我们都活不下来。”现在，华为通信业务全球第一，5G技术全球第一，手机出货量全球第一，服务器市场全球第三，自研麒麟芯片。2019年，华为的营业收入几乎等于BAT[①]三家的总和。

原南德经济集团董事长牟其中300元起家，办了三件大事“飞机易货、卫星发射、开发满洲里”，让他名震江湖，一度成为中国首富。他还扬言要把喜马拉雅山炸开一个口子，让印度洋的暖风吹到中国，改变那里的自然环境，将青藏高原乃至整个大西北的贫瘠土地都变成富饶的鱼米之乡。

2003年，在淘宝问世的时候，马云说：“就算用望远镜，也找不到阿里巴巴的竞争对手在哪里。”当时中国最大的B2B平台慧聪网创始人立刻通过媒体回应：“马云能说出这种话，不是中国其他企业家无能，就是马云自己无知。要不是他的望远镜有问题，就是

① BAT，指中国互联网三巨头：百度、阿里巴巴、腾讯。

他的眼睛有问题。”

锤子科技成立1年多后，创始人罗永浩意气风发地说：“我会努力的，我要把锤子手机做好，将来收购不可避免地走向衰落的苹果，并复兴它，是我余生义不容辞的责任。”

美国企业家马斯克的目标和愿景是要将100万地球人送上火星！为此，他成立了SpaceX低成本火箭制造公司，推出了特斯拉电动汽车，搞星链互联网，正在试制速度超过1 000千米/小时的胶囊高铁，创立脑机接口公司……这些有点“疯狂”的创业，都是为“将100万地球人送上火星”做准备的项目。

在2013年12月12日的“中国经济年度人物”颁奖典礼上，小米创始人雷军向格力董事长董明珠提出1元钱“赌约”：小米互联网模式将在5年之内战胜格力的传统制造模式，5年后看小米与格力的营业收入高低以论输赢。董明珠霸气地回应，“要赌就赌10个亿”。立下赌约的2013年，小米的营业收入为316亿元，格力的营业收入为1 200亿元。2018年，小米手机产品出货量1.19亿部，全球排名第四，总营业收入达1 749亿元；格力电器总营业收入达到2 000亿元，归母净利润达到262亿元。

2013年，海航集团曾对外宣称：“2020年，海航将进入世界500强前100名左右，营业收入在8 000亿到10 000亿。”然而，到了2020年初，在7 000多亿负债的重压下，海航已经渐进“归零”。有人感叹道：头两三年海航“买买买”名动江湖，可以说是不可一世；2017年以后，又遇到如此巨大的流动性困难，债务逼门，“卖卖卖”又出尽了洋相。

企业家的“豪情万丈”及创业者夸下的海口，有的已经兑现了，有的事业失败了。办企业、搞事业有巨大风险，也有“成功之路”可循。本书章节2.2中曾讲到企业家精神追光灯模型，它包括“使命、愿景、目标客户、奋斗者、核心价值观”五个方面内容。尤其提到，企业的使命和愿景组合起来，自始至终、以终为始地往复贯通，就是企业家精神的“浩然之气”。将企业家的“豪情万丈”魔幻一些表达：企业家肩负企业使命，携企业赢利系统向目标和愿景出发。出发点与目标和愿景的位置之间围成了一个赢利圆锥体，其两侧是保守主义边界，摆动幅度比较大的那条曲线叫作企业家豪情线，如图7-3-1所示。有人说，企业家的肾上腺素水平比较高，经常有豪情万丈的决策。如果这些决策比较靠谱，企业家豪情线落在保守主义边界之内，就会为企业带来赢利积累；如果这些决策非常不靠谱，企业家豪情线跑出保守主义边界，那么就会给企业带来风险。

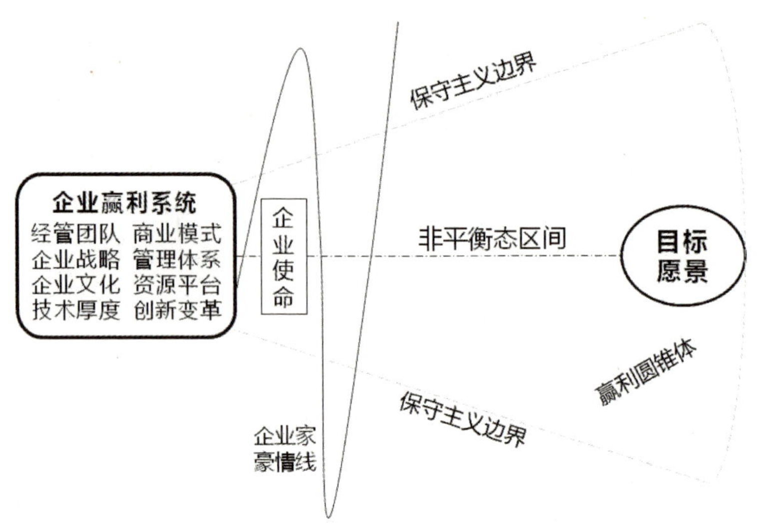

图 7-3-1 企业家豪情线与保守主义边界示意图
图表来源：李庆丰，“企业赢利系统”理论

企业赢利系统之所以能够不断趋向目标和愿景，是因为它的内部始终处于非平衡态。这就像飞机发动机，由于处于非平衡态的高温高压气体持续向后喷射，才能促进飞机不断高速前行。**优异的耗散结构系统有四个主要特点：开放性、负熵流、远离平衡态、非线性。**远离平衡态即处于非平衡态。上一节讲了开放性与负熵流，下面看看非平衡态和非线性对于企业赢利系统成长与进化的主要影响。

非平衡态的对立面是平衡态。当熵增到极大值时，耗散系统处于最混乱的状态，这时就处于平衡态。试想在一个房间的整个空间杂乱地堆满了各种物品，任何物品都不能移动了，这个接近于“死亡”般的静止状态，就是系统的平衡态。当一个企业现金流枯竭时，经营管理活动不能再运转了，企业赢利系统的状态就近似于平衡态，也就是熵增到极大值的状态。这样看来，耗散结构平衡态中的“平衡”与通常所说的动态平衡、阴阳平衡、盈亏平衡中的“平衡”，其含义大相径庭。

当企业赢利系统处在远离平衡态时，经营管理活动才能释放更多活力。对于企业来说，其远离平衡态的程度取决于两个因素：一个因素是企业家的“万丈豪情”。它转化为企业的战略意图、展开为战略指导方案。在战略的引领下，从无到有，企业要有很多创造，在这个过程中企业赢利系统必然要远离平衡态。另一个因素是企业拥有的智力资本、货币资本及物质资本，它们保障战略有效落地，与企业赢利系统能够远离平衡态的程度高度相关。“吃的是草，挤出的是奶”，这是因为奶牛这个生命体处于非平衡态。由于较长期正确地远离平衡态，一些公司创造了辉煌与奇迹：小米创业9年后就跻身世界500强；拼多多在电商行业逆袭成功，与淘宝、京东三分天下；特斯拉后来者居上，迅速成了新能源汽车第一品牌；华为公司率先掌握了具有世界领先水平的5G技术；乔布斯带领苹果创造了智能手机奇迹……

当企业赢利系统处在远离平衡态时，它就可能具有对输入的非线性放大作用。单利是线性增长，复利、指数增长都是非线性增长。1993年华为公司都发不起工资时，任正非敢说“我们会成为中国最大的通信企业”。确实，后来华为的赢利系统有了非线性放大作用，一个小的输入就能产生巨大而惊人的效果。1987年华为创立，1998年营业收入89亿，2008年营业收入约1 200亿，2018年营业收入超过7 200亿元。放大尺度看，三个同样的十年间隔，华为的营业收入分别增加了88亿、1 110亿、

6 000亿，差值特别大，这就是非线性增长。

企业的非线性增长，源于优秀的企业赢利系统具有诸多增强回路，具有自我增强放大的机制。在普利高津提出的耗散结构理论中，要素的涨落导致了系统的有序。所谓涨落，就是对平衡位置的偏离，为系统走向有序、进化、发展提供可能。企业赢利系统的非线性放大能力，可以将输入的资源及系统的能力协同一起，耦合成为一些巨涨落。巨涨落促进事物发生质变与跃迁，所以它促进了企业的成长与进化。但是，如图7-3-1所示的企业家豪情线，一旦巨涨落严重越界，就会给企业带来隐患，甚至毁掉整个系统。

按照乐视集团经管团队的初始设计，企业将拥有内容、电视、手机、汽车、体育、互联网金融、互联网及云等七大生态系统。然后，他们开始积极地撮合这七大生态之间发生“生态化反”，即生态化学反应——各个生态系统之间相互合作、资源可重复互用，实现巨大的经济价值。先不要升级到生态系统，从T型商业模式的产品组合角度看，这么多产品组合在一起，结构太复杂，物极必反，形成飞轮效应太难了。再说，企业赢利系统的成长与进化是一个持续优化的过程。尤其像乐视集团，当时智力资本还不够精益充足时，依靠融资一下子搞这么多生态系统，试图通过人为努力让它们之间同时实现耦合与协作。其结果是，系统中融资驱动的非线性放大效应极度失真偏离，造成诸多巨涨落严重越界。

所谓“有矛就有盾”，矛盾能够促进企业进化与发展。如图7-3-1所示，当创业者或企业家有“豪情万丈”的决策冲动时，企业家豪情线需要受到保守主义边界的约束。一说到保守主义，人们往往会将它看作“进步”的对立面，联想成守旧、迂腐、顽固、落后的代名词。实际上，这是对保守主义的误读。学者朱小黄认为：“保守主义并不反对进步，并不排斥创新，而是强调传承，强调对事物内在规则的认知和遵守，反对‘幻想式’的激进变革。保守主义并不是故步自封。”

在笔者看来，保守主义就是保住、守住一些基本规则和底线。例如，对于企业扩张进化来说，经管团队要共同建立保守主义边界意识，有以下五条基本规则或底线可供参考：①是不是沿着比较强大的核心业务有机扩张；②是不是相关多元化扩张；③是不是连续创业者或企业家领军；④是否符合企业扩张期相关理论模型；⑤特别重大决策是否有“虚拟专家组”或私董会3.0支持等。

仅对照上述①来说，乐视集团没有像阿里巴巴那样比较强大的核心业务，只是将七大业务系统“捆绑”在一起，期望它们发生“生态化反”。这就像一棵没有树干，而是七个超大型的树杈连接在一起的“超级大树”。也许旁观者清，而当局者迷。

7.4 涌现模型：行业领先者是如何炼成的?

重点提示

※ 荷兰的“小公司”阿斯麦，如何涌现成了行业领导者?

※ 为什么说所在的环境对一个企业的影响也比较大?

※ 如何利用金字塔涌现体系助力企业发展?

在芯片制程领域，有一种叫光刻机的重大装备。一家叫阿斯麦的荷兰公司，它生产的光刻机有“印钞许可证”之称，一台就卖1.2亿美元，以74%的市场占有率几乎垄断了全球市场。

早在20世纪80年代，阿斯麦还只是飞利浦旗下一家只有31位员工的合资小公司。在那个芯片制程还停留在微米的时代，光刻机的本质其实与“投影仪+照相机”差不多，能做光刻机的企业少说也有数十家。恰逢那个年代，日本尼康公司凭借着相机技术的积累，成为全球光刻机领域当之无愧的巨头。

谁也不曾想到，近40年后，阿斯麦这个原来的“灰姑娘翻身成了王后”，以处于垄断地位的EUV（极紫外光刻）光刻机执掌起了全球芯片代工厂的生杀大权。

想当年，阿斯麦抓住的第一个机遇是什么呢？20世纪90年代末，摩尔定律持续发展，但光刻机的光源波长被卡死在了193nm。行业巨头尼康公司决定走稳健路线，采用157nm的F2激光，一步步来。在这样的对弈中，阿斯麦选择“赌一把”！大胆采用台积电工程师林本坚提出的“另类”技术路线：在光刻机的透镜和硅片之间，加上一层水。通过光的折射原理，让原有的激光波长，从193nm缩短到132nm。这种方法被称为沉浸式光刻技术。后来，阿斯麦赌赢了！2004年造出了第一台沉浸式光刻机，然后拿下了IBM、台积电这些大客户的订单。尼康在这场比赛中落伍了，随后市场份额第一次被阿斯麦反超。

阿斯麦赢下的第二步棋是什么呢？1997年，英特尔与摩托罗拉、AMD（超微半导体公司）、IBM等全球有名的美国半导体公司，联合3个美国国家重点实验室，共同成立了一个叫EUV LLC的联盟。这个联盟主张采用EUV，也就是极紫外光刻方案。美国能源部批准阿斯麦进入了这个联盟，成为EUV相关技术创新落地的设备厂家。由于美国对日本技术崛起的担忧，尼康公司被排除在这个联盟之外。从此，阿斯麦成了美国半导体行业的“政治盟友”。

阿斯麦赢下的第三步棋是，在美国及EUV LLC联盟共同支持下，阿斯麦用25亿美元收购了EUV光源制造商美国Cymer公司。Cymer公司拥有顶尖EUV光源技术，在全球范围内数一数二。通过这次收购，阿斯麦又完全控制了EUV光刻机的核心零部件，从而让行业竞争者及潜在进入者望而却步。为了表现诚意，阿斯麦同意在美国建立一所工厂和一个研发中心，以此满足所有美国本土的产能需求。另外，还保证55%的零部件均从美国供应商处采购，并接受定期审查。所以，为什么美国能禁止荷兰的光刻机出口中国，一切的原因都始于此时。

2012年，英特尔连同三星和台积电，三家企业共计投资52.29亿欧元，先后入股阿斯麦，以此获得优先供货权。与目标客户结成紧密的利益共同体，这算阿斯麦在光刻机领域赢下的第四步棋。

参考资料：刘芮、邓宇，《光刻机大败局》，微信公众号：远川科技评论

简要概括地说，经过以上“四步棋”，阿斯麦成了芯片光刻机领域处于垄断地位的领导者。从企业赢利系统角度说，阿斯麦这个行业领导者

是“涌现”出来的。诸多企业想成为行业领导者，以它们挂在墙上的企业愿景为证：……成为××行业的领导者！但是，如何“涌现”一下，让墙上的口号变成现实呢？

由于系统中的非线性作用，导致某些变量从量变到质变，所以，一个非线性系统的整体与部分之和不相等，两者之间的差异就是涌现。按照凯文·凯利在《失控》中的说法，在涌现的逻辑里，2+2并不等于4，甚至不可能意外地等于5，却有可能2+2=苹果。举个例子，我们的智能手机可以有图像、声音，能够进行银行理财、移动办公等成千上万种功能，背后不过是“0与1”的涌现。

企业赢利系统是一个有生命的耗散结构系统，是企业家或经管团队驱动的非线性系统，所以一定存在涌现。将一个创业企业很快涌现成一个行业领导者，这个难度是极高的，除了经管团队的努力，还需要环境机遇等多种因素的作用。虽然罗马不是一天建成的，但是路对了，目标就一定可以实现。我们可以建立一个企业赢利系统的涌现模型，如图7-4-1所示。参考这个模型，通过经管团队的努力，持续为企业涌现优秀的产品组合及智力资本，当然，也会伴随着涌现出一些问题和困境。但是，如果解决了那些困扰企业发展的问题和困境，并且产品组合及智力资本等能不断地优化升级，那么企业就向成为行业领导者的目标迈进了一步。

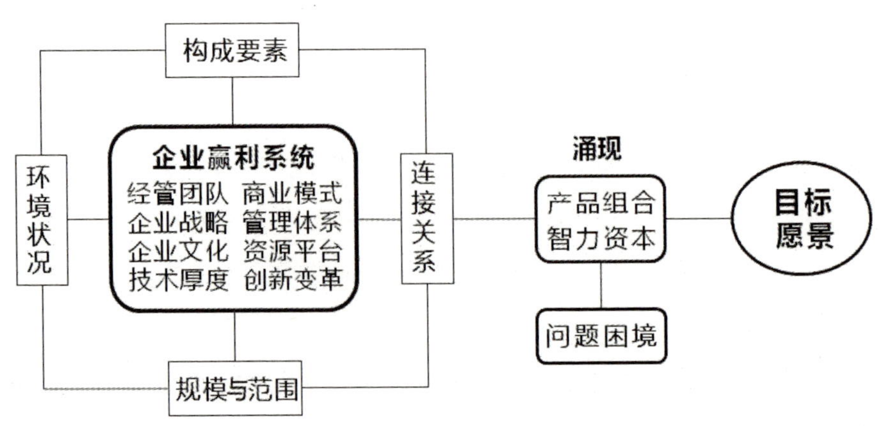

图 7-4-1 企业赢利系统的涌现模型

图表来源：李庆丰，“企业赢利系统”理论

参照学者苗东升的说法，构材效应、规模效应、结构效应、环境效应四者共同造就系统的整体涌现性。围绕企业赢利系统，如何让涌现发生呢？如图7-4-1所示，从系统构成、自身及所处的环境出发，可以从四个方面入手：一是改变系统的构成要素或不断优化系统的构成要素；二是改变系统要素之间的连接关系，也称为改变系统结构；三是改变系统的规模与范围；四是改变系统所处的环境状况。

（1）构成要素。系统是由要素构成的，它们是涌现的根基。除了初始要素差异、调换要素可以创造不同的涌现外，要素自身的持续迭代也会导致系统涌现。经管团队、商业模式等都是企业赢利系统的一级要素。由于这些要素的差异、替换及持续迭代，从而导致企业迥异的命运。例如：由于郭士纳及其助手加入，共同改变了IBM；由于熊猫直播领导者的“佛系”管理，导致了企业的失败。同样是电商平台的拼多多、京东、淘宝、网易精选等，它们的商业模式不同，涌现出的企业生态也就具有巨大差异。

（2）连接关系。连接关系是系统构成的三大要件。要素的连接关系改变后，系统的结构就会改变，这可能创造出涌现。最典型的例子是石墨与金刚石，它们都由碳原子组成，但是连接关系不一样，导致两者涌现出的性能大相径庭。再如：业务流程、组织结构等属于企业赢利系统的二级或三级要素，它们其中含有很多连接关系。企业搞业务流程创新、组织结构变革，实际上主要是改变其中的连接关系，从而让企业涌现出一些优异的竞争力。

（3）规模与范围。企业赢利系统的规模与范围不同，含有的要素、连接关系也就不一样，并且出现了层次性的差异。“船小好掉头”，说明小企业反应快，具有灵活性；“船大不怕浪高”，说明大企业敢于投入，抗风险能力强。一家公司在成就事业方面往往优于一个人奋斗，是因为公司规模大，能够创造出更多的涌现。以格力电器、春兰空调来举例说明，在某个产品领域，往往专一化的企业（窄范围）能够涌现出竞争力，而多元化的企业（宽范围）更可能涌现出系统混乱。

（4）环境状况。“橘生淮南则为橘，生于淮北则为枳”，是因为环境状况在为系统提供“营养”，并可能改变系统要素及连接关系。中国深圳之所以涌现了很多的科技创新型企业，是因为一个城市的产业链、供应链、人才链及文化氛围等，都会渗透影响到企业赢利系统。如果当初诺基亚智能手机事业部设立在美国硅谷，也许后来诺基亚的命运就会不一样。“敲锣打鼓招商，关起门来打狗”，这也是一些营商环境差的地区，入驻企业较难“涌现”而出的原因。

根据上文阿斯麦案例的有限资料，对照以上四个方面，我们看看它是如何涌现而出的？第一步，阿斯麦选择了沉浸式光刻技术，实际上改变了产品组合的构成要素及连接关系。第二步，阿斯麦获准加入美国EUV LLC联盟，是在全球范围改变了自己的环境状况，这既可以吸收EUV LLC联盟无偿提供的世界顶级的技术创新“营养”，也为产品推广拿到了全球通行证。第三步，收购美国Cymer公司，不仅增加了阿斯麦的业务规模与范围，而且EUV光刻机产品的构成要素及连接关系获得进一步加强。第四步，阿斯麦获得了英特尔、三星、台积电的巨额股权投资，与它们结为“企业所有者”联盟，这标志着企业货币资本及关系资本的极大提升，大幅改善了企业赢利系统中商业模式的资本要素。

参考本书章节6.2的图6-2-1，企业赢利系统中有一个金字塔涌现体系。在系统赢利场的作用下，首先，将进入企业或企业拥有的各种资源涌现为智力资本。智力资本就像一个魔术袋，人力资本、组织资本、关系资本都在其中了。其次，从智力资本中涌现出企业竞争力。最后，在企业进化扩张过程中，涌现出核心竞争力。并且，竞争战略的核心内容是如何达成产品组合的差异化，而通过金字塔涌现体系可以助力实现产品组合的差异化。

至此，“为什么优秀企业难模仿”就有一个来自“系统思考”的答案：在构成要素、连接关系、规模与范围、环境状况等四个方面，优秀企业能够持续推动从量变到质变的各种积极性涌现，促进企业赢利系统不断成长与进化；企业作为生命系统，与宇宙中生命万物一起，沿着时间之矢前行，即时光不可倒流，那些积极性涌现及其过程不可逆、难以重现。

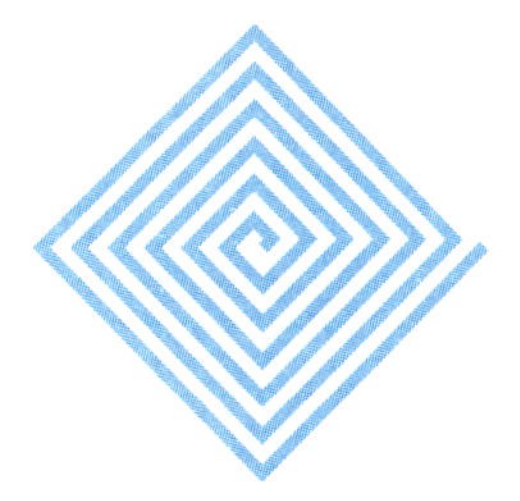

第 8 章

私董会3.0：

三个臭皮匠，如何顶个诸葛亮？

本章导读

公司有董事会，为什么还要搞私董会？

董事会背后的逻辑是“谁出资多，谁的话语权就大”，所以董事会在议题表决时的决策失误也比较多。而私董会3.0背后的逻辑是：谁最懂企业、最有智慧，谁的建议就最值得关注。

与头脑风暴式的私董会有所不同，私董会3.0分为私董会之前、私董会之中、私董会之后三个阶段。其中私董会之前、私董会之后更加重要，是私董会的实质所在。

如果把召开私董会解决相关高难度经营问题，比作发射一个卫星到太空去，那么大家在会议上“吹吹牛”是不能把卫星发射上天的，而是必须通过结构化工具与模型，分析研讨所遇到的高难度、复杂性、不确定性问题，再通过不断迭代收敛，找到解决方案和实施路径。

并且，创建学习型组织，才是永不落幕的私董会！

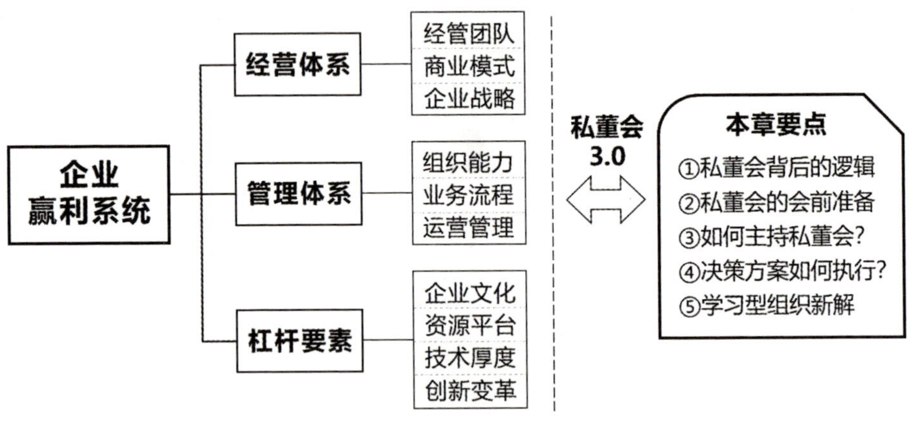

第 8 章要点内容与企业赢利系统的关系示意图

8.1 私董会初探：如何避免形式主义?

重点提示

※ 为什么创业者或企业家要有自己的虚拟专家组呢?

※ 私董会3.0分为哪三个阶段? 其重点工作内容各是什么?

※ 企业有董事会，为什么还要搞私董会呢?

我们从小到大接受的教育，其哲学方法论以“还原论”为主。从局限性看，还原论这种无限分解、不断拆分的方法，很容易让我们“只见树木，不见森林”。尽管有些教科书安排有目录、总论、总结等“整体论”的部分，但是整体论只是还原论的简单逆向操作，并非真正的系统论，所以仍难以有力地协助我们在实践中进行系统思考。

一个企业领导人能够系统思考，才能驾驭整个企业赢利系统。本书前1～6章阐述了企业赢利系统的各个构成要素，并在第7章安排有系统思考的相关内容。畅销书《赋能》中有句话：“还原论思想深入社会肌理。”所以，系统思考何其难！套用德鲁克谈管理本质的那句话，莫非系统思考也是“不在于知，而在于行”?

系统思考的助力模型通过虚拟专家组、私董会、赢利三会、团队修炼四个方面来助力经管团队进行系统思考，如图8-1-1所示。

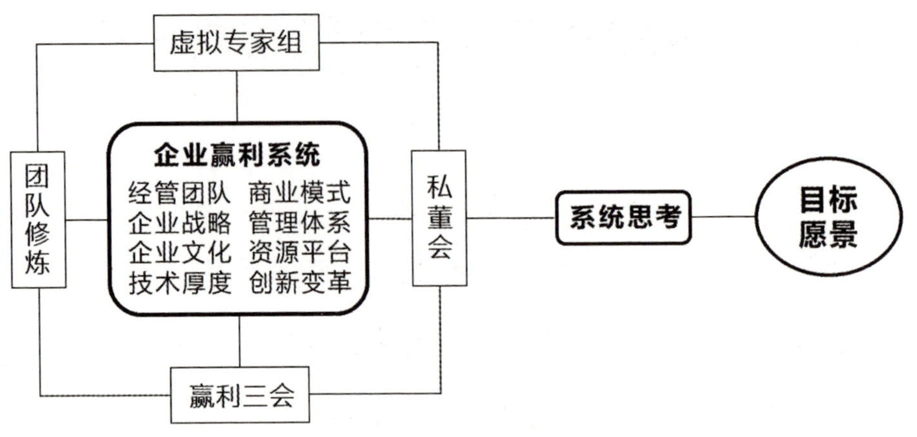

图 8-1-1 系统思考的助力模型
图表来源：李庆丰，"企业赢利系统"理论

（1）虚拟专家组。现在科技创新型企业增多，团队背景以技术创新、产品研发为主，而精通企业经营管理且有系统思维的人才相对比较缺乏。本书章节2.1曾讲到，一个"钻石级"的经管团队应该是"行动者、对外者、思考者"三种角色的搭配。从公司治理看，有董事会、管理层这样的战略决策与管理执行团队，但是缺乏专门的参谋顾问团队。

弥补手段之一是成立为企业经管团队服务的虚拟专家组，人数可多可少，少则1～2人，多则7～8人。虚拟专家组成员有这样三个特征：①他们是"旁观者"，多数成员独立于企业的组织结构之外，并不专职在企业工作；②他们通常是科技前沿、经营管理、创业投资领域的资深人士，有相关业绩、成功经验或经历；③他们通常与企业领导人有密切的个人关系，敢于直言不讳、提出异议或批判性建议。

例如：扎克伯格创立脸书之初，只是一个20多岁的辍学学生。10多年后，脸书已经是全世界市值排名前十的公司之一，扎克伯格也从一个"1.0"的创业者成长为了极具系统思考能力的"3.0"企业家。扎克伯格背后就有一个强大的虚拟专家组，成员包括巴菲特、乔布斯、肖恩·帕克、马克·安德森等。

（2）私董会。私董会是私人董事会的简称。目前，中国有三种形式的私董会，分别称为私董会1.0、私董会2.0和私董会3.0。

私董会1.0最流行，容易组织，也比较常见。它的普遍形式为：在私董会导师的主持下，10多位企业老板找个度假村之类的风景区聚在一起，针对某一个企业的特定问题，大家积极发言，进行一次“头脑风暴”。毕竟，经过认真甄选后，参会者都是有些经验的企业领导人。如果大家敢于相互批判、积极提出建议，通过去中心化的平等交流，最终还是能解决一些令老板们困惑的问题。

私董会2.0可以认为是“私董会1.0+专业咨询”的组合。它的主要特色如下：首先，它有一个强大而专业的组织机构，构成人员包括总裁教练、领导力教练、企业家教练、秘书、研发中心顾问等。其次，通过事先精心挑选，企业家教练都是相关领域小有成就的企业家，且有一定水平的教练技能。最后，经过私董会2.0后，通常会延伸到一项或几项针对企业问题的专业管理咨询服务。

私董会3.0是由笔者从风险投资、投后管理的长期工作实践中，摸索总结出的一套私董会方法论。私董会3.0并不是私董会1.0或私董会2.0的升级版，它只是为了相互区分的一个特定名称。概括来说，私董会3.0有如下三大特色：

首先，私董会3.0的核心宗旨是“三个臭皮匠，顶个诸葛亮”“自己最懂自己，自己的问题自己解决”，所以它的参会人员主要由本企业的经管团队成员构成，包括企业领导人、相关高管、若干外部董事等，视具体问题也会邀请一些外部专家参与。

与私董会1.0及私董会2.0有所不同，在私董会3.0参会人员中，将尽量避免邀请外部的企业老板或企业家。这样做的理由有三点：

①私董会3.0会议召开之前，参会人员要投入较多的精力，来做各种会前准备。而外部邀请的企业老板都比较繁忙，还有一些“自信满满”，所以这些会前准备工作很难认真推行。私董会通常讨论本企业中比较高

端、复杂、不确定性而又现实的难题。没有调查研究，就没有发言权！如果与会者对企业情况不了解，又没有充足的会前沟通与准备，那么召开这样的私董会，就可能变成形式主义至上的会议。

②私董会3.0注重结构化分析、工具使用及理性的论证逻辑，而那些外部的企业老板，不仅对企业缺乏了解，发言也不必承担责任，而且表述的内容主要是自己的感性认识和经验操作。

③当然，有人会担忧这种“以内部参会人员为主的私董会3.0”，没有民主气氛或不能去中心化。其实，这并不是问题，也有办法避免。新一代企业领导者大部分不再是“土皇帝”、一言堂的风格。并且，会议主持人会事先提醒平时“爱讲话”的企业“一把手”，让他（她）尽量少发言、多倾听。私董会3.0主要讨论商业模式与战略问题，基本不涉及敏感或隐私内容，所以参会人员能够积极发言、多提建议。

其次，私董会3.0围绕企业赢利系统发现问题、解决问题，通过理论与实践相结合的方式，培养经管团队的系统思考能力。

私董会只是一个会议形式，而促进企业赢利系统成长与发展才是硬核内容。私董会3.0聚焦的主要问题是：①商业模式创新及优化所面临的机遇与困境；②企业发展战略问题。除了以上两类重点内容之外，私董会3.0也会辅助讨论一些诸如管理体系中的组织结构调整、企业文化中的核心价值观、创新与核心竞争力等方面的难点问题。

最后，功夫在诗外！私董会3.0分为私董会之前、私董会之中、私董会之后三个阶段，其中私董会之前、私董会之后更加重要，是私董会的实质所在。

“私董会之中”是指私董会的会议召开期间，通常为1天，很少超过2天。尽管“私董会之中”是一个重要的节点，但是对于讨论的重点问题，“私董会之前”就已经进行了结构化梳理，并且大致“成竹在胸”。私董会的适时召开，只是为了统一思想和认识，再次交流观点、让创新涌现，让解决方案更上一层楼。“私董会之后”主要聚焦在会议方案的具体执行与落地。本章随后的3节，将分别介绍私董会之前、私董会之中、私董会之后的相关重点内容。

（3）赢利三会。企业的赢利三会是指董事会、战略会、经营分析会。董事会主要为企业的重大发展议题表决，背后的逻辑是“谁出资多，谁的话语权就大”，所以这种表决的决策失误也比较多。有道是，善于从失败中总结经验教训，也可以培养经管团队的系统思考能力。战略会按年度召开，经营分析会月度或季度召开，它们都是围绕企业赢利系统，分别讨论企业全局性经营管理方向与方案、绩效偏差及改进措施等问题，所以有利于培养经管团队的系统思考能力。

（4）团队修炼。本书章节2.1中曾讲到，为了实现针对企业赢利系统的系统思考，经管团队修炼主要包括这三项内容：动力机制、团队合作与能力建设，简称为“铁人三项”。此外，彼得·圣吉提出的“五项修炼”也是企业团队培养系统思考能力的重要参考内容。本章最后一节将专门讨论“五项修炼”及构建学习型组织。

8.2 私董会之前：答案在现场，功夫在诗外

重点提示

※ “答案在现场，现场有神灵”，对组织私董会有什么启发意义呢?

※ 对于头脑风暴式私董会，为什么缺乏合格的“教练导师”呢?

※ 为什么私董会3.0召开之前要做“四项准备”呢?

从形式上说，私董会是一个研讨问题的会议，所以需要一个会议主持人。私董会1.0将这样的主持人称为“私董会导师”，私董会2.0称之为“总裁教练”，也可以合称为“教练导师”。私董会3.0有所不同，称之为“私董会干事长”（简称为“干事长”）。

尽管这只是称呼不同，但是有所谓“名不正，则言不顺”。当组织由10多位企业老板参加的头脑风暴式私董会时：一方面，会议主持人追求去中心化，鼓励参会老板平等对话；另一方面，又必须树立会议主持的权威，构造一个让参会者佩服的人造“中心场”，否则就会镇不住场，导致会议失败。这也是为什么私董会1.0、私董会2.0将会议主持人称为私董会导师或总裁教练这么“高大上”名称的原因。

私董会3.0不建议树立会议主持的权威，所以将会议主持人称为干事长。干事长就是默默地干实事的人：一方面要有意淡化自己的权威性，甚至有意弱化自己的存在，以鼓励其他参会人员多提建议、积极贡献；另一方面，干事长又是整个私董会的组织者、主持人、调研员、培训师，也应该是一位经营管理方面的资深专家顾问，所以要扎扎实实做好这一系列密切关联的具体工作。

私董会3.0的组织机构特别简单，外部人员只有一位干事长，其余人

员全部来自私董会所服务的企业。可以这样理解，私董会3.0就是企业的一个重要内部会议，干事长为这个会议提供策划、组织、调研、访谈、主持、撰写报告、专家顾问等一揽子服务。

头脑风暴式私董会是将企业的这种内部会议完全外部化，形成一个由第三方承担的商业服务项目。它的假设前提是：那些高端、复杂而又现实的经营难题，依靠企业自身的董事会、战略会是无法解决的。外包给咨询公司，获得的咨询报告很可能是纸上谈兵，执行与落地风险非常大。国外流行私董会，××私董会教练工作坊正规专业，教练导师“高大上”，专门为国内企业组织私董会。私董会能够邀请到诸多高水平的企业家参会，让企业家与企业家“碰撞”，通过交流，智慧就涌现出来了，可以解决企业面临的那些复杂而现实的经营管理难题。

头脑风暴式私董会在中国落地后，一直面临着缺乏优秀的教练导师这样的问题。目前来看，这样的问题基本没有解决方案，原因如下：①由不固定的10多位外部的跨行业企业老板参加的头脑风暴私董会，其把控难度是非常高的。即便是“神仙”级的教练导师也难每次都搞定——让“豪情万丈”的企业老板们一次又一次服气又服帖。②作为第三方商业机构，私董会工作坊要尽量多组织私董会，以扩大影响力和增加营业收入。曾有一家长三角的私董会工作坊，一年为100多家企业组织召开了私董会，平均每2天换一家企业。所以，教练导师不可能对所服务企业的实际经营有深入的了解。另一个例子，一家企业的老板特别爱“混圈子”、交朋友，在一年的时间里，先为自己公司搞了12场私董会，然后这位老板就成了某工作坊的兼职教练导师。私董会是解决企业面临的高端、复杂又现实的难题。如果会议主持人没有足够的时间深入了解企业的问题，仅靠重复主持头脑风暴式会议，很难成长为一个合格的教练导师。

私董会3.0的假设前提是：那些高端、复杂而又现实的不确定性经营难题，已经超出了企业董事会、战略会的能力范围，依靠外部专业咨询公司给出的“一纸方案”也是不切实际的，依靠一次跨行业企业老板的头脑风暴式私董会给出解决方案很难有实际效果。解铃还须系铃人，私董会应该是“董事会+战略会+虚拟专家组”三者取长补短的升级版，主要由企业经管团队成员与少量的外部专家共同结合成一个研究小组，一起学习探索、开会讨论，找出解决方案。

这样的私董会需要一名干事长，负责会议流程和结构化梳理，将散乱的群体智慧装进一个“容器”内，然后带领大家逐步找到解决问题的优选方案。所谓“三个臭皮匠，顶个诸葛亮”“自己最懂自己，自己的问题自己解决”，问题的答案在现场、在内部，“功夫在诗外”……这些都是私董会3.0的底层认知逻辑。

私董会3.0（后文简称“私董会”）同样面临着“干事长”人才缺乏的问题。由于企业人才的局限性及职位历练的不充分性，所以通常情况下私董会的干事长来自企业外部。投资机构的投资经理、高校的管理学者、咨询公司管理顾问等都可以是私董会干事长的人才来源。笔者以众合创投/鼎鑫国际资本的投资经理身份，曾经为所投资企业组织了多次私董会，不仅对这些企业的成长帮助很大，而且自己收获良多。

从实践来看，企业每年至少需要一次战略会及董事会，两三年或更长时间才需要一次私董会，所以私董会更加重要。就像中考、高考、考研等重大考试，人的一生经历不了几次，但是有志者要在考试前做足够充分的准备。**同样，私董会对于企业的重要性堪比人生的中考、高考、考研，并不是搞一次头脑风暴会就能解决问题的，而是应该做足够充分的准备。**

稻盛和夫说，“答案在现场，现场有神灵。”对于企业组织私董会，可以用“答案在现场，功夫在诗外”来概括并指明努力的方向。为了成功组织一次私董会，如何极大地挖掘企业内部的智慧潜力及做好充分的准备呢？

私董会召开之前，通常要做四项准备工作，分别是：访谈与预备会、掌握所用工具、37问题归集整理、分析汇总报告，如图8-2-1所示。

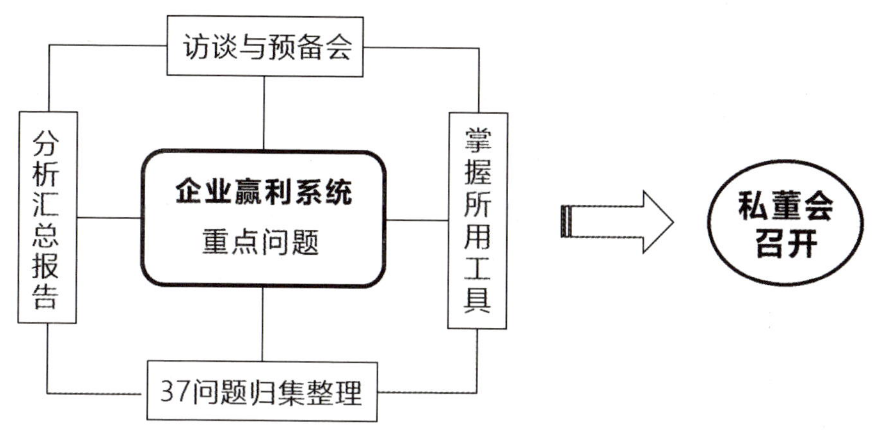

图 8-2-1 私董会之前的四项准备工作示意图
图表来源：李庆丰，"企业赢利系统"理论

（1）访谈与预备会。在私董会召开之前一个月左右，干事长就要到位并开始工作了。首先，干事长要尽快搞清楚，所服务企业召开这次私董会要解决的重点问题。根据笔者的实践经历，从企业赢利系统看，60%以上的私董会重大问题集中在商业模式创新与变革层面，主要聚焦在产品组合及相关方面，重点包括：新产品如何评估和选择、老产品如何更新、新旧产品如何搭配、组织结构如何配合、选择什么营销模式等，并与外部环境突变、竞争对手"硬球"对抗、第二曲线转型、行业范式转移、重大技术突破、严重经营失误等重大事项或紧要问题密切相关。其次，通过与企业的领导人、市场战略部建立联系，通过微信、电话、电邮等方式保持沟通，获得企业经营管理相关的资料。通过研究这些资料，试图发现解决私董会重大问题的路径线索、需要的分析工具、可能的备选方案等。最后，干事长要到企业去，通过拟好的访谈或会议提纲，与企业领导人、相关高管中层、市场战略部人员等进行面对面访谈、召开小范围的预备会议，重点是摸清存在的问题、发现潜在的机遇及风险、建立信任，共同探讨或收集大家对突破困境、解决问题的基本看法和建议等。

（2）掌握所用工具。如果把召开私董会解决相关高难度经营问题，比作发射一个卫星到太空去，那么大家在会议上“吹吹牛”是不能把卫星发射上天的，而是必须通过结构化工具、模型来分析这些高难度、复杂性、不确定性问题，再通过不断迭代收敛、找到解决方案和实施路径。例如：对于是否要进入一个新行业，通常用五力竞争模型进行分析；对于产品组合更新换代，通常要用到波士顿矩阵；对于商业模式或新产品定位，可以用T型商业模式的三端定位及产品组合理论；对于企业的产品组合扩张路径，通常用核心竞争力模型分析；对于“二次创业”问题，可以采用“双T连接转型模型+五力竞争模型+三端定位模型”进行组合分析。根据私董会涉及的重大问题，干事长要及时整理出将用到的结构化分析工具或模型的相关学习及案例资料，通过小组培训、互动研讨、角色扮演、抽签讲解等多种形式，让参加私董会的成员能够实际应用这些工具模型，对研讨的问题进行结构化分析。

（3）37问题归集整理。干事长设计一个问题反馈表格，包括企业存在的3个重大问题（或机遇）、7个一般性问题（或优点），合起来简称为“37问题”。这个“37问题”表格可设计得简单一些，只是为了反映问题；也可以设计得复杂一些，包括原因分析、主要难点、建议等。干事长通过咨询企业领导人或市场战略部，列出一个需要填写37问题表格的人员名单，然后归纳这些人员的填写情况，并与其中有深度思考能力的人反复沟通，以进一步了解企业的经营管理现状及未来发展机遇。

（4）分析汇总报告。通过企业内部访谈、37问题归集整理、行业研究、利益相关者调研等尽职调查与研究工作，最后干事长要撰写一份《××公司私董会问题分析汇总报告》。该报告分为三大部分：问题描述、结构化分析、备选方案。建议该报告使用PPT文件形式，一般不超过50页，要图文并茂、有图有真相，以方便召开私董会时演示和讲解。

其中问题描述包括面对的重点问题、因何而起、历史沿革、环境状况等内容；结构化分析是指利用结构化工具、模型对重点问题进行分析的部分；备选方案是指列出若干解决问题的预选方案（通常不超过三个），并尽量给出各方案的优势与劣势、所需资源、回报价值、风险评估等方面内容。

以上“私董会之前的四项准备工作”，看起来不难，但是做好它们，要切实认真地下功夫。就像捏个寿司不难，即使笨人看几遍，也能大致模仿，而“寿司之神”小野二郎已经捏了60年寿司，仍然认为自己的手艺还有很大的进步空间。

像高考、飞船登月、重大比赛等一样，越重要的事，越要认真准备。为解决重大问题而召开私董会，是企业最重要的事，所以非常有必要认真充分地进行会前准备。笔者发现很多企业，招待意向客户是非常认真准备的，组织公司年会也是认真准备及彩排的，但是召开董事会、决策重大议题时却不太愿意认真准备。

事物从量变到质变，有一个临界点。举办私董会也是如此，“临门一脚”的成功，80%以上取决于事前的认真准备。

8.3 私董会进行中：如何涌现出破局方案？

重点提示

※ 主持私董会可能用到哪些会议管控工具呢？

※ 私董会主持人与一个影视导演有什么相似之处呢？

※ 为什么私董会主持人要具备业务流程及动态系统思维呢？

私董会是一个比较重要的研讨会议，除了会前一个月左右的充分准备外，还要进行必要的会议设计。会议设计就是做一个会议计划，可以借鉴本书章节4.4中图4-4-6所示的5W2H计划方法。

What：私董会的会议目标是什么？通常是为企业经营面对的重大问题找到一个解决方案。

Who：参会人员有哪些？8～12人，其中企业领导人、相关高管等直接参与经营管理的成员占一半以上，其余为公司董事、专家顾问等。

When：会议在什么时间召开？私董会研讨重大不确定性问题，所以通常安排在公司董事会及战略会之前举行。为减少干扰或不耽误工作，可以选择在周六举行。如果一天不够，可以周日继续召开。

Where：会议在什么地点召开？可以选择在公司周边比较僻静、风景优美的地方。

Why：私董会的因果逻辑是什么？遵循“描述问题→结构化分析→方案选择”三步骤因果逻辑。

How:私董会的流程方法是什么？由干事长主持，通过系统化的业务流程作业控制方法，让参会者、重大问题、因果逻辑三者之间一起发生“涌现反应”，最后获得会议期望的目标或结果。

How Many:举行会议所需要的服务支持及人财物准备有哪些？按照公司行政所规定的会议标准进行预算和准备。

可以将组织私董会需要的5W2H相关内容，分别放入系统的“要素、连接关系、目标或功能”三个构成要件中。由此设计的是一个召开私董会的形式系统。它也是一个由人（干事长）驱动的动态系统。

关于“如何开一个高效会议”，可以参照三星公司的开会“八个必有”，即：凡是会议，必有准备、必有纪律、必有议程、必有结果、必有训练、必有守时、必有记录、必有事后追踪。

参会者之间相互有所了解，有利于大家在会议上积极发言与讨论。公司高管、董事、专家顾问等私董会参会者之间，应该是相互熟识的。有些情况下，邀请的专家顾问与其他参会者不太熟悉，或者干事长与公司董事、专家顾问不是特别熟悉。通常，私董会前一天会安排一个晚餐，让参会者有机会相互了解。

俗话说：好的开始，就是成功的一半。一个私董会有三个开始：其一，干事长提前一个月所做的相关调研、文件资料准备；其二，公司行政人员按照5W2H所做的会议计划与安排；其三，会议正式开始的前后时间段。

私董会议开始之前，可以安排2～3个互动小游戏，让参会者的身体、大脑、心情三者活跃起来。此外，讲一下会议规则，重点是让大家把手机关机或调整到无声音，屏幕朝下放置到会议桌中间。告诉大家，每60分钟会议将安排10分钟茶歇时间，让大家查看一下手机、回复重要的电话或消息。会议桌上不必放水果、点心，咀嚼的声音及桌面太散乱等，都不利于高效专注地开会。

私董会由干事长主持。视情况而定，可以先安排20分钟时间让参会者预习会议资料，主要阅读那个预先准备的《××公司私董会分析汇总报告》。该报告要彩色打印并正式装订，人手一册，便于会议开始及过程中参会者查阅和记笔记。会议正式开始后，可以安排公司领导5～10

分钟简短致辞。开会还是需要仪式感的，它有利于会议的实质性内容展开。

干事长如何主持及把控会议？就像企业中的产品制造或提供一项服务，我们可以把私董会看成是一个产品交付的过程，如图8-3-1所示。它包括三个步骤：从描述问题开始，然后进行结构化分析，最后总结出几个可选择方案，并在其中选择一个最优方案。既然私董会类似一个产品交付的过程，我们就可以用业务流程思维来理解“如何主持和把控会议”。

在章节5.3曾讲到，一项具体的业务流程通常包括六个要素，应该重点关注承担者、实现方式、作业标准这三项属于输入要素的因素。

私董会的承担者是所有参会人员，当然也包括作为会议主持的干事长。在会议主持的引导下，大家共同创造一个开放、包容的环境，平等、民主的交流沟通气氛，力求鼓励每一个参会者积极发言，毫无保留地贡献自己的看法、建议，让个体智慧协同起来形成群体智慧，推动会议成功召开并取得成果。如果公司领导人比较强势，平时各种会议上喜欢滔滔不绝地讲话，那么这次私董会之前，干事长就要预先与他（她）做一个沟通，建议他（她）要少讲话、多倾听，带头遵守各项会议规则和纪律，尽量不要批评他人，说话语气也不要过于强势。

至于会议流程中的实现方式，比较常用的有ABCO会议引导流程、罗伯特议事规则、平行思考法、思维导图等会议管控或辅助工具。ABCO会议引导流程来自卡耐基，主要用于引导所有参会者专注于会议重点内容并积极贡献，它有行动（Action）、好处（Benefit）、共同面对挑战（Challenge）、克服困难（Overcome）等四个引导逻辑步骤。罗伯特议事规则大部分适用于私董会，干事长可以从中选取一些内容来参考，例如：动议中心原则、主持中立原则、一时一件原则、机会均等原则、发言完整原则、文明表达原则等都有利于私董会的主持和控制。平行思考法的提出者爱德华博士说：“平行”意指进入旁边的路径，从而在不同的模式中进行转换，而不是像垂直思维那样沿着既定的路径一直走下去。“六顶思考帽”是平行思维的一个代表性工具，不同颜色的帽子代表不同模式的平行思维，例如：当主持人宣布对某个问题进行质疑时（类似于戴上了黑帽子），参会者只可以发表各种负面、质疑、批判性意见；当主持人宣布对某个问题进行肯定时（类似于戴上了黄帽子），参会者只可以发表各种乐观、赞扬、建设性观点……平行思维让大家充分讨论和发表某一类型观点，也可以避免“鸡对鸭讲”式的激烈争吵。在私董会讨论过程中使用思维导图，有利于激发参会者的创造思维、发散思维，也可用来对问题进行不同层级、不同构成要素的结构化展开。

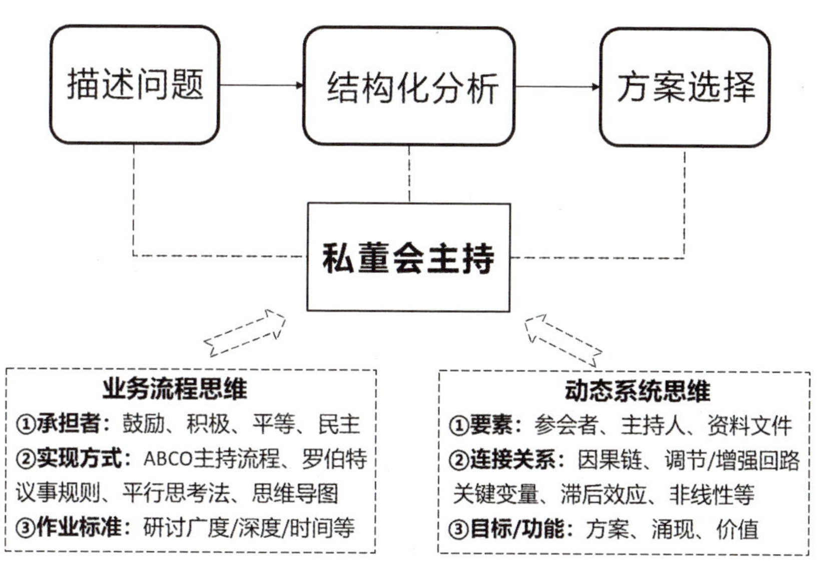

图 8-3-1 私董会过程三步骤及会议主持要具备的两种思维
图表来源：李庆丰，“企业赢利系统”理论

对于私董会流程中的各项内容，干事长要有一系列让参会者参考或遵守的作业标准。例如：谁来进行问题描述，大致用多长时间？结构化分析步骤中哪一步是重点模块，谁来分析，需要多长时间，使用哪个分析工具？方案选择步骤有几种备选方案，哪一种要详细阐述优势与劣势等，哪一种可以一带而过？总之，对“分析汇总报告”叠加作业标准，就形成了私董会的演出“剧本”。干事长就是私董会的“总导演”，负责对这场演出的内容进行轻重布局、先后布置、安排研讨深度与广度、分配角色与时间等。

上文讲到通过5W2H计划方法设计的私董会是一个形式系统，而干事长主持私董会就是将这个形式系统有效地动态化。参见图8-3-1，用动态系统思维看，私董会也是由要素、连接关系、目标和功能系统三要件构成，沿着时间展开的主流程因果链是：存在问题→原因分析→方案或结论。这能给我们什么启发？例如：从构成要素看，甲参会者不善言辞，也不积极发言，但是他很有思想；乙参会者，特别爱讲话，但是废话太多。会议主持就要有意识地鼓励甲多发表意见，延长他的讲话时间，而尽量减少乙的说话机会，限定他的发言时间。几个参会者讨论问题时，转移到了另一无关的事，“跑题了”但相谈甚欢。主持人就要使用调节回路，将跑题者拉回到原来的问题中来。如果A问题讨论还不充分，但是大家感觉黔驴技穷，那么可以暂时跳转到B问题，待条件成熟时再返回A问题的讨论中。大家讨论X问题时思如涌泉，观点碰撞积累，建设性观点接踵而来，但这时午餐时间到了，怎么办？主持人应该延后午餐时间，不要打断原来的增强回路，让大家的讨论继续，可以适当提供一些水果、点心，直到把这一议题的价值尽善尽美地涌现。

如图8-3-1所示，以业务流程思维和动态系统思维，私董会主持人的重点工作是推动“描述问题→结构化分析→方案选择”这三大步骤。

在描述问题阶段，通常由公司领导人有所准备地发言，其他经管团队成员补充。描述问题不能轻描淡写，也不能有所顾忌，要坚持讲真话，敢于揭短亮丑、自我批判。任正非说：“极端困难，把我们逼得更团结、更先进、更受用户喜欢，逼得我们真正从上到下能接受自我批判、自我优化。”

结构化分析就是围绕关键问题，利用分析工具或模型，从上到下或从整体到部分，层层剥茧地发现原因、寻找或评估解决方案。为此，要利用一些与企业赢利系统相关的工具模型。举例来说：A公司的创始人是一个科学家，他特别喜欢开发新产品，久而久之A公司有30多种计划推向市场的新产品。由于产品太多，没有规模经济效应，所以A公司的经营陷入了困境。这是一个私董会的实际案例。我们应该如何对A公司存在的问题进行结构化分析？第一步，可以用五力竞争模型结合行业研究方法，分析这些产品各自在相关产业结构中的竞争力。第二步，对于认定有竞争力的部分产品（通常取前20%），再用三端定位模型及波士顿矩阵进行结构化分析，形成一个包括明星产品、现金牛产品、幼童产品、瘦狗产品的产品组合。第三步，利用核心竞争力模型、T型同构模型，结合市场空间预测，分析哪一类产品可以成为培育公司核心竞争力所需要的根基产品。

在一次私董会中，大约80%的时间用在结构化分析步骤上。如果结构化分析完成得好，那么私董会的第三大步骤“方案选择”就会自然流现、水到渠成。“自然流现”是U型理论的关键词，相当于忽然顿悟、破局而出——找到了问题的根源，自然而然地涌现出问题的解决方案。通过结构化分析，有可能最优方案破局而出，而大多数情况下，一般会自然流现出两三种备选方案。“方案选择”就是在这些备选方案中选择一个最优方案。

8.4 私董会之后：让“子弹”再飞一会儿

重点提示

※ 为什么说形式主义的会议像“鸭子到水里游了一圈”？

※ 企业如何从“黑天鹅”事件中获益？

※ 如何让优选方案“是骡子是马拉出来遛遛”？

私董会之后，要有一个会议纪要。如果不搞形式主义的话，那么会议纪要就应该简明扼要，有利于方案落地就行了。一个私董会的会议纪要，主要包括以下五方面的内容：①会议的成果或结论，对优选方案的简要阐述；②参会者的重要建议或观点汇总；③重点采用的分析工具或模型及其论证要点；④待议或未尽事项的下一步安排；⑤优选方案的接续执行安排。

因为有了事先的充分准备，干事长的高效推动与主持，私董会通常为一天时间，至多不超过两天。有的企业领导习惯于不断开会，遇到重大事项，长期悬而不决，时断时续地开会讨论，通常要搞上几个月甚至1～2年。他们这样做的理由，大概因为像企业转型、产品组合构建等涉及私董会所要讨论的重大事项，怎么可能一天就出结果？历史上有一些重大会议，确实延续时间很长。例如，19世纪，欧洲各国几乎都参加的维也纳会议，从召开到结束接近一年。第一次世界大战之后的巴黎和会，也持续了六个来月。现在呢？即使是非常重要的国际首脑会议，也就举行1～2天时间，彼此之间真正的会谈时间，也就几个小时。原来靠烽火台或骑马传递信息，现在是5G通信时代，人类可能要移民火星，所以开会也必须跟上时代节奏。

有的专家说，一些企业开会或培训，就像“鸭子到水里游了一圈，上岸后扑腾扑腾翅膀，什么都没有留下”。像产品交付那样，每次开会或培训也是在做产品，所以必须有成果交付，尤其像私董会、董事会及战略会等重大会议，切忌搞形式主义。“少即是多”出自德国极简主义建筑大师密斯·凡德罗的名言。就像乔布斯做产品，一个企业的重大会议不要多，而要少而精，一定要有成果交付。

私董会结束之后，有所谓“扶上马，送一程”之说，干事长还要在企业继续留驻若干天时间，主要工作包括以下两部分：其一是推进与落实此次私董会未来得及讨论的“待议或未尽事项”。私董会是与企业相关的“大咖”、要员参加的会议，大家在一起常常会涌现出很多意料之外的思路或想法，其中很多思路、建议或资源或许有巨大的潜在价值，但需要进一步探索和调研。其二是对此次私董会的会议成果进行落地执行与运营安排。根据笔者的实践总结，这方面工作主要涉及以下四项内容，如图8-4-1所示。

（1）可选择权。可选择权近似实物期权。通俗地说，可选择权就是对于不确定机会尽早布局，以较小的投入博取未来的巨大机会。如果“赌”输了，由于起初投资不大，所以损失很小；如果“赌”赢了，就进一步追加投资，为企业扩张或转型开辟一个有前景的发展方向。可选择权的未来获利称为期权，有的项目期权价值很小，有的项目期权价值很大。延伸来说，内部孵化式创业、战略合作与并购、申请专利与注册商标、培养有潜力的人才等，都属于采用可选择权投资策略。

例如，《贾宁的财务思维课》中讲到爱尔眼科利用可选择权的案例：爱尔眼科作为一家上市公司，为增强自身实力和防止“错失良机”，需要不断对一些创新型有潜力的项目进行并购。倘若它直接并购，万一这些项目表现不佳，则会影响到爱尔眼科的财务报表，进而影响投资者信心和股票价格。这种情况下，爱尔眼科或控股股东可采用可选择权投资策略进行布局，通常是在上市主体之外设立一个风险投资基金，对市场上有潜力的项目进行投资或并购。如果这些项目后期表现不佳，则继续留在风险基金中或设法“出手”；如果这些项目后期业绩良好、潜力显现，则让上市公司爱尔眼科直接收购它们。

前文说过，私董会重点研讨那些像企业转型、产品组合构建等高端、复杂又现实的经营难题，最后从两三种方案中优选一个方案时，经常会出现“两难选择”或“很难取舍”等决策困境。例如，2011年5月，上海拓璞数控科技股份有限公司（以下简称“上海拓璞”）获得风险投资后，凭借研发团队掌握的具有极大进口替代潜力的五轴联动加工技术，随机试错地进入多个航天军工或民用行业领域，开发了20多项新产品，最终导致企业陷入了经营困境。2012年12月，笔者为上海拓璞组织了一次私董会，研讨摆脱困境的方案。在私董会上，大家积极参与的结构化分析，一致同意砍掉其中大部分很难产业化或商业化的新产品，最后留下三大类产品：通用五轴机床、航空航天钻铆装备、高端叶轮加工。这三大类产品就陷入了“很难取舍”的决策困境，需要进一步调研或者利用可选择权策略，让“子弹”再飞一会儿，等到情况更加明确时再决定去留。

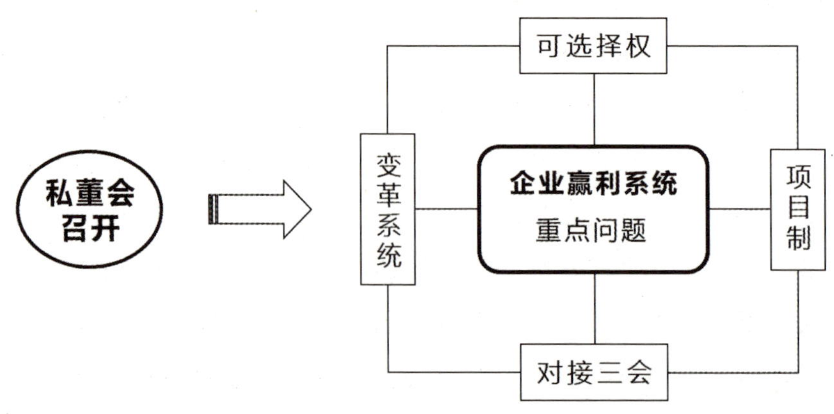

图 8-4-1　私董会之后的四项落地工作示意图
图表来源：李庆丰，“企业赢利系统”理论

畅销书《黑天鹅》《反脆弱》的作者塔勒布认为，“可选择权”概念建立在以下三个认知之上：①这个世界将会发生什么，我们是难以预测的。一些新产品、新业务所处的“世界”是一个复杂的混沌系统，我们人类的大脑常常无法预测这个系统。②由于混沌系统非线性的存在，常常导致具有意外、重大影响为特点的“黑天鹅”现象发生。例如，由于新冠疫情的爆发，导致口罩、防护服产品销量剧增，而航空客运、旅游度假等服务产业近乎停摆。③面对无法预测的非线性世界，我们应该反脆弱，结合自身实际主动创造“可选择权”，以便能从未来出现的对我们有利的“黑天鹅”事件中获益。

引用学者贾宁的观点，在面对不确定性投资决策时，可以这样有效利用可选择权：①面对高不确定性项目时，通过设计、植入可选择权策略，让投资具有柔性和灵活性。②通过尽早介入、小步快跑的可选择权项目迭代方式，让一些投资决策的试错成本大大降低。③可选择权策略，非常适合那些阶段性里程碑能够清晰定义的项目。

（2）项目制。项目制近似内部创业孵化。经过私董会研讨后，经过优选的方案项目要进入落地执行阶段。其中一些属于可选择权项目，还有的属于早期创新项目，它们并不适合成为公司主营业务的一部分，需要以项目制形式相对独立地发展。我们可以将项目制管控的项目理解为一个小公司，项目负责人就是一个小公司的总经理，在预算范围内有较大的决策权。列入项目制管控的项目，通常设置几个里程碑。做到哪一个里程碑，公司就给予该项目预先承诺的资源支持。如果经过一段时间的运营，发现项目没有前景，那么就会提前止损、结束。

前述上海拓璞的案例中，私董会优选方案进入落地执行阶段时，最终将航空航天钻铆装备列入公司主营业务，而将通用五轴机床、高端叶轮加工这两项业务列入项目制孵化与管控项目。一年多后，经过进一步探索，根据项目的经营成果，决定将通用五轴机床项目暂时搁置，其阶段性成果并入航空航天装备业务；决定将高端叶轮加工以技术转让的方式打包出售。经过这样的可选择权及项目制安排，让“子弹”再飞一会儿，上海拓璞找到了自己的主营业务，即“航空航天高端装备定制化开发与制造”，逐渐明确公司的根基产品组合为五轴联动与镜像铣削系列高端装备。然后，上海拓璞以此根基产品组合为基础，持续培育企业核心竞争力。

（3）对接三会。这里的三会是指董事会、战略会、经营分析会等赢利三会。对于那些股权多元、公司治理相对完善的公司，私董会优选方案中的相关决策内容，还要形成适当的董事会议题，经过后续的董事会表决通过，才能进入落地执行阶段。在一年一度的战略会上，也应该将私董会优选方案业务或项目列入公司战略规划中，通过相应的战略指导方案转化到企业的日常运营管理工作中。由于战略会与经营分析会的先后承接关系，列入战略会的私董会优选方案业务或项目也就列入了公司经营分析会的讨论范围。月度或季度召开的经营分析会，是对一段时间内公司运营管理绩效的一次检验、偏差分析及未来计划的调整与部署。俗话说，是骡子是马拉出来遛遛！正话说，实践是检验真理的唯一标准。经过若干次经营分析会后，私董会的优选方案是否可行，就会水落石出了。

（4）变革系统。正像前文所说，私董会研讨的都是高端、复杂的大事，大部分与商业模式创新与优化相关，其优选出的方案落地执行与运营安排，常常涉及企业赢利系统的变革。一般来说，企业赢利系统的变革顺序为：以商业模式创新、优化为中心，首先涉及经营体系的经管团队及企业战略的变革与调整，其次是管理体系方面组织能力（重点是组织结构）、业务流程及运营管理的改变或调整，最后是企业文化、资源平台、技术厚度、创新变革这些杠杆要素的支持与匹配。对于企业赢利系统变革，应该是一个有计划、有步骤、循序渐进的过程，绝不可有一蹴而就的心态，所以切不可操之过急，以避免变革失败或半途而废。对于变革中涉及的专业性、确定性重大调整或管理提升，像精益制造、股权激励、销售改善、人才引进、私募融资等方面，如果企业能力不足或无暇顾及，可以请专业咨询或中介机构协助。

8.5 学习型组织：永不落幕的私董会

重点提示

※ 如何在企业中实际应用SECI知识管理模型?

※ 为什么说团体学习并不是读书看报、培训讲课?

※《第五项修炼》没能在企业落地生根的原因是什么?

现场研讨会结束后，私董会将以“云组织”形式继续存在。最简单的私董会“云组织”形式，便是将参会成员聚拢在一起的微信群。虽然一部分私董会参会者不在公司任职，他们可能分布在五湖四海，但是通过视频会议、微信交流、电邮沟通等形式，所有成员可以实时“云见面”“云研讨”而无障碍。

私董会微信群应该是一个具有工作、学习、研讨等多种功能的云社群。作为负责私董会全流程的干事长来说，如何办好私董会微信群，继续让大家贡献思想和建议，发挥群策群力的作用，也是私董会之后“抓落实”的一项重要工作内容。

根据日本学者野中郁次郎的SECI知识管理模型，在一个学习型组织中存在四个知识交互作用场，即原发场、交流场、系统场、实践场。私董会微信群是一个“云组织”学习平台，也可以借鉴SECI模型中四个知识场的交互作用原理，让自身获得成长与进步。针对私董会微信群来说，原发场是指知识从各个参会者个体的工作、学习场景中产生出来——这是知识创造的源头。在适当的促进及激励机制下，参会者有了分享、讨论的动机，就会将自己的思想建议、实践感悟在微信群中与大家相互交流。这是知识从原发场转化到交流场。通过这个过程，个体的隐形知识变成了私董会微信群的显性知识。通过相互交流，个体知识得到了升华，并涌现创造出集体认可的新知识。系统场是指将私董会微信群这个交流场创造出的集体认可的新知识，传播渗透到企业赢利系统中，成为全员都可以接受到的“广泛性新知识”。实践场是指企业全员将这些“广泛性新知识”用到工作实践中，不断提升自身能力和组织能力，并最终凝结为企业的智力资本。当然，企业中有诸多知识原发场，只不过私董会成员位高权重，且他们的学习、创造及概念技能更强，所以他们的知识原发场占有较大的权重。像PDCA循环一样，SECI的四个场也在不断循环、持续提升。

创建学习型组织，需要以SECI知识管理模型为理论指导。私董会参与者由经管团队成员和外部专家顾问构成，其中经管团队占较大比例。从核心与外围的关系看，经管团队是核心，而外部专家顾问属于外围。经管团队是企业赢利系统的重要构成要素，也是企业赢利系统的主要构建者，更是创建学习型组织的主导力量。

组织能力是经管团队能力的全员化放大与扩张，是企业智力资本的主要构成内容。创建学习型组织是提升组织能力的最有效途径之一。通常，私董会的研讨会议1～2天就结束了。而经管团队带领企业全员，创建学习型组织，从而让组织能力、智力资本的叠加速度大于企业进化发展的速度，以不断克服企业发展中遭遇的各种挑战与困境。从这个意义上说，创建学习型组织，不断提升组织能力，才是企业真正永不落幕的私董会。

除了上述SECI知识管理模型，彼得·圣吉提出的“五项修炼”也是创建学习型组织的重要理论指导模型。这“五项修炼”分别是：自我超越、改善心智模式、建立共同愿景、团体学习、系统思考，如图8-5-1所示。

（1）自我超越。自我超越是指个体从现实到愿景的超越。你面对的现实可以并不美好，像面临困境、处处碰壁、资源短缺、创业维艰等，但你的愿景可以是美好的、宏大的、充满吸引力的，例如：成为知名企业家、带领企业IPO、成为亿万富翁、成为世界级专家等。从现实到愿景之间有一个巨大的差距，如何才能自我超越？这就用到其他四项修炼：改善心智模式、建立共同愿景、团体学习、系统思考。这四项修炼完成了，尤其你能够系统思考了，标志着自我超越大致完成了。真的这么简单与神奇吗？首先，后面的这四项修炼挺难的，大部分人完不成。其次，自我超越是在团队集体环境中的自我超越，而不是在深山密林中孤身一人的自我超越。最后，达成组织愿景及团体学习是个体实现愿景和自我超越的前提。每个成员都实现了自我超越，当然所在经管团队就强大无敌了。

另一方面，如果个体意志力不足，也难以实现自我超越。现实到愿景的差距，将形成结构性张力，它会激发一个人的前进动力。同时，遇到困境，有些人就会唉声叹气，导致前进动力不足，要么降低愿景，只顾眼前利益，甚至甘于现状，要么就以情绪性张力抵消前进动力，让自己返回舒适区而裹足不前。

一个企业在市场上难有建树，其原因大多是企业领导人很难实现自我超越。笔者理解，人类的基因是“自私”的，利他是为了更好地“利己”，所以团队“五项修炼”应该重点关注个体的成长与发展，起点是个体的自我超越，终点也是个体的自我超越，这样就形成一个首尾相连的闭环。其余四项修炼是闭环中的过程串联节点，它们都是为了个体的自我超越。经管团队中的每个成员都走在自我超越的路上，就是在创建学习型组织。

（2）改善心智模式。每个人都有一个与遗传因素、成长环境与历程密切相关的心智模式。结合中国企业来看，一些领导者存在诸如精致利己、显摆自私、投机钻营、一言堂、“土皇帝”、盲目多元化、到处战略合作、拉帮结派、形式主义等形形色色不利于自我超越及企业发展的心智模式。如果我们把心智模式看成一个自己专有的特定“容器”，那么它是否与我们追求的自我超越相匹配？如果严重不匹配，就要彻底改变心智模式；如果有些不匹配，就要优化调整自己的心智模式。

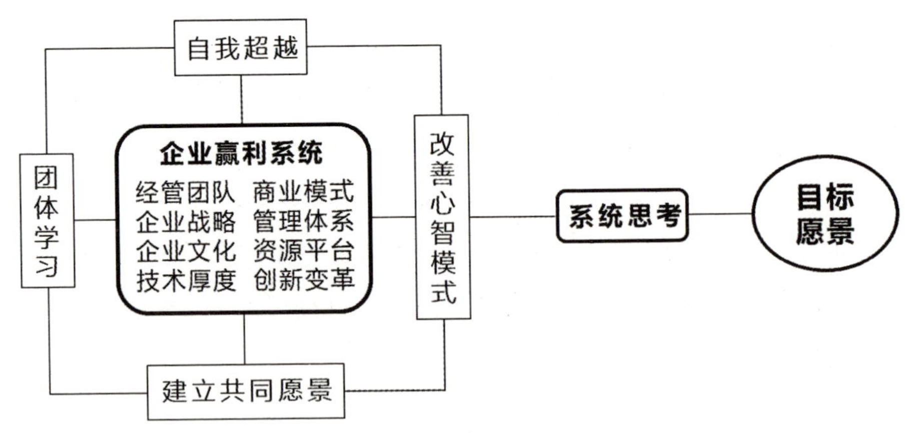

图 8-5-1 围绕企业赢利系统进行“五项修炼”示意图
图表来源：李庆丰，“企业赢利系统”理论

例如：“五项修炼”中的团体学习要求每个团队成员都要勇于自我批判、保持开放学习心态，而甲就喜欢夸耀自己，对别人指手画脚、吹毛求疵。显然，甲必须改变自己的心智模式，否则他在团队环境中就修炼不下去了。建立共同愿景、系统思考修炼也有对团队成员诸如“不能搞独立愿景、不能局部思考”等心智模式要求。换句话说，后续的团体学习、建立共同愿景、系统思考等各项修炼，也有益于改善个体的心智模式。前文说过，企业核心价值观是对团队成员的约束与要求，为个体在组织中的成长和发展指明方向，同时也有益于改善个体的心智模式。

（3）建立共同愿景。团队的共同愿景就是企业愿景，它是经管团队各个体愿景的总交集，也是团队凝聚力的象征。个体愿景应该包含在共同愿景中，而不允许出现游离于共同愿景之外的个体独立愿景。在一个企业中，通过建立共同愿景，可以让每个人的努力与企业要求、整体目标统一起来。建立共同愿景有以下三个步骤：①激励个体愿景，畅想企业愿景；②综合各个体愿景，塑造出企业愿景，即共同愿景；③领导者以不凡的胸襟和谦恭的态度倾听实施过程中的不同意见，不断优化个体愿景和共同愿景，让两者真正实现浑然一体、水乳交融。

有了共同愿景，我们就会不执着于个别事件及短期利益，更容易看到事实和真相，减少工作中的冲突与矛盾，有利于培养团队成员长期主义的心智模式。

（4）团体学习。团体学习是建立在个体学习基础上的共同学习与提高，是建设学习型组织的核心内容，是提升组织能力及增加企业智力资本的重要途径。曾有一位企业高管问笔者，平时看看短视频、一起讨论微信文章、参加知识平台、读个总裁班、捧场各种演讲等，算不算团体学习？勉强算吧。但是，如果这样的“团体学习”过分了，那就是“不管自己的良田，专帮别人种禾苗”。

笔者认为，团体学习是指解决企业问题与困境的实践过程中的共同学习。对照企业赢利系统的各组成要素及其所属各层级模块，找出哪些是薄弱环节，哪些存在问题与困境，哪些需要改善与提升？对于企业赢利系统各个构成模块来说，像客户服务、产品优化、质量提升、精益生产、技术创新、文化传播等方面，都有持续改善与提升的必要。可以根据各模块存在问题的轻重缓急，成立项目组，配置人财物资源，按照PDCA循环把握进程。团体学习并不是读书看报、漫谈闲聊，也不是转发文章、培训上课。积极解决实际问题的过程就是团体学习的过程，就是创建学习型组织的过程。对于专业度高的系统性问题，也可以请外部的咨询公司协助，但是企业应该配备与咨询公司一起工作的自有项目团队。当咨询公司离开后，企业的项目团队能够将该项目持续提升和不断改善。如何能让“三个臭皮匠，顶个诸葛亮”，这是团体学习所要追求的目标。

（5）系统思考。笔者认为，经管团队进行系统思考修炼主要包括以下三个部分：①本书重点阐述的企业赢利系统，是经管团队进行系统思考的对象。只有更加充分了解自己公司的企业赢利系统，经管团队才能脚踏实地进行系统思考，否则可能成为空中楼阁式的系统思考。从20

世纪90年代就开始流行“五项修炼”，提倡系统思考，但是一直没有人阐述“企业赢利系统”。缺乏“系统”，如何系统思考？所以“五项修炼”乃至构建学习型组织提出近30年来，一直没能在企业执行落地。②从系统的三个要件“要素、连接关系、功能和目标”入手，对企业赢利系统进行系统思考。关于这方面，本书第7章已有具体的阐述。③遇到具体问题，要应用系统方法论结合企业赢利系统的实际状况进行系统分析与思考。例如：确定企业核心价值观时，既要考虑企业文化子系统的水晶球模型，还要考虑它对经管团队、商业模式、企业战略、管理体系、创新变革等企业赢利系统要素将产生哪些积极或消极影响。

彼得·圣吉的著作《第五项修炼》出版后，风靡全球，形成了一个创建学习型组织的热潮。后来，围绕“五项修炼”，彼得·圣吉团队及诸多专家学者又出版了几十本相关书籍、发表了难以计数的文章。企业经营管理者要干实事，根本没有那么多时间，阅读如此浩瀚的书籍和文章。有道是，溶剂太多，溶液太稀释，溶质就找不到了。所以，与“五项修炼”相关如此多的书籍文章，可能导致了大家一起舍本逐末！

本节结合企业赢利系统及与时俱进的理论思想，再次阐述“五项修炼”，可以看成是对彼得·圣吉及其首要著作《第五项修炼》的致敬！

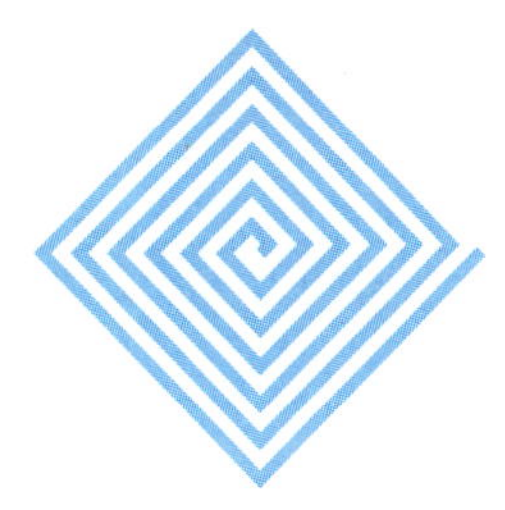

第 9 章

职业赢利系统：破解个体发展的迷思

本章导读

关于个人成长与职业发展，各种碎片化知识及方法论可谓车载斗量。荀子说“善易者不卜”。商家策划一个“转发锦鲤求好运”活动，参与者如过江之鲫，各种媒体连篇累牍地报道。

个体取得成就的路径在哪里？“人生算法”一度很流行，“复利成长”也是高频热词。

什么是人生算法？我们人人追求复利成长，本金在哪里？如果没有弄清楚，这些说法都是“无源之水、无本之木”。本章给出的答案是：将企业赢利系统简化一下，但是形变神不变，可以得出一个人生算法的公式：职业赢利系统=（个体动力×商业模式×职业规划）×自我管理。同时，它也是个体复利成长的本金。

各路专家争相揭示“成为高手的秘密”。如何成为所在职业领域的一名高手？根据“一万小时天才理论”，速成及走捷径的方法大多数不可信。笔者认为，脚踏实地的方法是：系统、模型、联系及连贯行动……

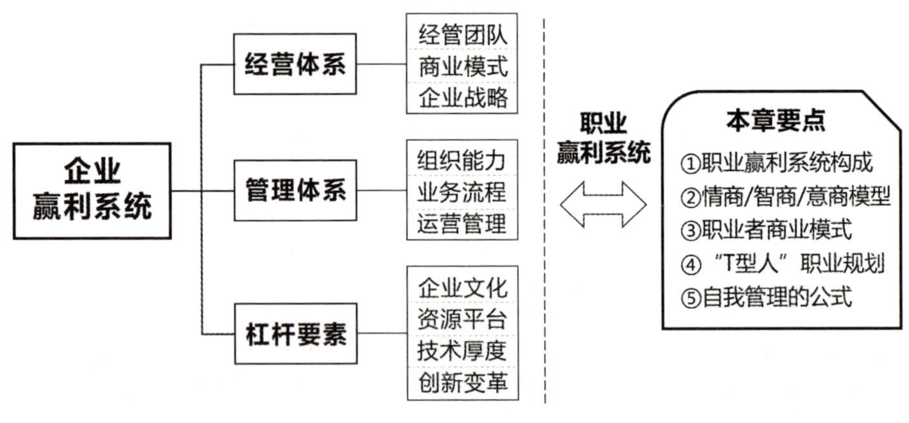

第 9 章要点内容与企业赢利系统的关系示意图

9.1 人人追求复利成长，本金在哪里？

重点提示

※ “转发锦鲤求好运”将为职业生涯带来哪些负面影响？

※ 为什么说“人生算法”等流行热词属于碎片化知识？

※ 如何成为所在职业领域的一名高手？

对于小米公司的商业模式，有做“烤红薯生意”的说法。大家买小米的手机、充电宝、电视等，就像围着小米这个“炉子”取暖并添柴加薪。雷军看到小米“炉子”周边的流量很大、人气很旺，就想利用余热顺便做一些“烤红薯生意”，卖些牙刷、毛巾等家居用品之类。

“烤红薯生意”就是利用流量溢出开展新的业务。本书之前的第1～8章，主要阐述了企业赢利系统。这本书就要读完了，就像小米的“烤红薯生意”，我们也有些“余热”，如何利用？所以第9章作为“加餐”，谈谈职业赢利系统。

关于个人成长与职业发展，各种知识和方法论数不胜数！比较流行的一些热词，像核心算法、专注头部、复利成长、萃取知识晶体、外包大脑、101个思维模型、知识IPO等，应接不暇。虽然这些是局部知识或者叫作碎片化知识，但是开卷有益，一定程度有利于我们的认知进步。

荀子说“善易者不卜”，精研深解《易经》的人不会热衷于占卜。善于对事物洞察明晰，不需要占卜就能够知道命运怎么样。锦鲤在中国传统文化中，有“前程似锦”“吉祥如意”等美好寓意。从2018年以来，“锦鲤”一词在线上线下出现频率剧增，微信群、朋友圈、微博、论坛等社交平台上充斥着各种各样“转发锦鲤求好运”的链接或转发帖。商家通过为“幸运锦理”提供丰厚奖品来吸引大量关注，“寻找锦鲤”成为我们中国人发明的又一特色营销手段。

实现梦想的方式不能是空手套白狼，“转发锦鲤求好运”比买彩票还不靠谱。一旦有了不劳而获的心理，我们还能踏踏实实努力奋斗吗？防微杜渐，防止无意中在心里种下一颗投机的种子，这对我们的人生伤害太大。

史蒂芬·柯维说：“如果你只想一点点改变，改变行为就可以了；如果你期待飞跃式的改变，必须从改变思维开始！”“转发锦鲤求好运”等商家的圈套只是影响了一些人的一点行为，我们还可以通过改变思维实现人生飞跃。罗辑思维的跨年演讲中讲到一个“金句”：个人成就=核心人生算法×大量重复动作的平方。这个“金句”可以改变我们的思维吗？

除了人生算法，复利成长也很流行。与储蓄或贷款计算本息的公式类似，个体成长的复利公式为：个体成就=本金×（1+持续改进）^{n}，其中n表示坚持持续改进的年限。我们之前说过，复利成长（或复利效应、复利思维）与飞轮效应、增强回路、滚雪球、指数增长、赢家通吃、马太效应等叫法不同，但背后的数学原理相似，只是穿上了不同的“马甲”。你看，罗辑思维所讲的那个“金句”：个人成就=核心人生算法×大量重复动作的平方，与复利成长的公式是否基本相似？

这里的关键，什么是人生算法？人人追求复利成长，本金在哪里？如果没有弄清楚，这些说法都是“无源之水、无本之木”。有问题就需要解答，下文将逐步给出答案。

将企业赢利系统简化一下，但是形变神不变，我们得出职业赢利系统的示意图及公式：职业赢利系统=（个体动力×商业模式×职业规划）×自我管理，如图9-1-1所示。

如何解释这个公式？一个职业个体（或称为职业者）可以看成是一个人经营的公司，需要构建一个相对简单的职业赢利系统。括号里面的三项代表一个职业个体的经营体系，它表示以优异的个体动力驱动职业商业模式，沿着预先设计的职业规划路径，实现自己的事业目标与愿景。经营体系实质是一个让职业赢利、成长与进化的逻辑，而括号外面的自我管理将经营体系变成现实成果，即通过日积月累卓越的自我管理，将职业个体的梦想变成现实。有人说，这个公式都是“×”号，没必要加一个括号。并非笔者数学不好，公式与图示一样，都是为了简要直观地说明问题。此处加一个括号的目的是将经营体系的三项内容与自我管理区分开来。后面还会讲到，自我管理也有三项内容，它们与经营体系的三项内容逐一对应。考虑到职业个体与企业公司相比较，还是存在较大差异，所以职业赢利系统中的一些构成要素及内容，已经做了一些必要的变通。

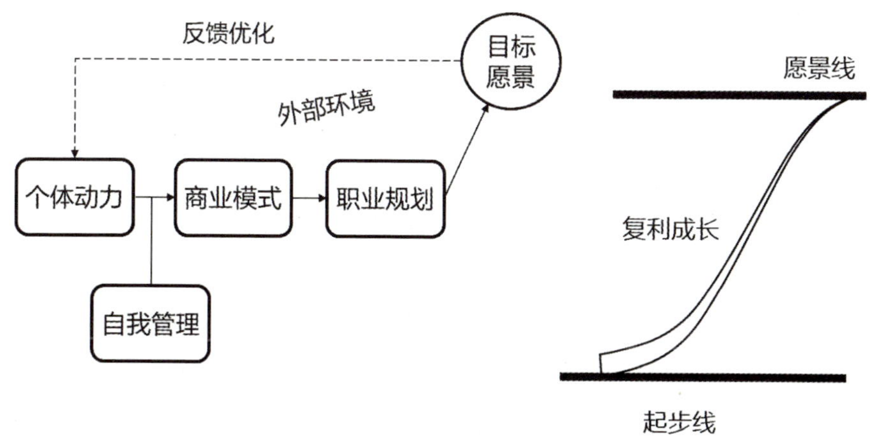

图 9-1-1　职业赢利系统与复利成长示意图
图表来源：李庆丰，“企业赢利系统”理论

本章第2节主要讲个体动力。每个职业个体都有心灵、大脑、身体，都有情商、智商、意商，分别让我们成为一个对外友好合作的人、一个有思想的人、一个持续行动的人。**我们要用情商、智商、意商综合形成的个体动力，去驱动我们的职业商业模式。**什么是意商？意商是指意志素质商值，是对一个人持之以恒、持续行动能力的一种度量。

本章第3节主要阐述职业个体的商业模式。职业个体可以用T型商业模式进行解释，同样有自己的创造模式、营销模式、资本模式。本节以乔·吉拉德为例，说明这样一个“世界上最伟大销售员”的成功之处，并不是源于他的销售模式，而是因为他构建了一个独特的创造模式。并且，乔·吉拉德充分利用资本模式的储能、借能及赋能效应，“积跬步以至千里，积小流以成江海”。即使他49岁从销售岗位退役后，赢利机制持续发挥赢利放大作用，他通过写书出版、做销售培训、全球演讲等获得不菲收入，一直到他91岁去世。

本章第4节主要讲职业规划。比照企业战略，职业战略也应该包括三个部分：目标和愿景、职业规划、外部环境。在“职业赢利系统=（个体动力×商业模式×职业规划）×自我管理”的公式中，为了简化表达及术语一致，以职业规划代表职业战略。市面上关于职业规划的书籍、文章太多了，也就出现了一些套路、招数。在《商业模式与战略共舞》一书中，笔者就提出“T型人”概念，在此处进一步完善。“T型人”有自己的职业赢利系统，有自己的T型商业模式，有自己的优势能力。“T型人”的职业规划重点包括职业目标与愿景、进化阶段、发展路径三个方面。

本章第5节重点阐述自我管理。自我管理相当于企业赢利系统的管理体系。在职业赢利系统中，用“自我管理”代替管理体系，是考虑到这样更加接地气一些。如前文所述，“个体动力×商业模式×职业规划”代表职业个体的经营体系。与企业赢利系统道理类似，经营体系好比是前面的“1”，而自我管理好比是后面的“0”。如果一个人自我管理不行，那么再好的经营体系也无法发挥作用。自我管理可以用公式表示：自我管理=倍增能力×优化流程×掌控节奏，文字表述为：自我管理就是以可扩展的优势能力去执行并优化做事的流程，通过掌控节奏让职业个体获得预期的绩效成果，并实现可持续成长。

自我管理的三个部分与经营体系的三个部分逐一对应：个体动力与

倍增能力对应，前者表示职业者的智商、情商及意商等综合素质，后者表示具体的能力构成及执行力；商业模式与优化流程对应，商业模式是优化流程的总纲构成和原理依据，而优化流程是商业模式的逐级展开及持续优化的执行步骤；职业规划与自我管理对应，职业规划为自我管理提供指导方案，而自我管理将职业规划转变为现实成果。

各路专家争相揭示“成为高手的秘密”。如何成为所在职业领域的一名高手呢？根据“一万小时天才理论”，速成及走捷径的方法大多数不可信。笔者认为，脚踏实地的方法是：系统、模型、联系及连贯行动。系统，可以参考职业赢利系统。模型，可以参照本书阐述的诸多模型，再吸收其他领域相关的理论模型，融入自己的职业赢利系统中。联系，将系统、模型及相关理论联系起来，再与自己的职业状况、外部环境联系起来。连贯行动，就是不能做知道主义者，而是以“系统、模型、联系”为指导，展开一系列连续的行动。

如图9-1-1的右侧图所示，它把复利成长的公式变成了一个示意图。这个示意图像一个英文字母“Z”，可以称它为Z形图。这个Z形图参考了“吴军来信：如何做好一件事？”中的那个“Z”图形。Z形图的底线是起步线，上线是愿景线，中间的斜杠曲线表示复利成长。复利成长的一般规律是起步时比较慢，因为那是一个打基础的时期。万丈高楼平地起，打好基础是关键。中国到处在搞基建，你能看到大楼越高，基础越深、耗时越长、材料耗用越多。复利成长的中间部分比较快，那是一个释放基础“红利”并适应环境后的标准化成长时期。接近于愿景线时，复利成长又会比较缓慢，那是职业“天花板”上的阻力因素，利用系统的调节回路发挥作用的结果。这时，你可以选择：①扩张你的商业模式范围；②尽快找到第二曲线。

人人追求职业或事业的复利成长，本金在哪里？都在说人生算法，“金句”频出，人生算法具体是什么？笔者给出的答案：职业赢利系统，其中商业模式是它的中心内容。

笔者写作的这些书，经常有一些企业团购。职业赢利系统属于“加餐”内容——为了让企业的各级管理者、基层员工、新入职的应届毕业生等都可以读一下本书。本章以5节篇幅来阐述职业赢利系统，或许将有些模型、原理等一带而过。所幸，大家可以参照前面第1～8章企业赢利系统的类似内容。

9.2 个体动力：让寒门再出贵子

重点提示

※ 如何逃离及超越“贫困陷阱”？

※ 如何提高自己“情商、智商、意商”形成的综合动力？

※ 为什么说现代人很难再“当好学徒”？

像刘强东、俞敏洪、任正非等都属于寒门出贵子，中国的高考改变了他们的命运。

诺贝尔物理学奖获得者李政道说：“能正确地提出问题，就迈出了创新的第一步。”在调查研究中，美国教授班纳吉提出了这样一个问题：大多数国家上学是免费的，即便全世界最为贫困的人，子女的入学率也能达到80%以上，为什么还有很多人陷在“贫困陷阱”当中？试图回答好这个问题，让班纳吉获得了2019年诺贝尔经济学奖。

什么叫“贫困陷阱”？贫困不仅是结果，贫困也是原因。班纳吉教授说，贫困家庭无法承受较长的回报周期，因此他们更偏向于追求立竿见影的效果。例如，选择高风险股票、进行高杠杆操作，甚至加入传销组织等。穷人排解压力或消遣娱乐时，更倾向选择诸如买彩票、酗酒、打游戏等“性价比高”的方式。在教育方面，由于急于求成心态作祟，贫困家庭只象征性地让孩子读几年书就决定放弃了。在中国广大农村，像盖房子、娶媳妇、婚丧嫁娶大操大办等才是家庭的重要目标及追求，为此不惜花费几十万甚至去借高利贷。没有全面及持续的教育投资，贫困家庭通过子女教育摆脱“贫困陷阱”也是难上加难。

曾有一篇文章《寒门再难出贵子》在朋友圈被转发刷屏，其中传达了"阶层固化"这个让人绝望的诅咒。阶层固化近似于马太效应所说的"穷人越穷，富人越富"。当一些人积累了某种优势，比如财富、名誉、地位，那么他们就容易获得更大的成功。相反，穷人由于陷入"贫困陷阱"里，贫穷驱动的恶性循环，导致持续不断的贫穷。因此，出现"笑贫不笑娼，救急不救穷"的价值观扭曲，是因为一些人真是穷怕了。

面对"贫困陷阱""阶层固化"这两个"西西弗斯的巨石"，贫穷者怎样破局而出？

高考依然是最优选择之一。安徽毛坦厂中学地处一个偏僻的小镇，号称是亚洲最大的高考工厂，在校高中生2.5万人，其中复读生约1.2万人。由于毛坦厂中学收费不高，且本科录取率95%左右，所以成了许多底层家庭让孩子通过教育实现人生跃迁的"最后一根救命稻草"。

河北枣强女孩王心仪家庭异常贫穷，2018年通过高考被北京大学中文系录取。她对贫穷的认知超越了诺贝尔奖获得者班纳吉的研究。王心仪在文章《感谢贫穷》中说：感谢贫穷，让我领悟到真正的快乐与满足。你让我和玩具、零食和游戏彻底绝缘，却同时让我拥抱了更美好的世界。我的童年可能少了动画片，但我可以和妈妈一起去捉虫子回来喂鸡，等着第二天美味的鸡蛋；我的世界可能没有芭比娃娃，但我可以去香郁的麦田……谢谢你，贫穷，你让我能够零距离地接触自然的美丽与奇妙，享受这上天的恩惠与祝福。

移动互联网的普及，人人可以通过智能手机对接世界，但是有的人用它打游戏、刷抖音消磨时光，有的人利用它成就了自己的事业。李子柒生长在四川绵阳的偏远山区。2004年14岁时，她被生活所迫到各地打工，居无定所，多次陷入露宿公园街头的生存窘境。后来，李子柒利用移动互联网，拍摄手机视频传播中华美食与中国传统文化。从2017年起，李子柒就是"第一网红"，她的视频全网播放量已经超过30亿。她在Youtube（优兔）粉丝破千万，全球粉丝过亿，并入选中国妇女报"2019十大女性人物"。

你永远都无法叫醒一个装睡的人。现代社会处处有机会，可以凭借的工具、方法和手段越来越多。例如：读不起大学或错过了大学，可以自学。像樊登读书、罗辑思维、喜马拉雅等知识付费平台，它们上面的知识数量及质量，已经远远超过了一所大学的课堂。贫家净扫地，贫女好梳头。通过教育渠道，很多人摆脱了贫穷。另一方面，富裕阶层也有很多问题，像“富不过三代”、纨绔子弟与败家子、贪婪沦为阶下囚、越来越多的富贵病等。笃信“阶层固化”，其实是一种思维上的懒惰。

时间面前，人人平等！至少在通过努力改变命运面前，每个人的时间是平等的，愿意付出与否是自主的。由于社会文明进步及对创造性岗位的需求越来越多，每个职业者都可以是一个能够主导自己命运的职业个体。职业个体可以看成是一个人的公司，构建一个职业赢利系统，以优异的个体动力及自我管理驱动自己的职业商业模式，沿着预先设计的职业规划路径，实现自己的事业目标与愿景。这可以用公式表示为：职业赢利系统=（个体动力×商业模式×职业规划）×自我管理。本书第2章所讲的团队构成、团队修炼同样适用于每一个职业个体。

每个职业个体都有心灵、大脑、身体，都有情商、智商、意商，分别让我们成为一个对外友好合作的人、一个有思想的人、一个持续行动的人。对于一个积极的个体来说，“心灵”看到了什么机遇，“大脑”就会往那个方向思考，接着“身体”就全力行动起来，将机遇变成现实。

情商主要对应T型商业模式的营销模式。营销主要是说服别人合作，所以职业者的情商很重要。营销不是利用别人的技巧或伎俩，而是善于换位思考，在利他中利己，在为他人提供价值的同时实现自己的价值。智商主要对应资本模式。对于职业者来说，资本主要是指自己的经验和能力。经验来自过去的积累，而能力让未来所向披靡。一个人的智商必须不断精进和与时俱进。意商是指意志素质商值，是对一个人持之以恒、持续行动能力的一种度量。意商主要对应创造模式。如果把成为一个专业人士比喻为盖一座大楼，那么情商邀请来更多优质合作资源，

智商给出了很好的设计模型，但是，最终要靠意商一层一层地建设。

以上将一个人的情商、智商、意商分别对应T型商业模式的营销模式、资本模式、创造模式，只是一个方便表述的说法，实际上情商、智商、意商不可分割，并且营销模式、资本模式、创造模式都需要情商、智商、意商，如图9-2-1所示。比较确信的是，我们要用情商、智商、意商综合形成的个体动力，去驱动我们的职业商业模式，让它很好地三端定位，形成飞轮效应及培育出专业方面的核心竞争力。

让寒门再出贵子！职业者可以对照自己的职业商业模式，盘点自己的智商、情商、意商，有哪些不足，哪些地方出现了问题？

国际公认的研究结论，中国人有较高的智商。对比于任正非、钱学森及钱钟书等优秀国人，我们绝大部分人的智商只有效利用了不到5%，绝大部分脑细胞处在沉睡状态或错误激活状态。我们要找到自己喜欢的领域，聚焦到一个有前途的事业，减少职场上的套路及敷衍，让智商与专业水平进步对应起来。

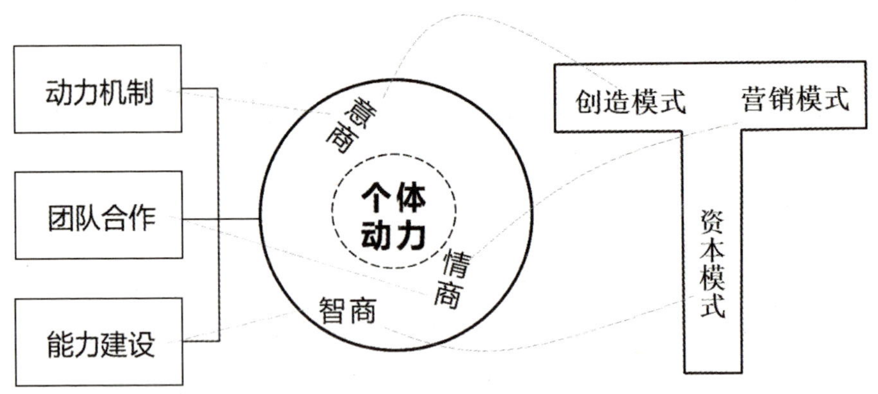

图 9-2-1　职业个体情商、智商、意商的修炼与 T 型商业模式匹配示意图

图表来源：李庆丰，“企业赢利系统”理论

通过与别人友好合作提升自己的情商。一个人自私自利、斤斤计较，过分看重短期利益，不愿意与别人沟通，不能为他人提供价值等，都是情商进步的障碍。

一个人意商方面的问题反应在“常立志，但是不能立长志”。面对诱惑，玩物丧志，见异思迁，蜻蜓点水，没有佛性，只想“佛系”，遇到挫折，自暴自弃等，这样的人生态度和行为必然导致职业个体的意商出现严重问题。无论寒门出身，还是富贵之家，难出“贵子”的原因与此多有关联。

本书章节2.1讲到，为了驱动商业模式，经管团队的基础性修炼主要包括这三项内容：动力机制、团队合作与能力建设，简称为“铁人三项”。职业个体进行自我修炼，提升自己的情商、智商及意商综合形成的个体动力，也可以参考此“铁人三项”的内容，如图9-2-1所示。

1. 通过动力机制提升自己的意商

人活这一辈子，到底是什么东西在驱动？来自维也纳的三位心理学家各自提出了不同的解释：弗洛伊德认为人生就是要追求某种快乐，内在驱动力是生理需求。阿德勒认为人生是为了追求财富与权力，内在驱动力是自卑。弗兰克尔则认为，人生最重要的事是发现生命的意义，内在驱动力是自我实现。美国心理学家马斯洛提出的需求层次理论是对以上三者的综合。马斯洛认为，人的需求由生理需求、安全需求、社交需求、尊重需求和自我实现需求五个等级构成。

社会贫富分化严重后，由于富裕群体对住房等物质精神财富的大量占有，导致贫困阶层满足生理需求、安全需求的成本大大提高，一些人掉入“贫困陷阱”，开始自暴自弃。富裕群体的一些后代，不用依靠自己奋斗，就直接满足了生理需求、安全需求、社交需求、尊重需求。正如上文所述“面对诱惑，玩物丧志……”所以很多人的意商也出现了问题。

在此情况下，有志之士如何重建自己的动力机制？由于被人歧视而激发出追求职业目标与愿景的强大动力，这个动力我们称之为歧视性动力。由于信仰派生的使命感而激发出追求事业目标和愿景的持久动力，这个动力我们称之为使命性动力。歧视性动力和使命性动力构成实现人生目标与愿景的两大根本性动力。

歧视性动力可以激发出一个人出人头地的斗志，往往让“穷小子”成功逆袭。马云历经三次高考，最终才被杭州师范大学录取，之后申请工作被拒了差不多30次，连续创业4次，都以失败告终。直到35岁创办阿里巴巴时，马云才逐渐找到了规划人生愿景的一点感觉。

使命性动力来自信仰的召唤、对事业及人生价值的追求，存在于履行对社会（或他人）的承诺和承担责任的过程中。使命感代表我们的精神性，让我们聚精会神追求自己的事业愿景。

总而言之，职业个体需要从歧视性动力、使命性动力两方面重建自己的动力机制。

2. 通过团队合作提升自己的情商

关于团队合作、提高情商等，市面上有很多书籍文章进行了阐述。我们讲一个另类的团队合作——如何当好学徒？在《巨人的工具》这本书里，媒体策略师霍利得将怎么当好学徒称为“画布策略”。所谓“画布策略”，就是你发现别人要画油画，你给他找个画布让他画。

当好学徒不仅能提高自己的情商，还能习得一门技术，也可能结识诸多有价值的资源。当好学徒，不是阿谀奉承、奴颜婢膝，也不是送礼请客、搞旁门左道。当好学徒是为高手铺路、赢得信任，是系统学习、循序渐进，是学会沟通、提高情商。

团队合作的核心要义是利他中利己，帮助别人就是影响别人，就在慢慢提高自己的情商。在中国，独生子女非常多，通过当好学徒、团队合作可以弥补自己的不足，有效提升自己的情商。

3. 通过能力建设发挥智商的效能

我们中国人智商不低，关键是如何发挥智商的效能。

绝大部分人一辈子没有拼搏过，也不主动改变现状，只是被动地接受命运的摆布，所以再高的智商也是“库存”。在这个大背景下，你只要付出一些努力，很快就可以超过70%的人。

有一句话叫作“重复就是力量，数量堆死质量”，它是职业个体发挥自身智商效能进行能力建设的“真经”。这里的“重复”不是简单机械地重复，不是做一天和尚撞一天钟，而是PDCA循环提升的重复、否定之否定的重复。重复做一件事，坚持不断地提升水平，最终从业者就可能成为业界冠军，这就是重复的力量。“数量堆死质量”就是从量变到质变。人们只记得第一名，是因为第一名已经从量变到质变。一个唱歌的人到一个歌唱家，一个管理者到一个管理大师，一个帮厨到一个中华名厨……他们之间有巨大的差异，这个差异源于：重复就是力量，数量堆死质量！

无论是寒门出身，还是富贵之家，望子成龙或望女成凤，如果这些家庭的子女作为职业个体构建了自己的职业赢利系统，按照公式“职业赢利系统=（个体动力 × 商业模式 × 职业规划）× 自我管理”进行长期的人生实践，那么他们将能够更快地成为社会的有用之才。

9.3 商业模式：人工智能时代如何谋生？

重点提示

※ 为什么说人工智能导致失业潮可能是个伪命题？

※ 为什么说乔·吉拉德的创造模式更胜一筹？

※ 上大学选专业或工作后选职业，存在的主要问题有哪些？

《科学》杂志判断，到2045年全球50%的工作岗位将被人工智能取代，而在中国这个制造业大国，此数据是77%。也就是说，未来30年之内，我国每4个工作岗位至少有3个将被人工智能所取代。这期间，预计地球上智能机器人的数量将达到100亿个，地球总人口也将达到这一数量。这就意味着100亿人口将与100亿机器人一起生活。届时，寒窗苦读十多载，忽然发现我们用心追索的职业已被人工智能所取代！

偏信则暗，兼听则明。有专家站出来说，人工智能导致失业潮是个伪命题。德勤的研究显示，虽然制造业、农业等方面的工作机会在大量减少，但科技发展同时创造了更多新的岗位。在创意、科技和商业服务等行业，有大批新岗位正在被创造出来。**人类与人类发明出的人工智能正在同一跑道上赛跑。人类的终极竞争力是想象力和创造力。想象力和创造力低的工作会被机器替代，而想象力和创造力高的工作将会保留给人类。**

《哈佛商业评论》说，网络个人经济即将开始，“新经济的单位不是企业，而是个体。”区块链研究者认为：今后公司制将逐渐消失，取而代之的是区块链社区制。简单地说，每一个体都可以是一个公司，用区块链技术把大家连接在一起。

人工智能及区块链时代，我们如何谋生？我们要把自己打造成为“T型人”。第一，要有自己的职业赢利系统，按照公式“职业赢利系统=（个体动力×商业模式×职业规划）×自我管理”进行长期的人生实践。第二，重点以商业模式为中心，激发个体动力，展开职业规划，进行自我管理。第三，培育优势能力。三者之中，商业模式是重点。本节重点阐述职业个体的T型商业模式。

T型商业模式=创造模式+营销模式+资本模式。当然，这个公式只是表示T型商业模式整体有哪些构成部分，为方便理解而采用的一种公式思维。实际上，从系统科学的角度来看，系统的整体大于部分之和，两者的差值就是涌现与创新，就是新事物的诞生，就是从量变到质变。例如，T型商业模式有飞轮增长效应、核心竞争力的涌现，而创造模式、营销模式、资本模式都不具有这些涌现。

有人说，我搞营销工作，是否就不需要创造模式及资本模式了？答案是否定的。复杂系统有一个层次结构，像俄罗斯套娃一样，总系统中有子系统，子系统中有孙系统……**虽然职业个体在公司系统中只是某个层级上的构成元素，但是，当我们把职业个体当成一个系统看待时，其本身就是一个相对独立的经济体，有自己的商业模式，也必然有创造模式、营销模式、资本模式。**

乔·吉拉德是一名汽车销售员，他在职业生涯中创造了5项吉尼斯世界汽车零售纪录：①鼎盛时期平均每天销售6辆车；②最多一天销售18辆车；③一个月最多销售174辆车；④一年最多销售1 425辆车；⑤在15年的职业生涯中总共销售了13 001辆车。他的营销模式没得说，那我们看看他的创造模式是怎样的。

根据创造模式的公式，产品组合=增值流程+支持体系+合作伙伴，把吉拉德看成一个人的公司，他的产品组合是什么？他的产品组合是“汽车+吉拉德”。吉拉德销售雪佛兰牌汽车，这个没有什么特别之处，雪佛兰有成千上万个销售员做类似工作。顾客之所以选择买吉拉德销售的雪佛兰牌汽车，不买其他销售员的或其他汽车品牌，主要是因为吉拉德的个人品牌以及他提供的差异化服务。吉拉德的过人之处，顾客满意度高的原因，恰恰在于他的独特服务。他自认为提供给客户的超值服务是每台500美元，其服务重点不仅是交车的过程，更是交车之后的持续跟进和全权负责的精神。

从增值流程方面说，吉拉德坚持执行销售产品七步骤：寻找潜在客户→筛选客户→初步展示→深度展示→回答客户的异议→完成交易→后续工作。现在看起来，这七步骤没有什么特别之处，似乎所有销售员都是这样做的，也是汽车销售的标准作业流程。但是，吉拉德20世纪70年代就不折不扣这样做，有其创新和领先性。就像同样是演戏，女演员中章子怡就能更胜一筹，吉拉德贯彻这七步骤，有其独特、难模仿之处。像完成交易之后的“后续工作”这个步骤，绝大部分销售员不再会为买走车的顾客做什么事了，而吉拉德还有很多事要做。例如：顾客买的车出问题了，遇到厂家售后扯皮时，他会立即安排解决。即使自己付出一些，也优先让顾客满意。他会建立顾客档案，坚持每月为老顾客发一个贺卡。他认为，售后是再次销售及顾客协助销售的开始。

从支持体系方面讲，从吉拉德写作的书《怎样销售你自己》章节目录中可以看出一些端倪：向自己销售你自己、向别人销售你自己、建立自信和勇气、培养正面心态、学习倾听、学习顾客的语言、如何记忆管理……共19章内容都是在讲“为了提高销售业绩，怎样自我修炼及训练自己”。这些形成一套支持体系，让吉拉德与其他销售员形成明显差异，使顾客愿意从吉拉德那里购买汽车，并愿意成为他的“粉丝”，一起协助吉拉德销售汽车。

从合作伙伴方面讲，吉拉德很早就自费雇用几个助手，分一些佣金给他们，协助他一起完成销售工作，并创造更多的顾客满意度。吉拉德把老顾客都尽力开发成合作伙伴。吉拉德有一个“猎犬计划”说明书。这个说明书告诉顾客，如果介绍别人来买车，成交之后，介绍者将会得到每辆车25美元的酬劳。实施猎犬计划的关键是守信用——事成之后，一定要付给顾客25美元。吉拉德的原则是：宁可错付50个人，也不要漏掉一个该付的人。不仅如此，到餐厅用完餐，他总是在账单里夹上三四张名片及丰厚的小费；经过公共电话旁，也不忘在话机上夹两张名片，永远不放弃任何一个获得合作伙伴的机会。例如，仅1976年，猎犬计划就为吉拉德带来了150笔生意，占总交易额的三分之一。吉拉德付出了3 750美元的合作费用，但收获了75 000美元的销售佣金。

吉拉德号称是“世界上最伟大的推销员”，全球汽车“名人堂”中唯一的销售员。由于个人品牌、资源、能力及经验的积累，所以他的资本模式更胜一筹。例如，20世纪70年代时，吉拉德销售汽车的年佣金收入就达到了30万美元。49岁时，吉拉德从汽车销售岗位退役了，他开始写书出版、做销售培训、全球演讲等，这又为他带来了数千万美元的收入。

T型商业模式的三个部分“创造模式、营销模式、资本模式”，职业个体都要具备，它们就像一个风扇的三个叶片，缺一不可。上例讲了，像吉拉德那样优秀的销售员，职业竞争力反而是在创造模式。如果一个人干一行爱一行，创造模式及营销模式很优秀，那么积累几十年，资本模式都不会差。如果你是一个不善言辞的“码农”，那么你要想一想，如何改善你的营销模式。如果你是一个读了30年书有点“满腹经纶”的博士，那么到工作岗位后，首先思考的是如何构建你的创造模式。

本书前面的章节及书籍《T型商业模式》更为具体地阐述了T型商业模式及其三个部分。我们说过，职业个体就是一个人经营的公司，从企业商业模式相关理论映射或对照一下，可以协助我们对职业商业模式进行分析、优化和创新。

人工智能时代如何谋生？企业生命周期的T型商业模式六大原创模型，同样适用于职业个体以此为“基座”，展开职业规划，如图9-3-1所示。

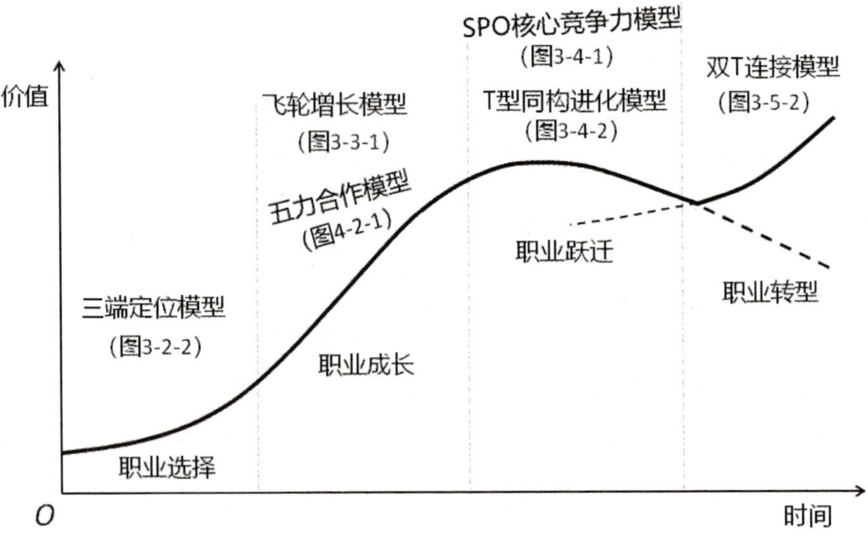

图 9-3-1 基于职业生命周期的 T 型商业模式六大原创模型示意图
图表来源：李庆丰，"企业赢利系统"理论

上大学选专业或工作后选职业，都可以参考三端定位模型。回看第3章的图3-2-2，从企业所有者这一侧，应该考虑职业个体的喜好与禀赋，以及利用这个喜好与禀赋如何形成赢利机制。从合作伙伴这一侧，应该考虑形成一个什么产品组合及有哪些合作资源可以协助自己。从目标客户这一侧，应该考虑职业个体的产品组合如何满足社会需求，找到自己的目标客户。**现实中，我们常常与三端定位模型偏离，选专业或找工作时习惯于单端定位：要么只追寻热门的社会需求，要么全由着自己的偏好与兴趣，要么根据拥有的合作资源就定夺了。**

一个人要在职业中精进与成长，就可以参考第3章图3-3-1的飞轮增长模型。它的大致原理是：依靠创造模式，把职业能力不断锤炼。利用营销模式，向目标客户传递自己的职业价值。掌控资本模式，将内外多种资源转变为自己的智力资本，为创造模式及营销模式不断赋能，促进职业成长及发展，培育自己的职业竞争力。从创造模式→营销模式→资本模式……三者联动循环起来，发挥出能让职业能力实现增长与提升的飞轮效应。

当我们需要职业跃迁或扩展时，可以参照第3章图3-4-1及图3-4-2所示的SPO核心竞争力模型及T型同构进化模型所蕴含的原理。就像一个企业要有一个根基产品组合，一个职业个体应该有一个根基职业，在此基础上进行职业跃迁与扩张。上文中吉拉德退役后扩展到出版写作、销售培训及全球演讲，后面这些职业扩展是基于他前面15年汽车销售生涯的职业根基。

对大学所学的专业不喜欢、工作多年后需要换个职业方向，这些问题可以参考第3章的第二曲线理论及图3-5-2所示的双T连接模型。在这个模型理论中，提出了指导企业转型有三大原则：①顶层设计独立性原则；②相似商业模式优先原则；③第一曲线资本利用最大化原则。

这些原则同样适用于职业转型。原则①告诉我们，职业转型要完全彻底，不要做骑墙派。因为旧的不去、新的不来。原则②是说，假如你原来搞了多年汽车销售，换个职业方向时尽量与销售相关。例如，做市场研究就与销售相关，做销售咨询服务也与销售相关。原则③说换一个新职业时，应该最大化利用原来职业所积累的能力、经验和资源。

图9-3-1中还有一个五力合作模型，将在本章第5节简要阐述。由于“职业赢利系统”是本书的“加餐”内容，职业者的商业模式只安排了一节内容，所以不可能面面俱到。如果大家对职业者的商业模式这个主题感兴趣，那么还可以参照书籍《商业模式与战略共舞》的相关内容，并且该书第7章专门阐述以上职业选择、职业成长、职业跃迁、职业转型等职业生命周期的模型理论及相关案例。

9.4 职业规划：不要玩套路，走“T型人”之路

重点提示

※ 公司内的关系网有什么优缺点？

※ 你自己的职业目标体系是什么？

※ 如何让自己退休后还能点燃一团新的“职业之火”？

在公式“职业赢利系统=（个体动力×商业模式×职业规划）×自我管理”中，职业规划是一个重要的构成部分，相当于企业战略之于企业成长与发展那样不可或缺。

关于职业规划的理论太多了，也就出现了一些套路招数。例如：职业规划就是如何尽快升职，上幼儿园都需要做关系了，所以职业人士有无背景都要学会做关系，尽快在公司内建立一个关系网。搭关系网，首先从大人物开始考虑，最好与“一把手”成为自己人，其次考虑“二把手”是否可以成为“靠山”，还可以走家属路线，与领导的夫人、子女保持密切接触……

在公司内搭建一个为了快速升职或有所依靠的关系网，有以下三个副作用：①有“宽门”捷径走，人就不会走“窄门”，导致职业者的真本事锻炼不出来，原本具有的创造性思维被抑制了，只是学会了左右逢源、攀附权贵，甚至陷入公司内部帮派斗争。②就算你搭上了大人物的关系，很容易成为大人物的一颗棋子、一杆枪或者一副白手套。当你交上了“投名状”拥有关系优势时，却丧失了自己的思维与行动自由。③即使经过一番勤奋努力，你成了老板身边最得宠的人，有了自己的强势关系网，但是往往自己的全部价值也被锁死在这个特定的关系网里面。一荣俱荣，一损俱

损。“靠山”万一倒台，你也跟着完蛋。

不要玩套路，走“T型人”之路！前面章节也讲到，“T型人”有自己的职业赢利系统，有自己的T型商业模式，有自己的优势能力。除此之外，“T型人”的职业规划重点包括职业目标与愿景、职业进化阶段、职业发展路径三个方面。

1. 职业目标与愿景

借鉴德鲁克的目标管理思想，职业目标与愿景应该是一套目标体系，包括职业愿景、10年目标、3～5年目标、年度目标。年度目标之后的季度、月度、周等目标细化，属于日常自我管理，不属于本节讨论的范围。

职业愿景就是自己的职业理想，通常是指20年以上才可能实现的长期目标。典型人物是美国总统克林顿。他17岁时作为中学生代表参观白宫，与当时的美国总统肯尼迪握了一下手，然后立志要当美国总统。29年后，也就是1992年11月，克林顿成功当选美国第42任总统，并在1996年再次赢得总统大选而连任。

本书章节4.4中曾讲到，在典籍《隆中对》中诸葛亮为刘备提出了一个战略指导方案。穿越到当时的场景，站在为刘备搞职业规划的角度，其当下的年度目标是先有一个立足之地。通过后来的赤壁之战，刘备很快就实现了这个年度目标。3～5年目标是拿下荆州、益州而三分天下，让刘备成为一国君主。刘备集团实现这个目标用了大约7年时间。10年目标及事业愿景是问鼎中原，最终完成国家统一大业，后来，刘备团队有所失误，敌人也很强大，刘备集团的事业目标未能达成。

对于一个职业者来说，拥有目标体系能为自己带来诸多好处，例如：人生导向作用、激发自身潜力和动力的作用、拥有成就感和建立自信的作用、对时间和精力的聚集及有效利用等。中国人讲，“己所不欲，勿施于人。”虽然笔者写书是一个工作之外的学习充电，但是也应该有一套目标体系。笔者的愿景是成为“中国的德鲁克”；10年目标是具有国际影响力；5年目标是具有国内影响力；年度目标是除了写好本书、做些宣传，投资工作也要达到优良。此处“影响力”用词有点模糊，“你懂的”，我们中国人比较含蓄、中庸，应该谦虚一些。

有人说，建立职业愿景等目标体系是年轻人的事，人到中年后就等着退休了。有一位老人家，她叫姜淑梅，1937年生人，属于“30后”。她在60岁的时候开始认字。识字以后，她看了莫言的几部小说。她看完就不服了，对女儿说：“都是山东老乡，这样的小说我也能写。”在75岁，她就真的开始写作了。其后，她连续出版了5部小说，成了畅销书作家，引起了文学界的震动。如今，她80多岁了，还在锲而不舍学画画，憧憬着当画家。

2.职业进化阶段

一个人可以有多个职业生命周期，每一个职业生命周期都有不同的商业模式及不同的目标和愿景。例如：作为体操运动员的李宁，一共获得了14个世界冠军，106枚国内外体操比赛金牌，被誉为“体操王子”。作为体操裁判的李宁，1989年考取体操国际裁判证书，从1991年到2000年10年间，连续执法历届世界体操大赛。作为企业家的李宁，创办以自己名字命名的“李宁”体育用品品牌，经过多年发展后李宁公司成为上市公司。李宁被评为20世纪影响中国的25位企业家之一，获得“中国杰出贡献企业家”“2019十大经济年度人物”等荣誉称号。

在一个职业生命周期内，大致分为职业选择、职业成长、职业跃迁、职业转型等四个主要职业进化阶段。职业转型后标志着职业“第二曲线”的开启，进入一个新的职业生命周期阶段。针对职业生命周期各阶段，上一节分别给出了三端定位模型、飞轮增长模型、SPO核心竞争力模型、T型同构进化模型、双T连接模型等原创模型。参阅本书第3章及第4章相关内容，这些模型可以作为各阶段制订职业规划的依据和思考起点。

奥美互动CEO布赖恩所著《远见》一书中，将一个人的职业生涯分为三个职业进化阶段，每个阶段持续大约15年。

第一阶段：加添燃料，强势开局。这个阶段是职场人士25 ~ 40岁时期。职业生涯前15年的主要目标就是为接下来的两个阶段打好基础。在这个阶段，是找到自己的长板及热情所在，并树立良好的工作习惯，在专业上持续精进。最重要的，这是每个职业者储存职场燃料的阶段，应该花足够多的时间尽早建立起自己的技能、经验和资源关系。

第二阶段：锚定甜蜜区，聚焦长板。这个阶段是职场人士40 ~ 55岁时期。在这个阶段，要在一个自己喜爱的事业上聚焦热情、发挥核心长板；怀有使命感并激发自己的动力，实现职业目标和事业愿景，同时在很大程度上可以忽视自己的短板；也必须学会拓展行动规模，从而让影响力倍增。

第三阶段：优化长尾，发挥持续影响力。这个阶段是职场人士55 ~ 70岁时期。传统意义上，随着退休日期的到来，职业生涯最后若干年可能出现明显的衰退或者随波逐流。但是，《远见》一书中给出的建议是，这个阶段职业者需要完成三个关键任务：完成继任计划、保持关联性、点燃一团新的“职业之火”。

3. 职业发展路径

在职业选择、职业成长、职业跃迁、职业转型四个阶段中，其中的职业选择、职业转型表示一个职业生命周期的开始和结束，而中间的职业成长、职业跃迁才是职业成长与发展的具体过程，它们更需要一个预设的发展路径及指导策略。

职业成长是指在专业岗位上的持续精进，形成职业者的成长飞轮效应，并可以借鉴“一万小时天才理论”。美国学者丹尼尔提出了“一万小时天才理论”的三大要项：精深练习、永葆激情、伟大伯乐。日本职人是“一万小时天才理论”的实践者，他们有的效力于知名企业，有的经营着自家的老铺，埋头钻研技艺，几十年如一日，是各行各业的佼佼者。新津春子17岁时，从中国沈阳举家迁往日本生活，从高中开始就做上了唯一肯雇用她的保洁工作，负责东京羽田机场的清扫工作，这一干就是20多年。现在，她能够对80多种清洁剂的使用方法倒背如流，也能够快速分析污渍产生的原因和成分，并很快找到解决问题的方案。新津春子因为能够快速解决公共设施或家庭的顽固污迹，因此成为日本家喻户晓的明星。2016年新津春子被评为日本“国宝级匠人”。

职业跃迁是指从低职位不断升级到高职位，典型例子像军队中的“士兵、班长、排长、连长、营长……将军”职位跃迁的阶梯。在《领导梯队》一书中，作者把从员工到首席执行官的职业跃迁路径，分为六个层级，每个层级都需要相应的工作理念、领导技能和时间管理能力。此框架被称为“领导梯队模型”。在书籍《从优秀到卓越》中，作者柯林斯提出了五级经理人理论。第五级经理人代表着最高等级的经理人，他们有三个主要特征：①公司利益至上；②坚定的意志；③谦逊的个性。规范化管理的企业人力资源部门都会对公司的相关人才进行职业生涯规划。一个完整的职业生涯规划由职业定位、目标设定和通道设计三个要素构成。参考相关职业生涯规划的书籍、文章，可以更加具体地了解职业跃迁和职业规划的内容。

职业成长和职业跃迁是交替进行的，通过职业成长积累势能，然后跃迁到一个更高职位上。职业个体的SPO核心竞争力模型也可以叫作SPO职位跃迁力模型，如图9-4-1所示。它由职业者的优势能力、职位阶梯、环境机遇三个基本要素组成。优势能力、职位阶梯、环境机遇三者缺一不可，共同发挥系统性作用产生职位跃迁力。关于SPO核心竞争力或职位跃迁力模型，更加具体的内容可以参阅本书章节3.4或《商业模式与战略共舞》第4章及第7章的阐述。

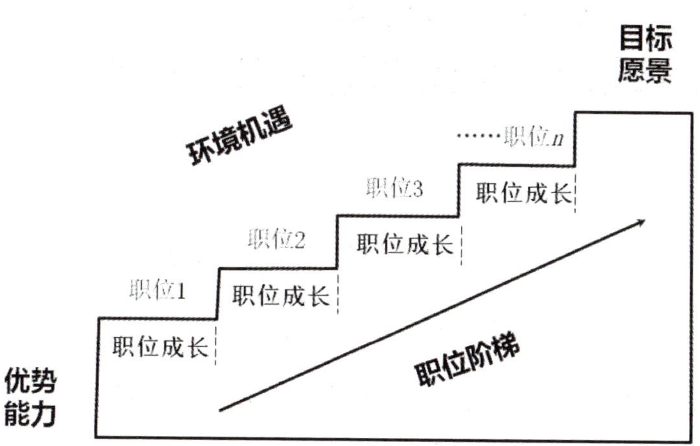

图 9-4-1 SPO 职位跃迁力模型示意图
图表来源：李庆丰，《商业模式与战略共舞》

9.5 自我管理：倍增能力×优化流程×掌控节奏

重点提示

※ 为什么说拥有T型能力结构有利于打造职业竞争力？

※ 为什么说优化流程是商业模式中最便利的赢利机制？

※ “天行健，君子以自强不息。地势坤，君子以厚德载物。”对于我们掌控工作与生活节奏有什么激励意义？

在公式“职业赢利系统=（个体动力×商业模式×职业规划）×自我管理”中，括号里面的“个体动力×商业模式×职业规划”三者表示如何经营好自己的职业。它实质是一个让职业赢利、成长与进化的逻辑，是职业者的经营体系。将经营体系的赢利、成长与进化逻辑变成现实，就需要自我管理“出场”了。经营体系好比是前面的“1”，而自我管理好比是后面的“0”。如果一个人自我管理不行，那么再好的经营体系也无法发挥作用。

自我管理可以用公式表示：自我管理=倍增能力×优化流程×掌控节奏，用文字表述为：自我管理就是以可扩展的优势能力去执行并优化做事的流程，通过掌控节奏让职业个体获得预期的绩效成果，并实现可持续成长。

1. 倍增能力

职业者的倍增能力取决于两大方面：其一，自己要有优势能力；其二，通过五力合作模型扩张自己的优势能力，如图9-5-1所示。

职场上普通人员过剩，而具有优势能力的人才严重短缺。职业者如何建立优势能力？参见图9-5-1中间部分的能力圈。“T型人”偏爱“T型”，其中能力圈中“T型”底下的竖代表核心能力，上面的横代表辅助能力，并以此称为T型能力结构。从主流上说，具有优势能力的职业者拥有一个T型能力结构。在T型能力结构中，核心能力就像一个钻杆，越深入越好；辅助能力就像为钻杆提供放大动力的旋臂，要有适当的直径和长度。两者组合而成的“人生钻机”逐步形成职业者的优势能力或叫作职业竞争力。

图 9-5-1 职业者的优势能力及五力合作模型示意图
图表来源：李庆丰，“企业赢利系统”理论

像财务总监这个职位，核心能力无疑是公司财务管理相关模块方面的综合能力及突出的单项能力，例如：财务战略、全面预算、成本控制、管理会计、投资融资、税务筹划等；辅助能力可能包括交流沟通能力、抗压能力、管理及带团队的能力，甚至也包括健身能力、社交能力、学习能力。我们搞风险投资，通过各种人才渠道，经常很难为创业项目找到一个优秀的财务总监。分析原因，这些候选者都会有一些财务资格证书，有不错的学历文凭，形式上的东西都足够，但是核心能力不突出，关键是辅助能力差距很大。例如：只懂财务知识，不愿意了解企业的具体业务。涉及财务战略及预算、管理会计与决策、成本管控等，如果一个财务总监不懂公司的具体业务，也不愿意深入了解与学习研究，而是整天坐在办公室里票据核算及制作报表，那么他（她）就很难做好企业的财务管理。

一种核心能力叠加多个辅助能力，多种力量同向叠加，共同作用于同一个方向，将会产生较强的协同效应。查理·芒格称此为“好上加好效应”。像巴菲特这样的投资者，他的核心能力叠加多个辅助能力，经过日积月累的精深练习，它们之间发生了“好上加好效应”，让巴菲特拥有了独一无二的优势能力。

在T型能力结构外面画一个圈，这个圈就是人生某个阶段的能力圈。巴菲特说：“对于你的能力圈来说，最重要的不是能力圈的范围大小，而是你如何能够确定能力圈的边界所在。如果你知道了能力圈的边界所在，你将比那些能力圈虽然比你大5倍却不知道边界所在的人要富有得多。”

除了通过T型能力结构打造自己独特的优势能力，还可以通过五力合作模型放大与扩张自己的优势能力。参见图9-5-1，与企业的五种合作力量有所不同，职业者的五力合作方分别是伟大伯乐、上级领导、下属同事、竞争者、家人朋友。在职业路上，伟大伯乐可以指引你前面的路，也可以带给你很多资源。将上级领导当成合作力量，要学会“向上管理”。将下级同事当成合作力量，关键自己要有分享态度、利他精神及共赢思维。将竞争者转化为合作力量比较难，通过换位思考及差异化发展可以取得一些成效。家人朋友无疑是最重要的合作力量，所以要善待他们、关爱他们。

在职业赢利系统公式中，驱动职业商业模式的“个体动力”，与自我管理中的“倍增能力”有什么区别与联系？个体动力是情商、智商及意商等个体的总体素质能力，表现为对职业商业模式的总体驾驭能力，例如：一个研发人员就要有较强的创新能力，一个营销工程师要有比较强的沟通与说服能力。倍增能力是个体动力的具体化及细化，表现为对日常业务流程的各项具体能力、执行力及不断优化提升的能力。

2. 优化流程

优化流程是在执行流程中不断思考与改善的。本书章节5.3专门阐述企业中的业务流程，它们是职业者处理工作的依据及标准。本节谈个体的自我管理，我们转变一下“口味”，重点谈一下生活中的流程优化。像做一次饭、饭后整理厨房、整理一下房间、叠衣服收纳家具等，对于大多数人是生活的一部分，而对于从业者就是一项工作。

近藤麻理惠女士是日本整理大师，她除了与客户进行一对一的家居整理指导，还成立了整理学校和整理协会。由于在家居整理领域的杰出表现，2015年近藤麻理惠被美国时代杂志评选为影响世界的100人之一。笔者的一个投资界朋友叫玄轩，他在西安搞了一个创业项目叫作小槐花家居整理，专门为拥有别墅的高端家庭搞室内布局优化和家居整理。玄轩长期从日本同行那里取经学艺，他立志成为中国的整理大师。

我们想象一个场景，一家别墅中爸爸做事业，妈妈忙应酬，两个“熊孩子”把家里搞得乱糟糟的，玩具、书籍、衣服、食物、文具等遍地摆放。小槐花的家居整理小组来了，第一次接这家的业务，如何“多快好省”地服务好这家客户呢？一定是先结构化分析与布局；然后设计一个业务流程，执行中不断优化这个流程；完工后还要总结经验、固化流程、写成文案，为下次服务这个客户时做好基础工作。又过了一周，再次为这家客户提供服务时，小槐花的工作人员就会翻出上一次固化下来的业务流程，并在这次执行中继续优化。经过10次以上不断优化流程后，小槐花以后服务这家客户时，不仅服务质量比首次提升了2倍，而且总体工作时间减少了65%，物料成本降低了30%。从这个意义上说，优化流程是商业模式中最便利的赢利机制。

德鲁克说“管理不在于知，而在于行”，笔者的理解“管理不仅是一些知识方法，更是每天坚持的工作与生活实践”。为实践“优化流程”这一节，笔者决定餐后整理6个月厨房，坚持每次优化一下流程。在这个过程中笔者发现，这里面有思考的乐趣，有取得“多快好省”进步的成就感。例如：引进工业现场管理的“人机料法环”及工序编排思想到整理厨房“项目”中。优化流程后，可以节约用水、减少交叉污染、避免误操作或返工、大幅节约时间及提升效率。针对不同的餐具、锅具或食品加工机，配置适合的抹布或刷子后，工作效率和质量都有大幅度的提高。原来看到厨房的“活”，不知如何下手，经常消极怠工，对付一下；现在通过不断优化流程，将整理厨房看成了一项有意义的活动，至今成了让笔者保持管理实践的一项必备工作。

大家跟风学习达利欧的525条原则，似乎有点“驴头不对马嘴”，而优化流程是每个人真需要。**不论工作或生活方面，如果我们能有525个不断优化的流程，我们的人生将会从平庸走出，具有了“从优秀到卓越”的基础。**在生活或工作中，像整理家务、出门旅游、组织会议、撰写文章、演讲汇报等，我们都可以试一下如何“优化流程”。

3. 掌控节奏

职业赢利系统是个好东西，倍增能力、优化流程是个好东西！如何将持续与坚持变成自己素质的一部分呢？有人说，不要拖延、加强自控力、养成好习惯；有人说，微信群打卡、房间贴上标语口号、每天激励自己。本书前面讲了目标和愿景、计划方法、智商和意商等，也都是一些针对此类问题的解决方案。除此之外，下面再讲一下“自我管理=倍增能力×优化流程×掌控节奏”的最后一个部分——掌控节奏。

吴军与笔者这一代人年龄差不多，但是他做了更多有意义的事。他曾是谷歌高级资深研究员、腾讯副总裁，是一位人工智能、自然语言处理和网络搜索专家；现在是上海交通大学客座教授，硅谷风险投资人等。吴军是得到多门课程的主理人，已经出版了10多本书，总销量超过300万册。吴军还喜欢旅游，是古典音乐迷，热爱羽毛球运动，经常看歌剧、玩摄影，还是一名红酒鉴赏家，平时自己修理庭院，甚至做点木匠活。吴军常给两个女儿写信，是一个好爸爸，还是妻子的好丈夫，父母的好儿郎，诸多人的好朋友……

笔者接触一些“85后”及之后的人，发现他们中的一些人不想工作、不想做家务、不想结婚、不想养孩子、不想……他们自称压力很大，喘不过气来，只能靠刷抖音、玩“吃鸡”游戏、频繁外出聚会、就餐及旅游，来舒缓“有些忧郁、有些脱发、有些失眠……”受伤又破碎的身心。

我们与吴军等高效能人士的重要差别之一，在于如何每天掌控好自己的工作与生活节奏，像音乐节拍一样高效而有意义地工作与生活。中国典籍《易传》中有一句话：“天行健，君子以自强不息！”穿越到3 000年前，想象这样的场景：我们的祖先居无定所、食不果腹，周边环境是洪水肆虐、野兽残暴。他们怎么办？躺在树上临时搭建的茅草窝里，有人仰望苍天，有人俯视大地；有人说“天行健，君子以自强不息！”有人说“地势坤，君子以厚德载物！”这两句话鼓励我们近3 000年，中华文明生生不息，还作为清华大学等高等学府的校训。

天行健，君子以自强不息——看看苍天吧，无论是乌云遮日、烈日炎炎，还是地动山摇、狂风暴雨，但是日出日落、春夏秋冬等从不停歇、从不耽误。**君子应该像苍天一样掌控节奏，矫健运行、循环向前、不畏艰难、永不磨灭。**

传记《奇特的一生》的主人公柳比歇夫，是苏联的昆虫学家、哲学家、数学家，一生出版了70余部学术著作。柳比歇夫是个工作狂吗？他一天要睡10个小时！他喜欢旅游、游泳和散步；每年看65部电影，还要写影评；经常看歌剧、展览及参加音乐会。柳比歇夫如何每天掌控好自己的工作与生活节奏？他在26岁时独创了一种“时间统计法”，通过记录、统计和分析每天的时间花费，以此来改进自己的工作方法，提高对时间的利用效率。关键是柳比歇夫特别能坚持，他56年如一日，每天使用并不断优化“时间统计法”，直到82岁去世。

从知乎上搜索一下，发现很多人是柳比歇夫“时间统计法”的追随者。例如，晓一坚持使用“时间统计法”8年后，发明了自己的“五色时间元”方法。她将时间看作资金，投资于工作、学习、健康、思考和社交五个方面，每天用红色、蓝色、绿色、白色和黄色五种颜色进行时间统计与改进优化。

至于如何“掌控节奏”，每人因地制宜有自己的方法，贵在坚持！从2020年初开始，笔者也在向吴军、柳比歇夫、晓一等榜样学习，坚持每天掌控好自己的工作与生活节奏。到写作这一节时，已经历经7个来月，笔者“掌控节奏”的效果一直不错，处于及格以上水平。

希望大家都能“掌控节奏”，让未来五年取得的成绩及获得的生命意义，超越过去10年、20年甚至30年的人生价值！

后　记

知难而进

序言中说到，成为“中国的德鲁克”，是我的一个“小目标”。其实，我的理解很简单：理论创新是从实践中产生的。我们的学习与研究，要从实践中来，再到实践中去。德鲁克就是这样做的，很多人都可以这样做。因此，很多人可以成为德鲁克。但是，现实中处于企业经营管理实践一线的人们，忙于繁杂的事务及各种应酬，短期绩效压力很大，没有心思去搞管理创新与研究。专门搞管理学创新与研究的人士，又出于各种各样的原因，忙于教书、升职及申报项目，长期脱离企业实践。从这两方面看，追求成为“中国的德鲁克”，又是一个很难成功的目标。

序言中说，这是我写的第三本书。按照老子“三生万物”的自然之道，这本书要阐述企业系统中的“万物”。因此，这本书能够比较完美地收官，创作期间确实有一些难度。

写好第1章后，我与本书责任编辑周磊老师微信沟通，他说：“《企业赢利系统》这本书是‘T型商业模式系列’中最具高度的，要在有限的篇幅内把内容说清楚，确实很难。我觉得您不用着急赶稿件进度，还是优先保证质量。”

所幸，书中这些内容算是我比较熟悉的。首先，从事风险投资工作，我们看一个项目，就是以团体学习与研讨的方式，评估它的“三大件”：经管团队、商业模式、企业战略。其次，像管理体系、企业文化、资源平台、创新变革、私董会3.0等，属于我们投后管理工作的特色内容，我经常与创业团队一起学习、研讨，解决他们面临的实际问题与困境。

除了本书第3章《T型商业模式：让企业生命周期螺旋上升》之外，我在写作其他各章时都遇到了一些困惑和挑战。例如，2020年5月初，本书的写作已经开始了，但是第5章《管理体系：组织能力×业务流程×运营能力》的提纲及模型还是模糊的。当时，我盲目地认为：我们每天都在进行管理实践，关于企业管理的理论这么成熟，从中总结一套管理体系应该不难吧！

但是，看似容易的地方，往往是难点所在。正因为我们每天都在接触管理，各种管理类书籍、文章铺天盖地扑来，最终却让我们陷入了纷乱庞杂、无边无际的管理知识海洋中。恃勇轻敌，欲速则不达。果不其然！6月初，当写到管理体系这一章时，我的创作思路被卡住了。思考了几天后，我越来越感到，仅用一章的篇幅，高屋建瓴地阐述清楚管理体系，确实有一定的难度！虽然说“没有过不去的火焰山”，但是“如何才能借到芭蕉扇”——如何从现象的迷雾中发现本质呢？

我的做法是，到企业现场去寻找答案。稻盛和夫说：“答案在现场，现场有神灵。”王育琨提出的“地头力”理论也能给我们很多启示。

然后，我停下写作，到我所在团队投资的一些企业调研了两周时间，与企业家、管理者一起研讨他们的管理体系及优化方案。日有所思，夜有所梦，功夫不负有心人。创新来自历史积累，来自兴趣与灵感，更来自勤奋于实践与团体学习。“众里寻他千百度，蓦然回首，那人却在灯火阑珊处。”6月中旬的一个傍晚，我在淀浦河沿岸的绿道上散步时，“管理体系=组织能力×业务流程×运营管理”这个公式闪现在我的脑海中……

此外，我还有一个重要感悟，团体学习非常有利于快速全面地提高我们个体的认知水平。萧伯纳说："如果你有一个苹果，我有一个苹果，彼此交换，我们每个人仍然只有一个苹果；如果你有一种思想，我有一种思想，彼此交换，我们每个人就有了两种思想，甚至多于两种思想。"团体学习是指解决企业具体问题与困境的实践过程中的共同学习。我能够写就出版《企业赢利系统》这本书，非常得益于与企业家、创业者、各级经理人等管理人员一起，就企业具体问题共同探索、思考、学习与讨论。这本书来自实践，也能够很好地在实践中应用。所以，《企业赢利系统》可以作为企业内外各种形式的团体学习的主要参考书及工具书。

在T型商业模式理论中，营销模式是三大构成部分之一。如何营销《企业赢利系统》这本书呢？营销无处不在。在这篇后记中，我就插入一点营销内容：各级经理人不断学习、提高自己，是企业发展进步的基础。相对于频繁地约请吃饭、购买包装华丽的礼品，我们通过团队学习为企业带来的价值更大一些。读到后记部分，大家已经学习了本书的总体内容，如果感觉性价比不错、受益良多，就可以购买几本《企业赢利系统》，送给公司的各级管理者、朋友圈的学习群体、企业家同学会的同学等，或向他们推介。让我们时刻处在一个企业赢利系统的学习小组中，通过团体学习修炼系统思考，这是一个快速成长的秘密。

按照出版顺序，《T型商业模式》《商业模式与战略共舞》《企业赢利系统》这三本书，我自认为它们初步构成了重新认识企业经营与管理的一个创新范式。在此基础上，下一步我打算写的书是《新竞争战略》。本书第4章已经概括地谈及新竞争战略，这与哈佛大学迈克尔·波特教授的竞争战略有所不同，新竞争战略以商业模式为中心，聚焦于构建独特的产品组合，重点讨论企业在创立期、成长期、扩张期和转型期，如何通过正确的战略规划获得竞争优势。

我"固执"地认为：对于一个企业来说，战略就是战略规划——百鸟在天，不如一鸟在手！通过战略规划将各种战略理论及思想落实到企业经营场景。波特的五力竞争模型并不过时，核心竞争力理论也大有可为，产品思维、品牌理论、蓝海战略、定位战略等对我们都有启发，但是它们必须成为战略规划的一部分、落实到企业经营场景。这样，我们才不至于被说是叶公好龙或纸上谈兵。

重要的问题也可以说三遍。所以，再重复一下传统战略“三宗罪”：①战略学派众多，创新发散杂乱，难以指导企业战略聚焦。②超过99%的企业战略重点在竞争战略，而企业战略教科书80%以上的篇幅都在谈少数集团公司才用到的总体战略。③95%以上企业的高管有MBA或EMBA文凭或学习过战略，但95%以上企业缺乏例行的战略规划。

《新竞争战略》是对原有竞争战略的一次重大升级，试图将传统战略从“三宗罪”的囹圄中解救出来。

李庆丰